LIXING SUIJI TOUZI

# 理性随机投资

罗善强 | 著
LUO SHANQIANG

人民出版社

责任编辑:吴焰东
封面设计:肖 辉 王欢欢

**图书在版编目(CIP)数据**

理性随机投资/罗善强 著. —北京:人民出版社,2020.7
ISBN 978 - 7 - 01 - 021926 - 4

Ⅰ.①理… Ⅱ.①罗… Ⅲ.①股票投资-基本知识 Ⅳ.①F830.91

中国版本图书馆 CIP 数据核字(2020)第 037807 号

**理性随机投资**

LIXING SUIJI TOUZI

罗善强 著

人民出版社 出版发行
(100706 北京市东城区隆福寺街 99 号)

中煤(北京)印务有限公司印刷 新华书店经销

2020 年 7 月第 1 版 2020 年 7 月北京第 1 次印刷
开本:710 毫米×1000 毫米 1/16 印张:18.75
字数:220 千字

ISBN 978 - 7 - 01 - 021926 - 4 定价:75.00 元

邮购地址 100706 北京市东城区隆福寺街 99 号
人民东方图书销售中心 电话 (010)65250042 65289539

# 前　言

## 做一个理性随机投资者

从事股票投资近三十年，一直在探寻一种符合中国股市特点的、能让广大一般投资者和中小投资机构以及自己持续稳定地在股市获得盈利的投资方法。历经股市的大起大落，饱受投资的大赚大赔，读过股票投资的大部分经典著作，自己也写了三本投资专著，这已是我的第四本投资著作了。最终，我创建了理性随机投资模式。

这是因为，我明白了：（1）股票投资是需要理性支撑的，理性地遵循股市运行规律，理性地发掘股票的投资价值；每一次情绪冲动，都将造成投资损失。（2）市场情绪对股市运行和股价波动具有很大作用，不随机操作，会失去很多盈利机会。

还因为经验告诉我：（1）你有再大的本事，也不能逆大势操作，顺势者昌，逆势者亡；投资者需要有看懂大盘运行方向的看家本领。（2）你有再多的资金，也不能随心所欲地控制股票的价格，法律和市场本身会把庄家打得粉身碎骨；投资者需要具备发掘股票投资价值的能力，要有寻找顶级股票和优秀股票的标准和方法。（3）你有再强的能力，也不可能把经济、政治、上市公司等问题全部搞清楚，你只要踏踏实实掌握股票投资的技术、艺术与哲学的知识就足够了。

在书中，我具体地与读者朋友分享了上述思想。

在创建理性随机投资模式过程中，我也与广大投资者一样，希望找到一种一看就懂就能使用的简单的技术方法，于是先学习了很多投资分析技术。但随着投资经验增加，发现好的投资者还要懂得投资艺术。最后，我还认识到，投资哲学是投资的灵魂，任何一种投资模式都必须要有自己相应的投资哲学。投资技术，让投资者看到树木；投资艺术，让投资者看到森林；投资哲学，让投资者看到春天。一个成熟的投资者，一种成熟的投资模式，都应该有一种投资技术、艺术与哲学的体系。否则，难以站在股市的山巅俯视市场，从容投资。

投资技术、艺术与哲学的理论体系并不复杂。我的股票投资哲学的核心思想是理性随机投资；我的股票投资的核心技术是能相对准确地分析大盘运行趋势、能寻找到好价格的好股票、能聪明地进行投资操作并进行有原则的账户管理；我的股票投资艺术主要是，眼光决定财富、逆向思维和弹性操作。

经济时好时坏，股市有涨有跌，不必去为经济好坏担忧，不必去为股市涨跌喜出望外或心惊胆战，牛市做多，熊市适度休息；上市公司有好有坏，不必责怪上市公司奸诈或监管部门管理不力，自己练就火眼金睛，选出"五好股票"；政策有利多利空，多时做多，空时做空，把复杂的问题全部简单化；股市中永远有人大喜大悲，自己要保持六分理性四分随机，他人大喜之时自己多一份警觉，他人大悲之时自己多一份勇敢。

股票投资最大的好处是，万事不求人而只求己，自己修身修心，理性随机就可成为股仙；自己坚持价值投资就可成为股圣。股票投资最大的优势是，不会陷入具体实业或机器设备等重资产中不可自拔，永远有现金流，在股市中进退自如。

罗善强

2020 年 4 月 13 日

# 目　录

CONTENTS

## 第二篇 理性随机投资技术

## 第三篇　理性随机投资艺术

第一篇

# 理性随机投资哲学

# 第一章　理性随机投资哲学的思维方法

## 第一节　用哲学思想照亮投资之路

在饱经股市狂风暴雨洗礼后，聪明的投资者都会自觉地开始学习或思考股票投资哲学的问题。就像有的投资者所说，简单的投资思想是最好的。什么是简单的投资思想？从千万复杂的投资现象和投资方法中总结归纳出来的投资的一般性原则就是简单的投资思想。股票投资哲学是研究股市运行的一般规律和投资的一般性原则的学问，是一种大道至简、大道通天地指引我们在正确的投资之路上前行的投资思维。

巴菲特在纷繁复杂的影响股市运行的诸多因素中，化繁为简，牢牢把握住股票的投资价值决定股票价格这一个最根本的因素，提出"买股票就是买上市公司"的哲学观点，投资时专心研究上市公司，收藏价值成长股，成了举世闻名的投资大师。由此可见，投资哲学有多么强大的力量。

为什么要研究股票投资的哲学？这是因为，股票投资的知识分三个层次：股票投资技术、股票投资艺术和股票投资哲学。股票投资理论从 1902 年产生至今 120 余年（道氏理论的形成经历了几十年，1902

年，在查尔斯·道去世后，由汉密尔顿等加以组织归纳而形成），关于股票投资技术的理论和方法汗牛充栋，但关于股票投资哲学的理论体系几乎空白。江恩、巴菲特等伟大的投资家几乎都是投资哲学家，但他们没有完成建立股票投资哲学理论体系的工作，留给我们的只是很多宝贵的投资哲学观点。另有很多投资理论研究者又因为缺乏投资实践，没能专门地研究论述股票投资哲学，这给笔者提供了一个难得的机会，作为一个哲学系毕业的从事了近三十年投资工作的投资者，笔者在 2011 年出版的《反常者赢——股票投资的技术、艺术与哲学》一书中，初步创立、阐述了比较完整的股票投资哲学理论。

很多人做了几十年股票，包括不少机构投资者，可能都没想过这些问题：股票投资的本质是什么？股市运行的一般规律是什么？不思考这些问题并不会影响我们对股票投资的操作，但如果只停留在这个水平上，我们充其量只是个以股票投资赚钱、谋生的匠人，永远成为不了真正的有创意、有建树的投资专家。

股票投资技术产生了各种投资方法，股票投资艺术产生了诸多股票投资策略，股票投资哲学则会产生不同的股票投资模式。掌握了投资哲学，就是掌握了投资的"道"，就是了解了股票投资的本质与规律，就能使我们的投资上升到一定的境界和形成一定的投资模式。

笔者最推崇毛泽东主席"坐地日行八万里，巡天遥看一千河"的思想境界。股票投资哲学也有这样的功力。理解股市运行的规律，看到股票投资的本质，掌握大概率获胜的股票投资的行为哲学，投资者就能化繁为简，事半功倍，大道通天。

# 第二节　投资哲学的思维方法

哲学既是世界观，也是方法论，为人们分析事物提供方法，如在辩证法中现象与本质、归纳与推理、演绎与概括等范畴，都是供人们分析事物的思维工具。股市运行、股价波动，表面看来无序混乱，充满偶然性，但是我们用哲学思维，运用哲学分析方法，就能从无序中找到规律，透过现象看到本质，使我们对股市保持清晰的认识，理性投资。

## 一、从复杂走向简单

笔者与朋友们交流股票投资心得时，有人想走快捷速成的路子学习股票投资，希望不要多谈复杂的系统的投资知识，而只用一两句话说出股票投资的精髓，这样才省时省力。要迎合这类朋友，只要一句话便能道出投资的最核心精髓——"低买高卖"！但是，这句话对于只处于"简单的简单"的投资者来说，是句废话。对于不理解投资系统知识的人而言，希望低买高卖，在实际操作中却总是高买低卖。

学习股票投资的过程是，从"简单的简单"走进"复杂的复杂"，再从"复杂的复杂"走进"复杂的简单"。关于"简单与复杂"的问题，可以这样理解：具体看世界，很复杂，但就是因为有了这种复杂，世界才绚丽多彩，变幻无穷，这就是物种或事物的多样性。所以我们要欣赏这种复杂，从中感受事物带给我们的快乐与烦恼。

投资者学习投资知识和提高投资水平，需要经历"简单—复杂—简单"的历程。这个历程需要完成以下转变：

第一，从一个盲目的被市场牵着鼻子买卖、被个人情绪支配操作行为的投资者转换为一个由投资价值支撑投资行为、由理性分析支配投资操作的投资者。

第二，从没有多少投资知识，进入到不断学习各种投资理论，开始时从感到纷繁复杂，后来再感到万物归一、万物相通。如技术派大师江恩说，投资需要耐心，价值派投资大师巴菲特更是说，长期持有，必须要有耐心。笔者的投资实践也告诉自己，耐心很重要。这时，纷繁的各种理论就一下子变得简单了。

第三，在一次次新的投资方式尝试过之后，最终知道并熟悉了一种较适合自己的投资操作方式，从此不再东看西想，左右摇摆，不再关心别人怎样玩股票，开始静下心来，用自己的方式选股、买卖。

在笔者看来，投资者水平要升华到一定程度，升华到掌握投资的精髓，步入"大道至简、大道通天"的投资境界，最终就是要寻找到或探索到一种正确的投资哲学。历史上，能使投资"大道至简、大道通天"的投资哲学，有本杰明·格雷厄姆、巴菲特的投资哲学："买股票就是买上市公司"，由这一思想指导，投资就能删繁就简，不看股市行情，不听各种杂音，一门心思只去发掘好公司而后长期持有。还有技术派投资大师威廉·江恩的投资哲学："顺势操作"，由这一思想做指导，投资者也就方向明确，在涨时就买入，跌时就卖出，从容赚钱。

从辩证法的角度来看，投资者对股市运行与股票投资的认识总是在不断经历着肯定—否定—否定之否定的认识进化过程。开始时，我们会产生一种自认为很好的投资想法，但实践过程中又发现其有很多行不通的地方；于是否定了原先的想法，又去尝试另一种投资方法，之后发现还是有行不通的地方。正是这样不断地肯定、否定，我们的头脑逐渐清晰起来，问题也逐渐地简单起来。

投资是需要交学费的，没有在市场上吃足够多的亏，很难成熟起来，每一次新尝试都可能让我们吃亏、赔钱，吃亏后才进步了一点儿；下一次行情来了，又有了新特点，我们又感到把握不住，又吃了亏，赔了钱。吃亏多了，赔钱赔至一定程度，这才发现，"华尔街没有新鲜事"，股市运行和股票投资万变不离其宗，这时，投资者就真正从复杂走向了简单。

## 二、透过现象看到本质

投资者刚进入股市时，看到和感觉到的是股市运行和股价波动表面纷繁复杂的现象。现象是多变的、不稳定的，我们必须通过思考，透过现象，发现本质。本质是稳定的，有规律的。透过股市的现象抓住了本质，股市运行趋势与股价波动特点在我们的大脑中就会逐渐清晰和有规律起来，投资行为也就会由理性所主导。

股市的表象可以很复杂，如概念的变化、板块的变化、股价的异动等；但是股票投资的原则却永远很简单：（1）牛市做多，熊市适度休息；（2）永远选择和持有好公司和价格合理的股票；（3）保持有所侧重但不失平衡的投资组合；（4）设定可以承受的安全底线。

股票交易的表象无非是买单卖单交易的对弈和股价的上蹿下跳，但股票内在本质无非是四条：（1）公司的内在价值是否被高估或者低估？（2）公司前景及未来业绩是否增长？（3）公司内部管理及财务状况是否健康？（4）参与该股交易的主要投资者持股的数量、成本及投资操作心态。弄清楚上面四个问题，股价的日常上蹿下跳就可视为浮云了。

股市走势表面看乱象丛生，不可把握，但了解了这样几条技术原则，股市走势就变成无序中有序。这些原则是：（1）股市走势的中长期走势是有规律的，无序的只是日常波动。（2）股市走势仍然有波浪理论和周期理论所揭示的技术性特点。（3）技术指标对股市走势有提示性作用，要学会看技术指标。（4）投资者自然心态往往是反向提示，急于买进时往往是高点，急于卖出时往往是低点。

投资操作方法形形色色，各有特点，各有逻辑，但较佳的投资方法应该追求如下境界：（1）理性随机，即理性主导投资行为，随机应对市场变化。（2）忠于市场，遵循股市规律和特点，而不是主观至上。（3）进退自如，把仓位和持股成本调整到任股市涨跌都能应对的状态。（4）操作具有一定弹性和节奏。（5）懂得适当休息。

股市似乎天天都有赚钱机会，让人眼花缭乱；投资股票赚钱的方法花样百出，让人心智浮泛不定。其实，在经过赚赚赔赔、喜悲交错之后，我们认识到，股市赚钱方法必须简单、实用，应把握好几个要点：（1）目前 A 股 3800 多只股票，基本上 3000 只股票的涨跌可以与你无关，一段时间你只能在你了解的若干只股票上操作。（2）林林总总的投资方法，鱼龙混杂，必须掌握一种适合自己特点、符合市场规律的赚钱方法，其他人的方法与你无关。（3）懂得锁定盈利，被锁定了的盈利才是属于自己的，否则即为纸上富贵。（4）按投资行业的优秀业绩标准，能实现平均 25%—30%的年收益率就是优秀的投资者，我们不能心中无数，指望一夜暴富。


### 三、透过无序找到规律

日常生活中，呈现在我们眼前的东西都是单独发生或存在的具体事物，因此有人会否认事物的关联性；日常事务的发生往往很杂乱，此起彼伏，出人意料，因此有人会认为世事零乱，毫无规律；明天发生的事情今天可能根本想不到，因此有人又认为世事无规律可言。但是当我们用思维来认识世界时，则马上认识到了事物的普遍联系，看到了这种普遍联系的规律。

一件事物与另一件事物之间有相关关系，这是事物的联系性；一件事物与另一件事物的相关关系会在相同条件下重复发生，这就是事物运动变化的规律。比如古人认识到生与死是互相联系的，这是事物之间的联系；认识到善与恶、福与祸有因果关系，行善积福，作恶招祸，这是事物运动变化的规律。

股票投资者面临的股市运动是多变的，反复无常，难以捉摸，因此，有些人认为股市运行无规律可言。但是，股票投资者想要成功，必须掌握股市的运行规律。道氏理论的创立者发现股市运行具有趋势性，波浪理论的创立者发现股市运行具有上升五浪下跌三浪的规律。价值投资的创立者发现股票价格围绕着股票价值上下波动的规律。这都是前人对投资理论和投资实践的贡献。

股票投资是一项专业性极强的工作，需要理清股市中各种纷繁复杂的现象之间的相互关系：如股票价格与价值的关系、上市公司行业与定价的关系、大盘运行与个股价格变化的关系。对股市运行规律我们也要做深入研究，如决定股市运行的主要因素是什么？决定上市公司股价的主要因素是什么？

在长期的投资理论研究和实践中，笔者非常注重对股市运行规律的研究。一是学习运用前人的研究成果，二是发现新的股市运行规律，三是创立自己的投资理论。在研究股市大盘运行规律方面，笔者创立了股市内在四大矛盾运动决定股市运行的理论，创立了四维式分析股市运行的技术方法；在投资理论方面，创立了理性随机投资模式。

一个好的股票投资者，一定有自己的一套观察股市运行的方法，一定有一套自己的对股市运行规律的见解，一定有一套适合自己的投资操作方法或投资模式。

### 四、善用"比较法"，投资更聪明

一个好的投资者是最善于运用比较方法的人，通过比较分辨企业好坏、股价高低，从而正确地选择投资目标，获得投资回报。

有比较才会有鉴别，把好行业的股票与一般行业的股票比较，就能知道同样市盈率的股票为什么股价会不一样；把周期性行业的股票与长期成长性股票比较，就能知道并不是什么股票都能长期持有。

投资者不但要学会比较，还要善于比较。世界上没有十全十美的东西，每只股票都有自己的优缺点。有的股票行业好，但定价高了一点；有的股票主力很强，但上市公司质地不太理想；有的股票行业好，价格也好，但不是热点。怎样选择，怎样取舍，需要从大处着眼，需要智慧。

投资者学会了比较，也就学会了两点论，即在看一只股票好的一面的时候，也能看到其不足的一面。看到某只股票被市场追捧时，可能也能看到这只股票是最后的疯狂。这样，我们就多了一份冷静，多了一份清醒。

在股票投资实践中，学会比较是要交学费的。买股票时，往往认为是很好的股票，一旦买入后，就发现并不理想，或是当初看走了眼，或是下一季度公司业绩就下降。与此同时，投资者也在积累选中买入好股票的经验。有了较多地买入坏股票赔钱的经历，又有过一些买入的好股票赚钱的经历，在这种不断的比较中，我们的眼光会变得更加犀利，投资水平也会不断提高。

学会运用"比较法"有三个不同的阶段：

第一个阶段，学会将事物一对一地进行比较。一对一比较最能直接地看出两个东西的区别、优劣。如选择翡翠时，先找来一块冰种样品，然后把你要挑选的翡翠一一放到其边上直接比较，马上就能感觉到被挑选品种的优劣。投资股票时，可以先找出几个类型的好上市公司作为样品，然后在挑选新的股票时，直接将公司的产品情况、利润增长、市盈率、流通盘、企业财务报表一一比较，其股价是否高估或低估就会比较清楚。

第二个阶段，通过大量的观察、比较，变得"见多识广"。见多识广的意思是，首先要看得多，好的坏的、各种各样的东西都见过的人，知识就会很丰富。因为见识多了，可比较的对象就多了，当看到某物时，就能判断其是好是坏。在股市中，对上市公司了解得多，一般的股票就不会看上眼，主力诱惑多也没用。对于好的股票，尽管主力还没进去，见多识广者发现后，会潜伏在其中，相信这种股票一定会涨。

第三个阶段，也是"比较"的最高境界，"把玩"被选择的东西。"把玩"这个词汇很有意思，就是把一个东西拿在手上细细地玩儿，翻来覆去地瞧，欣赏其好的一面，找出其不足之处，品味其中的韵味。"把玩"的过程，是一种比较的过程，"把玩"者看着手中之物，与脑中的有关知识联系起来，比较出手中之物的优缺点。一样东西，经得起长期"把玩"，一般是好东西，如被"把玩"一阵子，不愿意看了，一般不是好东西。对一家上市公司进行"把玩"，对一只股票进行"把玩"，你会越看越有感觉，好的经得起我们反复看、反复想、正面看看、反面想想，还觉得不错的，一般是能让你获利的投资对象。

# 第三节　学好投资要做到"一增一减"

任何一个投资者都是带着不完整的投资知识进入股市的，这使股票投资成为一种学习。任何一个投资者又是带着人性的弱点和内心的躁动进入股市的，这又使股票投资成为一种修行。由此，学好股票投资，必须不断学习和修炼，做到"一增一减"。

在每一轮牛市时期，股票轮番上涨，赚钱极易，但每一轮熊市来临后，股票轮番跳水，投资者亏得心惊肉跳，欲哭无泪。

从功能看，股市是筹集资本的场所，是股票交易的场所。如果仅从这个层面来看，股市就像风和日丽的时候看大海海面，万里碧水，波光粼粼。如果换一个角度，认为股市是上市公司利益最大化的场所，股票交易是投资者利益博弈的场所，那么就像进入了海底看大海，到处暗流涌动，杀机四起。

股市是天堂，也是地狱，大牛市时财源滚滚，大熊市时洗劫钱财。

如果将中国的"金、木、水、火、土"五行学说套用于股市：人们投资房产可以比喻为属金，聚财；投资艺术品属木，懂得门道的人投对了大赚，不懂则腰斩；投资实业属土，踏实赚钱，辛苦赚钱；风险投资属火，成则火遍天下，不成则一败涂地；投资股票可以比喻为属水，流动变化，极不稳定，赚则汹涌来财，亏则钱打水漂。

在股票投资的整个产业链中，二级市场的炒股者处于食物链的末端，是投资领域的弱者，这是从事股票投资散户的难处；但股票投资者工作体面，是真正的自由职业，手中资产也最灵活，最具有机动性的特点，股票变现最容易，现金流最好，与其他职业比，这是从事股票投资的优势。

1990年至今，30年时间，股市为上市公司筹集了数十万亿资金，推动了中国经济高速增长，中国股市养活了数百万证券从业人员，培育了一大批上市公司原始股东成为亿万富豪，造就了一批庄家富翁。但是，数以亿计的散户投资者赚钱的却为数不多，广大的散户投资者最主要的缺陷是：在股市中不知疲倦地操作，牛市小赚，熊市大赔；往往在牛市顶部大举杀入，然后整个熊市严重被套；没有成熟可行的投资理念和价值标准，随波逐流，盲目跟风，时而亢奋无比，时而胆小如鼠。

股市的凶险以及投资者赔多赚少的情况告诉我们，股票投资需要专业知识与实践磨炼。一般投资者跨入股市的大门后，首先要"增"，就是通过学习与实践，增长股票投资的专业知识。笔者认为，股票投资的专业知识包括三个层次的内容：股票投资的技术、股票投资的艺术与股票投资的哲学。由此，专业投资者也分为三个层次：掌握了股票投资技术的人，就像是掌握了划船技术的人，会划船，但可能是逆水行舟，辛勤劳作，事倍功半；掌握了投资技术，又掌握了投资艺术的人，可能是静水行舟，得心应手，进退自如；掌握了投资技术和艺术，再掌握了投资哲学的人，如同顺水行舟，天遂人愿，事半功倍。

其次是"减"，股市的疯狂往往使平常人变得不正常，投资者要不断修炼自己，克服初入股市时人性的弱点和内心的躁动，从根本上克服一般人性的六大弱点：贪婪、恐惧、大意、平庸、赌徒心理和心中无数，最终达到内心平静、理性随机的思想境界。

# 第二章　股票投资的本质和目的

## 第一节　股票投资的市质

### 一、股票投资的本质的定义

从事股票投资，首先要思考的问题是：股票投资的本质是什么？思考理解清楚了股票投资的本质，就能帮助我们看清楚股市，理清投资思路，找到正确的投资方法。

在研究股票投资哲学这个课题的时候，笔者开始思考股票投资本质的问题。经过反复思考研究，得出了自己创立的关于股票投资本质的定义，这就是：股票投资的本质是股票投资者之间一种技术的、艺术的、对抗性的虚拟价值符号交易的机会游戏。这个定义被反复思考论证后，笔者突然感到豁然开朗，对股票投资的看法提升到了一个全新的境地。

笔者从 20 世纪 90 年代初开始股票投资，同时开始投资理论研究。至 2004 年已经看过当时书店里能买到的绝大多数关于股市分析技术和投资理论的书，也有了自己的心得，但是觉得照这样走下去，对股票投资的研究深入不下去了。于是，开始按照中国古代"诗在诗外"的原理，扩展学习范围，从别的领域寻找对股票投资研究有用的知识。

经过学习，2006 年笔者第一次以"股票投资哲学"为题在北京大学做了学术报告，2007 年又以"证券投资的技术、艺术与哲学"为题在北京大学做了专题学术报告，直至 2011 年出版《反常者赢——股票投资技术、艺术与哲学》一书，初步创立了股票投资哲学的系统理论。

研究股票投资的哲学，引发笔者对投资哲学中最基本的问题——股票投资的本质进行思考，由此得出了自己的关于股票投资本质的定义。

把股票投资定义为投资者之间技术的、艺术的、对抗性的虚拟价值符号交易的机会游戏，准确地把握了股票投资本质，尤其是中国的股票投资的本质，对于指导投资者的投资实践具有重要的意义。

明确了这一定义，起码使投资者认识到这样几个问题：

（1）股票投资需要一定的技术，这种技术包括中外股市历史传承下来的主要的技术，也需要投资者自己学习形成独特的技术。

（2）股票投资需要一定的艺术，这种艺术需要依靠自己的投资经验和丰富的想象力、创造力来实现。

（3）了解股票投资具有对抗性质，投资者对市场谣言要有自己的判断力，要有充分的定力看待股市的诱惑和冲动。

（4）明确知道股票价格仅仅是一种价值符号，不会被股价的上涨所迷惑，也不会为股价的下跌所困惑。

（5）了解股票投资是一种机会游戏，就会仅仅把股市的每一轮上涨和下跌当作交易的机会，而不会单纯地认为股市上涨了就是经济好了，在市场最火爆时不会认为股市只涨不跌，在市场低迷时不会认为股市只跌不涨。当股市低迷时，我们把股票的价值作为选股的最重要的依据，心怀定力地把其他投资者手中的便宜筹码接到自己手中；当我们买入的股票被市场推高到一定价位后，又把股票交易作为一种游戏去理解，心安理得地把获利的股票卖给想要买入的人。

在股票交易中，流传着很多说法各异的经典格言，如"投资股票的关键是要会买股票""股票买得好不如卖得好""真正的大赢家是能捂得住股票的人""短线是银，长线是金"等，大家各执一词，从各自的角度看都有道理，但实用性不强。实际上，大家更应该掌握和理解"股票投资是投资者之间技术的、艺术的、对抗性的虚拟价值符号交易的机会游戏"这一关于股票投资的本质。

## 二、股票投资本质的含义

当投资者为了在股市中获得成功，开始学习具体的波浪理论、技术指标、上市公司财务分析方法、短线快速盈利操作方法时，就仿佛走进了迷宫，云山雾罩，难得要领。但是，一旦领会了股票投资是投资者之间技术的、艺术的、对抗性的虚拟价值符号交易的机会游戏后，便会云开雾散，豁然开朗。

上述关于股票投资本质的定义，是根据中国新兴股市特点而概括出来的。有了这样对股票投资本质的新的理解，关于理性随机投资模式的一切问题也就变得简单明了了。

首先，股票投资是一种"价值符号交易的机会游戏"。

这告诉我们，股票投资首先要评估股市的风险与机会。股市没有机会时，或风险大于机会时，投资者是不宜深度介入的。在现实生活中，很多聪明人都在风险与收益问题上理不清。很多投资者也是如此，在 2008—2012 年的大熊市、2015—2016 年的牛市后期及后来的大熊市中，辞去工作，借钱透支炒股，把好端端的生活炒成了窘迫的生活。笔者很佩服一个朋友，2006—2007 年在股市盈利 10 倍，之后离开股市，不再持有任何股票，直到 2013 年才给笔者打电话，讨论是不是 2008—2012 年的大熊市将要结束，新的投资机会要来了。还有一位朋友 2012—2013 年市场低迷时融资参与上市公司定向增发，2015 年 6 月前分批获利卖出，盈利近 20 亿元。

股票作为虚拟价值符号，既与实体经济和实体企业有关，又会出奇地偏离实体经济和实体企业。一段时间内，经济好了，炒作题材多了，股市则进入牛市的股价上涨期，但再过一段时间，经济下滑，利空题材多了，股市则进入熊市调整期。对股票投资者而言，股票还是原样的股票，一次上涨与下跌的循环，仅仅表现为一次交易机会的出现和结束。2007 年 11 月，中国石油（601857）高调上市，开盘价每股 48 元多，广大股民像抢钱一样冲进去，之后股价一路下跌，参与其中的投资者就像做了一场梦一样。我们要明白，股市任何一次上涨或下跌，都是市场给了我们一次机会，我们的工作就是好好地评估，然后抓住机会进行操作。除此之外，别无任何意义，中国股市尤其如此。

其次，股票投资的这种机会游戏又不是一般意义上的机会游戏，而是"投资者之间技术的、艺术的、对抗性的机会游戏"。

之所以说它是技术的，是因为评判股票的价值有一套技术的方法，投资者必须学会和掌握这套技术方法才能正确地对股票进行估值。股票交易本身也包含了很强的技术成分。所以，根据对股票投资本质理解的不同，要从不同的角度去研究相应的股票投资的技术。如价值投资派，必须学会对上市公司的财务分析、对成长性公司的评判、对股票投资价值估值的技术。技术分析派也必须学会关于波浪理论、周期理论、图形分析等相关技术。笔者作为理性随机投资者，主要应用"股市内在四大矛盾分析方法""四维式大盘分析方法"的技术分析大盘运行，应用"五好股票"方法选择股票。

之所以说股票投资又是艺术的，是因为对股价走势的分析和股票交易不仅是一门技术，同时也是一门艺术。较高水平的对股价走势分析的技术实际上是一种对股价波动规律分析的艺术。我们把股票投资称之为艺术的理由有以下两点：

（1）在观察分析股票的 K 线图时，能够感到这些记载着股价波动的图形本身已经充满了自然、和谐的美感。在分析股市波动时用审美的眼光来观察 K 线图，可以补充技术指标所揭示的股市规律的不足。

（2）在股票投资操作中，艺术的成分也非常大。在熊市最后的日子里大胆地逢低买入股票，或在牛市顶部市场最狂热时卖出手中的股票，表现出人弃我取的交易艺术。熊市后期，一只股票在一般投资者眼里是一堆垃圾，其价格也是垃圾股的价格，但是，如果你能看出这只股票的绝对价值和相对价值，就能以垃圾股的价格买入这只股票，等到市场认识到它是黄金时，再以黄金的价格卖给其他投资者，这就是反向思维的艺术。

股票投资的技术性要求至真，即尊重市场实际，反映客观规律；股票投资的艺术性则要求至美，即要求交易操作漂亮圆满，买入卖出与市场波动的节奏合拍，与其他投资者的情绪吻合。

股票投资除了技术性、艺术性之外，还具有强烈的投资者相互之间的对抗性特点。股票买卖在投资者相互之间发生，投资者之间的关系就是对立的，买方和卖方分为两大阵营，相互对垒，在股票买卖过程中互相转嫁持股收益和投资风险，努力使对方成为输家，自己成为赢家。如 2012 年的白酒塑化剂风波，使酒类股股价大跌，持有这类股票的投资者是为了转移风险而卖出，持币者则在一旁冷眼相看，等着持股者大赔后才会接盘。2019 年 8 月后，白酒类股票又成了大消费的白马股，股价一涨再涨，贵州茅台股价达 1000 多元一股，成为中国股市第一高价股。

股票交易的对抗性，还表现在投资者非常注重让自己处于有利地位，让对手在操作中犯错误。在自己看好的股票中，投资者如果能使自己的持股成本低于其他投资者或以最有优势的价格买入，就会在这只股票的交易中处于有利的状态。如果对手在操作中错误地高成本重仓持有了某只股票，其他投资者就会等待让其去推高股价，或等待其赔钱卖出后，再自己向上推高股价。

## 第二节　股票投资的目的

### 一、追求稳定、可持续的绝对收益

股市大盘总在各种消息刺激下不停波动，股价总在投资者情绪化的买卖中上蹿下跳，资金一旦变成股票，市值自然就随波逐流，今天赚些钱，明天又赔了回去，牛市时期赚些钱，熊市时期又赔了回去。投资者在谈自己的炒股经历时，这种情况比比皆是，所以，追求稳定的投资盈利是股票投资的重要问题。

笔者认为，要想在股市获得稳定的收益，必须做到以下三点：

（1）要学会回避风险和控制风险。风险不可控地投资，会让盈利得而复失，甚至赔上本钱。

（2）要学会锁定盈利。股价忽上忽下，有了一定的盈利后要锁定，锁定盈利需要一定的技术方法。

（3）要做有自己优势的、大概率获胜的投资。

要做好上面三点，在操作上首先是在股市获胜概率大的条件下尽情操作，比如在牛市时期，仓位加重，甚至放大；在相反的条件下，比如在熊市时期，要把控制风险放在首位，不输即是赢。在熊市时期，适当操作一些股指期货，会弥补股市赚钱困难的问题。在对待个股上，学会适度锁定盈利，同时对于暂时浮亏而基本面较好、股价不高的股票，暂时降低部分仓位，等待下一次机会再操作，不要轻易把浮亏变成实亏。

可持续性盈利是专业投资者长期在股市生存的基础条件。很多投资者在谈到自己的投资时，总是谈自己如何抓到了一波行情，如何抓到了一只牛股，让人一听就知道那是撞运气、不可持续的盈利。当我们知道自己的投资盈利是不可持续的，就应明白，自己还没有找到真正的投资之道，还没有在股市长期生存的能力。

可持续的投资盈利能力，可以从以下几方面着手：

（1）掌握股市运行的基本规律，投资具有上涨必然性的标的，如牛市用合适的价格买入优秀公司的股票。

（2）有一套适合自己的他人不具备的投资方法，在市场博弈中处于优势地位。

（3）在合适的时机进入合适的投资领域，适当地将自己的投资在股票二级市场、一级半市场、货币市场、期货市场等之间切换。

真正成熟的投资者其盈利都是可持续的，他们的盈利模式是正确的、稳定的，在保护本金、增厚盈利上下功夫。市场在不同时期往往会有不同的投资者收益较好，而另一些投资者收益差一些。比如，大牛市时期动态平衡策略投资方式盈利会小一些，大波段投资操作方式盈利会大很多；熊市时期量化投资策略或对冲策略的收益会好一些，持有股票的策略亏损概率较大。笔者所提倡的理性随机投资模式，适应性较强，是在多种市场状态下都可保持可持续盈利的较好方法。

股票投资的最终评价标准必须是绝对收益，那种相对收益的评价标准，会让人哭笑不得。曾经有专业投资公司一年下来亏了不少钱，投资经理却要求公司发年终奖，理由是大盘全年跌了30%，他管理的资金只赔了20%，少赔就是赢。绝对收益要求投资人不要与大盘去比，也不要与其他投资者去比，就看自己实实在在赚了多少钱。当然，绝对投资收益也是有可参照的衡量标准的。第一个标准是投资家巴菲特等创造的长期的30%左右的年复合收益率；第二个标准是中国股市较好投资者的投资回报3+2标准，即3年时间或5年时间使投资本金翻一番。能实现这样收益的投资者，就是一流的投资者。

在衡量投资收益时，一是不要被别人断章取义地用某个有利的时间段计算所迷惑，要看长期年复合收益率；二是不能被有融资、杠杆的账户所迷惑，只以投入资本为核算基数；三是不同性质的投资，如期货投资因为风险大而收益要求也高，债券投资因为风险小而收益要求也低。这样，我们对各种情况都有比较深入地理解，才能保持定力，知道并坚守好的投资模式。

## 二、按"收益／风险"比的原则参与投资

投资股票的目的是获得收益，但是，股市又有风险，因此在投资股票前首先要算一算"收益／风险"比。这笔账算不清楚，不能进入股市。

首先，投资者必须明白自己属于哪类收益与风险的承受者。

分析股票投资，有三类收益与风险的承受者：第一类的收益与风

险承受者，其投资行为可能是暗中坐庄或内幕交易，或用违规资金炒股，成则一次变成巨富，败则坐牢、破产；第二类的收益与风险承受者，其行为可能是重仓操作，保底代客理财，或没有真技术而使用杠杆借钱炒股，成则拥有较多财富，败则生活陷入困境，受到磨难；第三类的收益与风险承受者，自己有一份正常收入，用多余的钱炒股，或是用留好了生活资金后的闲钱炒股，成则生活锦上添花，败也不伤筋骨。

在现实生活中，很多聪明的人算不清收益/风险的得失账，有的股票投资者辞去工作，借钱透支炒股，得小于失，把好好的日子炒成了窘迫的日子。笔者的股票投资观是，"要让炒股滋养自己的生活和心灵，切莫让炒股挤压自己的生活和心灵"。希望广大的普通投资者都作为第三类的收益与风险的承受者参与股票投资，成则手头宽裕，败则伤点皮毛。

其次，要把股票投资与抽奖区别开来。

抽奖者，胜率很小，没多少规律可循，但少数几个中奖者的诱惑效应却很大，让人心里痒痒的，欲罢不能。股市也有类似的情况，明明是熊市，或者大盘明明在头部区域，但还有股票在涨停，使一些人总想象中奖一样参与这种炒作，其结果往往是赚少赔多。一个成熟的股票投资者，一定要在牛市时多操作、熊市时少操作；一定要在股票有规律可循的时候买股票，绝不能瞎追热点。如果在买卖股票时，其胜率就像抽奖，最好赶快离场。

再次，学会对机会/风险、收益/风险的评估方法。

机会/风险评估是指对市场涨幅的大小、对投资项目的品质好坏、对投资市场出现的某些机会用一种评估的眼光去考量，从而选择投资重点，下投资决心。如对 2005 年 6 月上证指数从 998 点上涨至 2007 年 10 月 6124 点的大行情的判断，因为股市从 2001 年 6 月至 2005 年 6 月下跌了整整 4 年，之后的上涨行情大概率是大行情，所以可以大干。在上证指数从 998 点上涨到 6124 点，在 2008 年年初市场确认为熊市后，就要认为这种熊市的跌幅也可能很大，考虑其风险，应该离开市场。有了这种考量，自己就能算清得与失，知道市场给自己的机会是大机会，还是小机会，大机会大干，小机会小干，就不会犯大错误。所谓的收益 / 风险评估法是指对具体的投资品种的价格与价值之比，是贵了还是较便宜，买入后有多大赚头或要冒多大风险进行评估，以此为依据，决定是否投资该品种或对其持有的仓位大小有所评估，从而达到控制风险的目的。

另外，这里还有另一层含义，就是在作一次投资决策时，一定是冒小的风险去博大的收益，只用 5%—10% 亏钱的可能性去博 30%—50% 赚钱的可能性，而不能相反。

如果能大致地算清收益 / 风险账，我们的投资心态、投资结果都会大大改观。

## 第三节　股市运行由其内在四大矛盾所决定

股票投资哲学第一个要研究的问题是认识股票投资的本质，第二个要研究的问题则是发现和找到股市运行的内在原因。

在分析股市运行内在原因方面，可以分为三个层次：第一个层次是朴素地感性地看待股市的运行，如查尔斯·道认为股市的运行以经济的运行情况为基础，股市是经济的晴雨表；股市运行有自己的趋势性，即股市运行分为主要趋势、次级趋势和日常趋势。第二个层次是表象地技术地看待股市运行，如艾略特、江恩及图表派们，艾略特、江恩从股市运行的表象中发现了波浪理论和周期原理；再如格雷厄姆和巴菲特等价值投资者从估值的层面看待股价运行。第三个层次是辩证地运动地从股市运行的内在原因中分析股市运行。这种分析方法依据的是现代哲学辩证法的思维方式，从根本上说明、揭示了股市运行的内在原因。当代流行的系统、模型分析方法就是在辩证思维层面来看待股市运行的。

在股票投资理论史上，投资家和股市分析家们一直在寻找股市运动的原因，从而找到分析股市运行的方法，达到投资盈利的目的。

从 20 世纪初道氏理论产生开始，一些杰出的股市投资分析家和投资家就在对股市分析和操作的理论总结时，逐步形成了对股市运行方式的理论观点。从技术分析学派的建立和发展过程来看，20 世纪初由查尔斯·道创立、汉密尔顿完成了道氏趋势理论。之后，著名的股市分析理论大师艾略特发现了股价波动的形式与波浪波动的形式基本一致的特征，由此创立了波浪理论。20 世纪 30—40 年代另一位技术分析理论大师江恩又提出了著名的股价波动周期理论，并用传统的数学方法解决了股价波动周期的测算问题。20 世纪 30 年代，以格雷厄姆出版的《证券分析》一书为标志，诞生了股市理论的基本分析学派。格雷厄姆发现了新的股市运行的原因，这就是股票的内在价值决定股票的外在价格，股价总是围绕着价值上下波动，即价值决定论。之后，费舍、坦博顿进一步发展了价值决定论。基本分析学派理论家们在揭示股市运行的原因时真正触及到了股市运行的根本原因之一，即股市中股票价值与价格的矛盾运动。

中国自 1990 年建立股市以来，众多的股票分析师和投资者都乐此不疲地学习技术分析学派和基本分析学派的理论，并以其指导自己的投资实践。但是，随着市场的发展和科学技术的进步，人们感到这些理论有很多不足，难以准确、全面地揭示股市运行的原因。怎样才能更好地发展股市运行分析理论，成为当前一个重要且紧迫的问题。对此，经过多年的实践和理论思考，笔者提出了一个全新的关于股市运行分析的观点，这就是股市内在四大矛盾的理论。

传统股市分析理论取得了对股市运行外在形式与内在价值决定论的成就，但跟不上现代科学和哲学的发展。19—20 世纪以来，相对论、量子力学和唯物辩证法的产生使人们对自然运动规律有了更深一层的了解，将这些科学理论运用于股市分析成为突破传统股市分析理论的重要工具。比如相对论关于四维空间或多维空间的认知，使我们在股市分析图表方面找到了四维空间或更多维空间的分析方法。再比如量子力学关于电子运动不确定性的原理，也使我们认识到具体的股价运行只能够区间确定，而无法具体化。运用新的自然科学关于物质运动的新理论充实于股市分析理论，就能使我们突破传统的分析理论，推动股市分析理论的进步。20 世纪哲学理论的突破，使人们认识到事物的运动不是单一矛盾，而是多重内在矛盾网状结构、交织作用的结果，也使人们突破基本分析学派单一价值决定论找到了哲学理论依据。

股市内在四大矛盾分析理论的主要观点是：股市运行是股市内在诸多矛盾的对立统一、网状交织所形成的复杂运动的外在表现。将这些矛盾排列、筛选，笔者认为，最主要的是股市内在的四大矛盾在起作用。它们依次是股票投资价值与股票买卖价格的矛盾、政府政策行为与股市市场行为的矛盾、不同类型的投资者差异之间的矛盾、股市行情波动与投资者心态波动的矛盾。这些矛盾错综复杂，交织在一起，由此形成了股市矛盾运动的统一体。所谓的股市运行，就是股市内在的四大矛盾网状综合运行的外在表现。

为什么要从股市内部寻找原因？有一个故事很能说明问题：

一把坚实的大锁挂在大门上，一根铁杆费了九牛二虎之力，还是无法将它撬开。钥匙来了，它瘦小的身子钻进锁孔，只轻轻一转，大锁就"啪"地一声打开了。

铁杆奇怪地问："为什么我费了那么大力气也打不开，而你却轻而易举地就把它打开了呢？"

钥匙说："因为我最了解它的心。"

## 第四节　股市运行内在四大矛盾

### 一、股票投资价值与股票买卖价格的矛盾

股票作为上市公司价值的符号，核心要素是股票在市场交易中以价格的形式反映其代表的内在价值。基本分析理论就是紧紧抓住股票的这一核心要素，发现了股票的买卖价格总是围绕着股票的内在价值波动的规律，提出买股票就是买上市公司的思想，在有效市场的市场假设框架内，把对上市公司的价值发现作为投资股票的唯一标准，建立了价值投资的理论，并通过巴菲特、林奇等一批投资大师的成功实践，证明了这种理论的正确性。

我们之所以认为股票投资价值与股票买卖价格的矛盾是股市运行内在主要矛盾之一，是基于下面几大原因：

第一，股票定价最根本的依据是股票内在的价值。只有把买卖股

票的依据建立在对其投资价值判断上，才能从科学的角度去分析和从事股票买卖，才能建立股票投资的科学方法。

第二，从经济学的一般原理看，购买股票是投资者看到了股票所代表的上市公司的内在价值，而自愿地支付相应的价格去购买这种价值，当所购买的价值增值后另一批投资者自愿地以更高的价格去购买增值了的股票，投资者从而实现了投资盈利。当投资者以一定的价格购买到的是不等值的价值，那就是该只股票的价值被高估了，这次投资失败的概率就非常大。

第三，投资者的投资收益主要来源于股票价值的提取。一般的看法是，股票投资收益来源于股票买卖的差价收益，这是一种表象认识。实际上股票投资收益主要来源于股票价值的提取。投资者购买股票是股票价值的发现，股票的上涨是股票价值在价格中的市场反应，在成本之上卖出股票就是股票价值的提取。一只股票先期的大部分投资者获利卖出后，股价通常就要盘整、回调，盘整、回调就是股价向价值回归，或是股票价值的再次积累。

以中国股市为例，每一次中长期熊市都是因为总体股价估值过高：1992—1994 年的熊市；2001—2005 年的熊市；2008—2013 年的熊市；2015 年 7 月—2018 年的熊市都是如此，尤其是 2015 年 6 月，创业板总体市盈率超过一百倍。个股也是如此，如中国石油上市首日开盘价高达 48.6 元，严重被高估，之后连年下跌，可能永远都回不到这个价位了。

投资股票失误最根本的原因是买入价格过高。有些投资者认为，投资失误是中了庄家的圈套，实际上只要买入的股票价格低于其投资价值，即使老机构出局，新机构也会进来。与此相反，一批业绩较差市盈率很高的股票，在 2018 年的熊市中纷纷跳水，特别是要退市的股票，连续跌停，无人问津。

有些投资者在股市下跌后埋怨政府的政策不好，实际上政策的力量也挡不住市场追逐暴利的群体心态，只要股价便宜就会有人抢；有些投资者把失误原因归结为大盘下跌，而大盘下跌正说明市场总体股价偏高。

在股市中持续稳定盈利的投资者都有其核心方法，但万变不离其宗，这就是追求股票的投资价值：

（1）重仓持股成功盈利的本质：股票的投资价值＋资金推动；

（2）投资基金成功盈利的本质：股票的投资价值＋市场热点或热门板块；

（3）组合投资成功盈利的本质：股票的投资价值＋踏准大盘节奏；

（4）一般散户投资成功盈利的本质：股票的投资价值＋较好地跟随大盘趋势或机构主力进退。

2017 年开始，中国股市管理逐步规范化、国际化，开始实行退市制度，更大程度上与国际接轨，价值投资的理念进一步深入人心，在大盘总体波动不大的情况下，股价正按照股票的投资价值重构。过去讲究小而美，小盘股主力容易控制筹码，操纵拉升股价；现在逐渐不灵了，主力控制的价值被高估的股票常出现跳水式下跌；现在讲究大而美了，公司质地优良、成长性确定、业务方向对路、估值偏低、股票交易价格公允的大盘蓝筹股开始受到追捧。

总而言之，投资者不能被市场中各种纷繁复杂的因素所左右，立于不败之地的核心就是股票的投资价值，股票买卖的价格必须符合其价值。价值投资者的主要工作，即努力去寻找被市场低估了的上市公司股票，或未来具有成长性而现在尚未被其他投资者发掘的上市公司股票。

### 二、政府政策行为与股市市场行为的矛盾

（一）政府的政策行为

政府的政策行为来源于政府发展股市、管理股市和调控股市的职能。从股市发展的历程看，政府一直致力于股市的不断发展，使股市的规模、上市公司的数量、机构投资者及一般投资者的数量不断增加，使股市的功能不断完善；从政府的职能看，政府永远都在管理和调控股市，按照股市发展历史阶段特点，制定股市管理法规，尽可能保证股市的公开、公正和公平。

当股市出现非理性上涨或下跌时，政府还会运用政策行为调控市场。政府政策行为的内容主要包括两大方面：一方面是宏观经济政策，包括货币政策（是从紧还是宽松，利率调高还是调低）、财政政策（是积极的财政政策还是稳健的或紧缩的财政政策）；另一方面是股市政策，是利多支持股市发展，还是利空限制股市发展。不同的政策导向，会引起股市涨跌方向变化。

政策行为还可以理解为以下几个方面：

一是规范市场。1999年《证券法》出台以前，中国股市作为新兴市场是在一种较无序的状态中运行，存在着投机盛行、庄家操纵、上市公司造假、机构以假名开户等不规范行为。之后，政府着重打击上市公司操纵市场的行为，打击基金经理的"老鼠仓"行为，把股市"黑嘴"送到司法部门处理。这期间出台了一系列与完善市场监管有关的政策，如制定《公司法》《证券法》《基金公司管理办法》《证券公司管

理办法》等，这些法律、法规的制定执行，使中国股市逐步成为有序健康的市场。2016 年以后，政府更加严厉打击上市公司造假、打击二级市场操纵行为，对不合格的上市公司实行退市制度，进一步净化了市场环境。

二是发展市场。如 1999 年以来一系列发展机构投资者的政策，允许三类企业入市，证券公司重新登记重组。2000 年以来，大力发展证券投资基金，使投资者结构发生了根本变化。放开了社会保障基金进入股市的政策限制，允许保险资金投资证券投资基金，使市场资金来源更加广泛。2003 年以来，开始积极考虑打通货币市场与资本市场的通道，为股市提供更多的资金血液。允许境外合格投资者买卖 A 股，允许在国内设立境外投资基金。2008 年后，中国的资本市场在取得了主板市场长足发展的基础上，建立了创业板市场和股指期货市场在内的多层次的资本市场，改革了新股发行、定价方式。2018 年 A 股被纳入明晟新兴市场指数，代表中国的金融开放进程正全方位加速。

三是制度创新。如 2002 年推出佣金浮动制，打破了证券公司的铁饭碗，加剧了证券业的竞争，迫使证券公司改进服务，提高管理水平，同时减轻了投资者的交易成本。2014 年开办融资融券业务，为投资者提供多样化的投资机会和风险回避手段。2019 年，开始推出科创板，并在科创板试行上市公司 IPO 注册制。

政府对股市的管理摸索前行，逐渐成熟。从 2019 年开始，中国资本市场正在迎来一个全新的发展阶段——建设一个规范、透明、开放、有活力、有韧性的资本市场。"规范、透明、开放、有活力、有韧性"这十二个字，来之不易，这是对近 30 年中国股市发展的经验与教训的总结，也是对 2014—2015 年无序创新与 2016—2018 年过度规范的重新调整提升。

（二）股市的市场行为

股市的第一市场行为表现为投资股市的资金追逐收益和规避风险的行为。任何投资股市的资金本性都是为追逐投资收益而来，并随时准备规避市场可能出现的风险。只要是在市场规则允许的范围内，投资股市的资金不管政策的意图如何，都会自发地追逐收益和规避风险。

股市的第二市场行为表现为股价运行有其自身的规律，股价上涨到一定程度，价格与价值背离，股价就会下跌；反之，股价又会上涨，这是不以政府的政策行为为转移的。当股价上涨到一定程度，与价值相背离时，政府出台利好政策，会成为机构投资者出货的最佳时机；当股价下跌到一定程度，市场出现利空消息，一些投资者又会趁机打压股价，完成低位建仓。

股市的第三市场行为表现为股价运行在空间和时间上有其自身的规律，下跌空间到位，但股价筑底过程没有完成，政府出台利好政策，并不能使股价很快上涨，时间因素决定了这时股票只能构筑其底部形态。如2018年10月下旬上证指数2449点，政府大力度出台稳定股市政策，但股市仍在筑底，直到2019年1月4日跌到2440点后，股市才逐步转入牛市。由此可见，政府的政策行为不能超出股价运行的自身规律发生作用。

（三）政府的政策行为与股市的市场行为

第一，股市总是在政府的管理之下，受到政策的影响，同时又按自身的规律运行，所以两者之间永远在相互作用。政府的政策行为在不断地影响着股市运行，使股市不断地朝着健康有序的方向发展；股市的市场行为又在不断地影响着政府的政策行为，使政府努力按照市场运行情况制定政策。

第二，由于认识与实践的偏差，政府的政策行为经常与股市的市场行为不一致。

第三，政府的政策要通过市场起作用，市场本身也有力量与政策抗衡，一定程度上抵消政策的力量。如 1996 年 12 月，政府强行打压市场，股市短暂大跌之后，1997 年上半年又再度走强。2008 年中期，政府几次出台稳定股市政策，股市却我行我素，一直走下跌趋势。

在中国股市的发展历程中，政府政策行为的作用正在逐步减弱，股市的市场行为正在逐步提升。中国股市建立的初期，市场行为的作用很低，政府政策行为的力量很大，随着市场的不断发育、成熟，政府政策行为与股市市场行为的作用正朝反向方式变化。政府的政策调控水平也在不断提高，逐步利用市场手段引导市场。比如 20 世纪 90 年代初，股市低迷，政府采用的方法是直接调动资金救市，1995 年政府又变相鼓励机构向银行融资稳定股市；到 1996 年、1997 年股市狂涨时，政府采用增加新股发行额度的半市场方法抑制股市上涨，这是一个进步；到 2000 年后，政府开始运用大力培育机构投资者的方式规范和发展股市，这表明管理者用市场方式管理市场的水平再一次提高。2007 年以后，政府进一步放开市场的功能，更着重于对市场的监管和对违法违规问题的查处，这是一个很大的进步。2018 年年底开始，政府把股市制度创新、引进国际机构投资者、鼓励发展国内机构投资者等行政、市场手段综合运用，起到了治标治本的双重效果。

股市的运行、股价的涨跌涵盖了与股市相关的所有信息，特别是政府关于股市的各种政策信息，但股市绝不是像有些人片面认为的是"政策市"。政府制定的股市政策，离不开中国经济发展的现实状况和经济政策的大框架，离不开中国的经济制度和政治制度，离不开股市自身的运行规律。政策制定的质量高低和推出时机的把握也密不可分。我们要做到的是，能够对政府出台的每一项政策的性质及其影响股市运行时间的长短有一个正确判断；对一段时期内政府的政策在市场上会产生正相关关系还是负相关关系有一个正确判断；对一段时期内政府政策的主趋势有一个正确的判断；对政府未来一段时间会推出什么性质的政策及推出政策的方法有一个正确判断。这样，我们就把握住了股市中政府的政策行为与股市的市场行为的矛盾。

### 三、不同类型投资者差异之间的矛盾

（一）不同类型的投资者分析

之所以要分析不同类型投资者差异的矛盾，原因如下：

其一，股市是一个由众多投资者共同参与的市场，有个人、企业、金融机构、私募基金等，众多投资者的资金性质、期限、成本不同，收益风险偏好也不同，他们对同一段时间的行情有不同看法，看涨看好的买入股票，看跌看坏的卖出股票，由此形成股票买卖的发生。股市中交易最活跃的时候，就是不同的投资者对股价高低判断差异最大的时候。

其二，在股市中不同的投资者之间的利益是对立的。一些投资者低价买入的股票需要高价卖给另一些投资者，高价买入的投资者便承担着市场风险。投资者互相之间买卖股票，实际上就是收益与风险在市场上的相互让渡，有收益时，投资者互相之间在市场上抢夺收益；有风险时，投资者又不断地在市场上将风险转嫁给其他投资者。这种收益与风险的抢夺与转嫁完全依赖于投资者对股市走势的研判正确与

否。股市的一波中级行情的完成，如 2005 年 5 月至 2007 年 10 月，上证指数从 998 点涨到 6124 点，2007 年 10 月至 2008 年 11 月，上证指数从 6124 点跌到 1664 点，2015 年 6 月至 2016 年 2 月，上证指数从 5178 点跌至 2638 点，2018 年 1 月至 2019 年 1 月，上证指数从 3587 点跌到 2440 点，一涨一跌之间，众多投资者的金钱相互换了口袋。

中国股市从 20 世纪 90 年代开始发展至今，也是各类投资者从无到少、从少到多的过程。1990 年，深发展（000001）股票发行时，普通民众都不知道股票为何物。发行者走门串户，最后作为任务摊派，才完成了发行工作。1991 年上海发行 30 元一张的新股认购证，很少有人愿意花 30 元买一张将来可能发大财的东西。但是在 1992 年 8 月，深圳发生了全国各地几十万人前去排队几天几夜购买新股认购证的壮观场面。股市成立之初，只有各省的小证券公司和极少数深圳、上海的散户投资者。1991 年后，深圳有了君安证券公司，上海有了万国、申银证券公司等专门的证券经营机构。1992 年后，国内又组建了南方、华夏、国泰证券公司，各省四大专业银行的信托公司相继在深圳、上海和本地设立了众多的证券营业部，使机构投资者得以发展，证券营业部遍布了全国各个主要城市。经过 1991—1993 年股市行情的大幅度上涨，赚钱效应使全国几百万散户卷入了股市，形成了一支情系股市的个人投资者群体。1996 年后，证券公司开始重组并购，万国、申银合并，君安并入国泰；各省的信托公司也开始整顿。四大专业银行，总行保留了长城、华融、信达、东方四家从事证券经营的信托公司，各省分行的证券机构则卖给了南方等证券公司。1998 年后，大力发展证券投资基金，从此，机构投资者队伍中有了一批重量级的新成员。2000 年后，全国的证券经营机构再次登记重组，增资扩股，机构投资者的队伍进一步壮大。2002 年 11 月，国家公布了 QFII 办法，国外投资机构逐渐进入中国股市。与此同时，1996—2001 年连续 5 年多的大牛市，一大批人进入了股市，心甘情愿地把那一点储蓄搬进股市；2006—2007 年一次更大的牛市，把更多的人带入了股市。到 2020 年，中国有证券公司 130 多家，基金公司 120 多家，公募私募各种基金 2 万多只，国内股票开户人数达 1.5 亿余户，形成一个庞大的投资意向不断碰撞的群体。这样，中国股市就变得更有效了。

有效市场假设的三个前提：（1）一个有效率的市场必须有大量的投资者参与。这些投资者都以利润最大化为目标，以分析评估投资证券为手段，市场操作完全相互独立。（2）任何与投资证券相关的新的信息都以随机的方式进入市场，各种信息的发布完全相互独立。（3）投资者对新的信息的反应和调整可迅速完成。按照有效市场假设，庞大投资群体的形成，各类投资者的出现，他们相互之间买卖股票，不同的投资者的差异，才能使股票市场交易有声有色，股价涨跌错落有致。如果没有足够多的投资者的差异，足够多的市场信息的刺激，股市将会是死水一潭，或者是一个非效率市场。

仅就中国目前的情况看，对投资者差异的分类可以有很多种方法：

按投资者类型分，有综合类证券公司、公募基金公司、私募基金公司、境外合格投资公司、资产管理公司、保险社保基金、企业投资者、广大一般投资者等。

按投资水平分，有成熟的投资者、一般水平投资者和不成熟的投资者。

按投资偏好分，有擅长重仓持股的机构和跟随机构操作的散户，有秉承中长期投资的稳健投资者和短线热门股炒作的投资者，有在低价大盘股中掘金和在高科技成长股中寻宝的投资者，有长年都在股市中炒作者或牛市中加入、熊市离场的投资者，有多种投资方法兼通或擅长一种有效投资方法的投资者。

各类投资者因股市理论训练、投资技术训练和市场心理训练的不同，因机构性质、资金规模、资金期限、资金盈利目标的不同，自然产生对市场认识、投资偏好和投资技术方面的差异。大盘运行扑朔迷离，见仁见智，有人认为是底部，有人认为是头部，导致不同的投资者在市场上相互买卖。

（二）不同类型投资者之间差异的规律性特点

不同类型投资者之间的差异表现出很多规律性的特点，具体如下：

1. 熊市底部和牛市顶部，不同的投资者反应是不一样的

大盘经过熊市下跌，进入底部时，大部分投资者会比较一致地看空，而少数机构或成熟的投资者则悄悄买入绩优股。2005年6月，上证指数跌到998点，大部分投资者都崩溃了，只有极少数投资者在坚决买入。2018年第四季度大盘熊极之时，尽管大盘蓝筹类核心股票很有投资价值，但大多数投资者不愿买入，一段时间仅有境外资金不断买入。当大牛市行情形成后，大批散户才进入股市。到了牛市行情的中后期，恐慌情绪完全消散，股市的顶峰悄悄来临时，一般投资者进入股市的越来越多，市场转入高涨。2007年、2015年，都是在股市高涨时大批散户投资者入市，之后大盘见顶、转熊，于是大批的一般投资者被套。有人比喻说，如果股市熊到极点，股票渐渐地集中到"勇敢者"的手中，市场出现了负面的报道也不再下跌，股市就接近了它的最低点；当股市上涨到市场一片乐观，"胆小鬼"的手中已经握满股票，市场不再对好消息作出反应时，股市这时至少达到了一个暂时的

顶点。

2. 在股票交易中，投资者分为买卖双方两大阵营，总在斗智斗勇，捉弄对方

持有股票的投资者站在卖出一方，股价高于成本时，想的是何时、何价、以何种手法卖出股票，兑现盈利；股价低于成本时，想的是能否解套，或是少赔出局。持有现金的投资者站在买入的一方，手中握着资金，总想何时、何价、以何种手法买入股票。从卖方看，其一，手中握有一定盈利的好股票，还有上涨潜力，不可轻易卖出。其二，手中握有涨到位的股票，要趁着市场还有人接盘时，加紧卖出，一旦过了热乎劲儿，只能低价卖出。其三，有的机构大量握有盈利筹码，可是股价太高没有人要，于是就制造股价变低的假象，将股价拉出空间，再适当放低，将股票卖给那些经验不足的投资者。从买方看，其一，总担心买股票时上当受骗，买入了高价股，或买入了机构要出货的股票。其二，一只股票真的从底部被拉起初期，往往不敢买入，担心还会下跌或买入后不涨，于是在股票放量上攻时追涨。

3. 一只股票中仓位最大的投资者的操作个性也是这只股票的走势的个性

2018 年上半年，恺英网络（002517）、中设集团（603018）都为机构重仓股，都有大股东减持问题，但是恺英网络的主力采用的是跳水下跌的出货方式，股价大幅下跌；中设集团主力采用的是逐步买入大股东减持的股票方式，股价跌幅很小。

4. 资金性质、资金规模和投资水平的不同，也使投资者在股市投资中差异甚大

较大规模的资金投入股市，就不能像散户一样操作，必须在大盘

进入次底部区用一段较长的时间才能完成建仓；出货也一样，不可能一天把手中的股票卖完，必须在次头部区域用一段较长的时间完成。对于证券投资基金来说，不论股市好坏，都必须保持一定仓位的股票，不能完全空仓。散户则可以非常灵活地采用游击战术，追涨杀跌，神出鬼没。不同的资金性质投资股市时收益目标不同，同时承担风险的程度也不同。市场中短期投机性游资冒险精神很强，收益目标定得很高。不成熟的代客理财私募基金，力图实现收益目标最大化，在市场上往往敢于冒险进取。不同类型的投资基金，投资风格不尽相同。平衡型基金控制好投资股票与债券的比例，对收益的要求较低，对风险的控制要求很高；稳健型投资基金偏好选择价值型股票，市场风险相对较小；积极进取型投资基金偏好投资热门板块的股票和具有较好成长性的股票，其承担的市场风险就要大多了。一般散户投资者由于资金量小，又缺乏资金管理的知识，所以往往没有明确的收益目标，只要股市还有股票活跃就追涨，市场风险极大。

5. 从股票价值开采的程度看，每只股票的价值都是一座含金量不同的矿山

每一批获利者兑现了盈利，等于从矿山中采走了金子，后来进入的投资者风险就可能大很多了。比如，机构对某只股票完成建仓拉高股价后成功出货，之后该上市公司业绩又没有增长，那么这只股票在一到三年内就难以再上涨了。如果是机构波段炒作，则表现为股价阶段性波动，盈利者每次兑现部分盈利，股价都有一定幅度下跌或一段时间的盘整后才会再涨。总之，股价上涨有一部分投资者兑现了盈利，在股价高估后，就会有相应的下跌和另一部分投资者产生亏损。

股市是一个由各种类型投资者共同参与的市场，正是因为投资者

之间的差异，使股票有买卖成交，形成活生生的股市；股市是一个既能赚取收益又具有很大风险的市场，正是投资者的差异，使他们通过买卖不断地实现收益和转嫁风险，也使股市充满喜怒悲欢。

在投资者博弈的过程中，成功的一方，往往是把自己的成功建立在对手的错误之上，需要分析对手对大盘是否判断错误，对股票价值是否评估准确，其操作心态是否有问题。如果一方在上述三方面有错误，另一方就会利用对手的错误使自己盈利。再者，盈利的一方，把盈利建立在对手的困难之上，如果发现对手持有好股票，但持有时间长，资金到期，可迫使对手在低位卖出。在对立的几个大投资者群体之间，谁持有的股票差、成本高，其操作就困难，持有好股票、成本低的投资者总是在博弈中处于有利地位。

研究投资者差异这一矛盾，有利于我们分析大盘走势、股票走势的特点，从而确定正确的投资思路。如股市在某个阶段，是一般散户在买入股票，还是机构在买入股票，这对大盘的后续走势至关重要。再如某只股票被哪类投资者看好并大量持有，这对该股的走势也至关重要。股票投资是不同类型相互对立的投资者在市场上进行的股票交易行为，这其中机构与机构、机构与散户、散户与散户的博弈将永远存在。低价买入好股票，即价值发现，要靠投资者的智慧；高位卖出股票，即价值的实现，则要靠另一批投资者的失误。股价持续上涨，需要主力机构的不断推动，还需要一般投资者的热烈响应；股价下跌，都希望众人皆醉我独醒，先走为上。熊市末期大盘在底部时，大部分投资者持悲观看法，赔钱卖出股票，但总有一些投资者正在建仓；牛市末期大盘在顶部时，大部分投资者情绪高昂，但也有一些投资者做到"晚会虽没散，自己先离场"。切忌，万万不能晚会已经散了，自己还在独舞。

## 四、股市行情波动与投资者心态波动的矛盾

（一）投资者心态分析

股市行情的波动直接引起投资者的心态波动，投资者的心态波动又影响他们的投资行为，加速市场的波动。

股市行情波动与投资者心态波动是一对值得认真研究的矛盾。20世纪以来，随着心理学的不断发展，投资者的投资心理越来越受到研究者的关注，特别是到了20世纪后期，投资心理的研究已占有了相当的地位，取得了长足进步。同时，我们还注意到，在实际投资过程中，每一个投资者都受到其自身强烈的心理影响，并被别的投资者感染，以至于股市流传一句话，"在股市上打败投资者的不是别人，而是投资者自己"。

对投资者心态分析的主要内容是：

首先，投资者是一个群体，是由一个个单个投资者汇集而成的群体，所以投资者心态包括两个方面，一是投资者群体心态，二是单个投资者心态。投资者心态像一面镜子，能够直觉地反映股市行情波动，我们称之为投资者的自然心态；如果投资者掌握了一定的理论，并具有一定实践经验，这样的投资者会对自己的自然心态进行分析，在此之上，又产生了理智心态。理智心态是比自然心态高一层的心理形态。

总的来说，股市投资者的群体心态是投资群体受股市各种信息的刺激，产生的对股市行情发展的认识，并由这种认识再产生的趋利避害反作用于股市的一种因素。所以说，股市投资者的心态支持并强化股市大势的走势，与股市大盘走势有一种规律性关系。在股市由熊转牛、股价由跌转涨的过程中，投资者的心态表现为熊市心态的强化——

熊市心态的弱化—牛市心态的确立—牛市心态的强化过程。与此相对应，股市行情演化过程表现为股价超跌—股价恢复—股价正常上涨—股价超涨。2005 年 6 月至 2007 年 10 月的牛市，2014 年至 2015 年 6 月的牛市，投资者牛市心态不断强化，以致牛市后期风险越大，投资者的参与心态越强烈。2019 年 1 月 4 日，大盘再次探底 2440 点，熊极牛来进入中级牛市初期，至 3 月 7 日市场连续大涨，形成了投资者熊市心态弱化、牛市心态确立的过程。

在股市投资者群体心态中最明显的特征是投资者群体出现因投机气氛极浓而产生的群体盲目追涨行为。1996 年 12 月底、1997 年 5 月，股市在连续上涨后期，投资者群体心态进入投机气氛极浓的状态，股市中个股活跃，成交量放大，最后两度出现连续快速下跌的情况。1999 年"5·19 行情"的末期，股市放出 800 亿元的成交量。2015 年 5 月，投资者群体再次表现出盲目追涨的英雄气概，上海交易所交易量过万亿，超出上交所交易量设定上限，有一天上交所行情无法显示成交量变化，等到股市转熊后，大批股票连续跌停，一批融资杠杆交易的投资者因盲目追涨而输光本金。

有时投资者这种盲目追涨行为还表现在熊市中短暂的强劲反弹行情中，如 2002 年的"6·24 行情"，当时股市在一年下跌了 30% 后，投资者群体心态压抑到极点，国务院突然宣布停止国有股减持的消息，使投资者群体从极度压抑的心态转变为极度投机的兴奋心态，大量投资者认为大盘能有三个涨停板出现，带着准备追两个涨停板的心态投入了 6 月 24 日的追涨，大盘当天几乎以涨停板开盘，全天成交 900 亿元，创当时历史天量，结果市场上攻能量一天被消耗殆尽，投资者群体又进行了一次所谓的底部反弹的盲目追涨。

在股市投资者群体心态中另一个明显的特征是在熊市最后阶段因出现最后的绝望而产生的行为。大量投资者在整个熊市的前、中期都没有卖出股票，却经不住股市的最后一跌，在最后一跌中以最便宜的价格把股票廉价地卖给了别人。2008年的熊市，上证指数从6000多点跌下来，至3200点时，很多人都认为底部到了，不愿卖股票；到2400点时，坚决认为大盘不可能再跌了，结果最后跌到了1600多点。这时，最后的多头也不敢言底，很多散户就在绝望中把深度套牢的股票"割肉"了。2018年10月股市跌了近1年跌到2449点，几乎出现上市公司质押股票到了平仓线无法卖出，甚至可能出现系统性风险的状况。中央出台前所未有的稳定股市政策，但市场还是极度低迷，2019年1月4日大盘跌到2440点，很多投资者看空股市到2200点，并大量减仓，不料股市转头凶悍上涨，至3月7日短短3个月时间上涨600多点。无须多加证明，历史上股市每一次熊市末期，投资者群体都在不可避免地"割肉"。

散户底部卖出股票的心态完全类似于下面这个故事中店铺老板的心态：

一天，一位高僧下山游说佛法，在一家店铺里看到一尊释迦牟尼像，青铜所铸，形体逼真，神态安详，高僧大悦。可店铺老板要价5000元，分文不能少，加上见高僧如此钟爱，更是咬定原价不放。

高僧回到寺里对众僧谈起此事，众僧很着急，问高僧打算以多少钱买下它。高僧说："芸芸众生，欲壑难填，500元足矣。"众僧不解，高僧说只管按我的吩咐去做就行了。

高僧叫第一个弟子下山去店铺里和老板砍价，弟子咬定4500元，未果，回山。第二天，第二个弟子下山去和老板砍价，咬定4000元不放，亦未果回山。就这样，直到最后一个弟子在第九天下山时所给的价已经低到了 200 元。

眼见着一个个买主前来，一个比一个价给得低，老板很是着急，每一天他都后悔不如以前一天的价格卖给前一个人了，他深深地怨责自己太贪。到第十天时，他在心里说，今天若是再有人来，无论给多少钱我也要立即出手。

第十天，高僧亲自下山，说要出 500 元买下它，老板高兴得不得了——竟然反弹到了 500 元！当即出手，高兴之余另赠龛台一具。

在股市中，广大的散户也是以这样的心态在大盘底部时把深套的股票卖掉的。

投资者的群体心态在牛市与熊市趋势中是不同的。牛市中，在牛市心态确立后，投资者群体的投资行为是"购买—持有"，或"购买—获利卖出—换股买入"。投资者群体的这种心态和行为导致股市大盘的连续上涨和个股板块的轮换上涨。这种心态下，一方面，形成了牛市，使越来越多的投资者进入股市；另一方面，市场风险也越来越大，突然一日股市做梦似地变盘，连卖出的机会都不给投资者。2007 年的大牛市行情，2015 年的大牛市行情，都是在这种状态下结束的。

从对股市的影响力看，投资者的群体心态又分对股市的总体心态和对股市的局部心态。总体心态是对股市总的情绪和冲动，如熊市末期对市场的悲观、恐惧，牛市末期对市场的乐观、冲动。局部心态是在总体心态下对市场的局部反映，形成股市的局部行情特征。

所以，对市场买卖双方要作一个比例分析，一般来说，90% 以上的投资者想快速买入，希望股市快速上涨，而当只有 10% 以下的投资者想卖出时，这种上涨行情会很快结束，如 2007 年 10 月股市高涨到没有人认为会下跌，熊市突然降临。当90%的投资者想要割肉卖出股票，认为股市还要下跌，而只有10%的投资者想买入股票时，股市一般会由跌转涨，如2018年底至2019年初，国内几乎没有投资者想买入股票了，股市就在此阶段结束了熊市，转入新一轮牛市。投资者群体在牛市和熊市末期出现非理智思维阶段，所谓的价值分析、规律分析等方法全线失灵，大部分投资者基本被恐惧或贪婪占据了心智，并在达到极点时股市否极泰来。

（二）投资者规律性的追涨与杀跌心态变化

一波中级行情的发生过程中，投资者会出现规律性的追涨和杀跌心态的变化，这种心态的变化对分析股市行情的变化有一定的指标意义。

一般来说，在一波中级牛市形成发展的过程中，投资者会出现三次追涨心态。第一次追涨心态出现在熊市结束和牛市开始的时期，这时一般投资者还有着熊市的恐惧，对牛市的来临不敢过于相信，这时在大盘的熊市转牛市的第一上涨大浪后期会有第一次追涨表现。如2019年3月7日，股市连续几次万亿成交量，大盘站到3100点之上，一批游资爆炒的股票连续十几个涨停板，投资者出现了第一次追涨。结果两家券商各自发了一篇看空研报，3月8日股市暴跌135点。第二次追涨心态产生于牛市的趋势形成中，市场下跌的风险已经不大，投资者追涨、换股频繁，这时追涨仍然是正确的心态。第三次追涨心态产生于牛市末期，这时市场投资气氛很浓，股价已高，但很容易赚钱，这时的追涨心态是非常危险的。伴随着牛市的三次追涨心态，对卖方来说，在投资者产生第一次追涨心态时，有另一批投资者还想急于卖出股票；在第二次追涨心态产生时，另一批投资者已是持股心态很浓了，只是在小有盈利或被套股票解套时卖出股票；在第三次追涨心态产生时，市场绝大多数投资者都成了追涨者，卖出者要么获利退出，要么想换股。以实际股市行情为例，在 2005 年 6 月至 2007 年 10 月的行情中，2006 年 7 月上证指数 1600 多点时，投资者产生第一次追涨心态；2007 年 1 月上证指数 2800 多点时，投资者产生第二次追涨心态；2007 年 6 月上证指数 4000 多点时，投资者产生第三次追涨心态。投资者产生第三次追涨心态后，牛市进入后期。2007 年 10 月大盘涨到 6000 多点，几乎所有券商对 2008 年股市运行预判均为 8000—10000 点，结果 2008 年中国股市出现了前所未有的大熊市，一年时间跌到 1664 点，跌幅超 70%。

同样，在一波中级熊市行情形成发展的过程中，投资者也会产生三次抄底心态。第一次抄底心态产生于股市的下跌初期，股市经过一个阶段的下跌，股价比原来高点时便宜了很多，这时市场牛市心态还一定程度地存在，很多投资者没有完成牛市转熊市的心态转变，于是产生了第一次抄底心态。投资者的第一次抄底心态是错误的，表明这只是熊市的第一个阶段。投资者的第二次抄底心态产生于熊市趋势的过程中，即股市经过一段时间的下跌后，投资者产生了抢反弹的心理预期。投资者第二次抄底心态产生的时期，熊市并没有结束。投资者的第三次抄底心态产生于熊市末期，这时大多数投资者屡抄屡套，已经没有抄底的资金和勇气了，还想抄底的少数投资者也心存恐惧，想便宜一点再便宜一点买入股票，说明熊市快要走到尽头了。在第一次抄底心态产生时，另一批聪明的投资者在赶紧卖出股票，这时卖股票可能卖在牛市的低点，但绝对是卖在熊市的高点；在第二次抄底心态产生时，那些套牢的投资者见亏损不小，往往不再愿意卖出股票，心存等待解套心理；在第三次抄底心态产生时，另一批投资者已经绝望，只想立马逃离股市，不惜赔大钱卖出深套的股票，在他们身上这时表现出了无比坚决的不惜赔钱只想逃离股市的态度。如在 2008 年的熊市中，第一次抄底心态产生于 2008 年 2 月，上证指数跌到 4000 多点时；第二次抄底心态产生于 2008 年 4 月，上证指数跌到 3200 多点时；第三次抄底心态产生于 2008 年 7 月，上证指数跌到 2600 多点时。最后大盘越是接近底部，越是没人敢于抄底了。

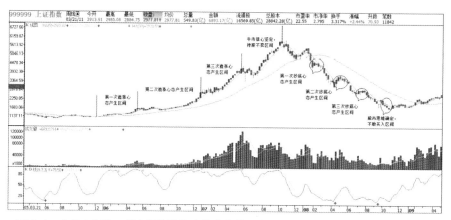

图 2-1　大盘中级牛、熊市行情进程中投资者的三次追涨心态与三次抄底心态演变示意

　　牛市来了，持有股票的人都想持股待涨，最后卖个高点。但大盘一震荡，一大批人都控制不住，在涨势中途卖掉了股票，没多少人能等到真正的高点。熊市来了，大家都想好要耐心等待底部形成后抄底，但是在熊市中途，一有小反弹，很多人就忍不住去抄底而被套牢，很少有人能抄到真正的底部。所以，要有耐心，要等到最后的抄底者都进场了，基本没人再敢抄底时再行动，你就能在炒股心态方面成为真正的高手。

# 第五节　股市内在四大矛盾理论的意义和技术运用

## 一、股市内在四大矛盾理论的意义

研究股市运行中的内在四大矛盾，有着很强的现实意义。

股票投资价值与股票买卖价格的矛盾，研究的是股票本身内在的两个基本属性的关系问题，目的是使投资者认识股票投资价值；政府的政策行为与股市的市场行为的矛盾，研究的是市场运行的两个基本属性的关系问题，目的是了解市场运行中这两种力量的对立统一；投资者之间差异的矛盾，研究的是股市交易行为发生以及市场博弈方面的问题，目的是掌握股市不同阶段不同的投资者投资行为的差异及变化；投资者心态波动与股市行情波动的矛盾，研究的是投资者自身的心理和行为问题，目的是使投资者认知自己，看清自己在股市运行不同阶段的心态，以及自身心态与群体心态的关系，以便在投资中更好地把握自己，克服情绪化操作。

传统的辩证哲学认为，事物运动的原因在于事物内在矛盾的运动，事物内在的诸多矛盾有一个为主要矛盾，其他的为次要矛盾。随着20世纪下半叶自然科学的发展，人们开始认识到，事物的内在矛盾并非简单的主次关系，而表现为网状关系。经研究，股市内在四大矛盾也是如此，呈网状形态交织于股市内部，股市运行主要就是这四大矛盾以网状形式相互交织在一起的发展与转化。比如说，按照股票投资价值与买卖价格的矛盾，好股票一定表现为好的价格，但实际上好的股票不一定有好的价格。在2010年7—10月的行情中这一现象尤为明显，人们不买10倍市盈率的中国石化（600028）、农业银行（601288），却热炒 100 倍市盈率的合众思壮（002383）、汉王科技（002362）。再比如，股市下跌，股票最具有投资价值的时候，往往是投资者心里最恐慌，最希望逃离股市的时候。相反，股市高涨，股票最没有投资价值的时候，却是投资者信心最强的时候。这说明，股票投资价值与股票买卖价格矛盾，和股票价格波动与投资者心态波动的矛盾呈反方向运动。把股市内在四大矛盾理解为网状形态交织运动，我们由此得出结论，股市运行是股市内在四大矛盾网状综合运行的外在表现。

实事求是地说，传统的股市基本分析理论和技术分析理论在股市分析理论发展史上为投资者分析股市奠定了科学基础，现代股市理论工作者要超越大师的理论是很难的。新的股市分析理论只要是对大师的理论有一个批判地继承，使股市分析理论有一个新的进步，带来一种新的思维方式，就是可取的理论。如果说还能通过引进新的自然科学成果，使传统股市分析理论有质的飞跃，并有实用的技术操作价值，那就更难能可贵了。笔者认为，股市内在四大矛盾理论正是在这方面有着积极的意义。

股市是虚拟资本的交易市场，股市运动是人类社会经济领域的一种高级别的运动形式。传统股市分析理论的缺陷之一，就是视股市运动为一种低级运动进行分析。基本分析理论在股市运动中只找到了其中最重要的一个点——股票价值，对股票价值进行了"点"的科学分析。技术分析理论则在股市运动中找到了一条线——股票价格波动曲线，对股价波动进行了"线"的科学分析。现代务实派投资家们把基本分析理论、技术分析理论和心理分析理论加以综合，分析股市运动，也仅仅是把股市运动作为一个"面"进行分析。严格意义上说，这些分析方法都是把股市运动作为低级运动形式进行考察，这就很难全面地解释股市运动。而股市内在四大矛盾理论的先进之处，是从"网"的视角看待、解释股市运动，其用意就是要满足科学分析股市这一高级运动形式的要求。用"网"的思维，其思维方法与当代先进的思维方法是同步的。

股市运行是股市内在四大矛盾网状综合运行的外在表现的思想，告诉人们不要仅满足于对股价波动的理解，更要在股价波动变化的时候关注股市运行内在因素的综合变化。比如说，在牛市形成、发展的过程中，要研究股票投资价值由高向低的变化，投资者心态由熊市思维向牛市思维的变化，投资者市场参与程度逐步加强的变化。所有这些变化，到一定的阶段会推动牛市行情的发展，然后又会演化为牛市向熊市的转化。以前，我们没有理解股市内在四大矛盾的时候，只能以股价以前的变化推测其以后的变化；当我们发现并理解股市运行内在四大矛盾的时候，就能通过对股市运行内在四大矛盾的变化推测股市运行的未来变化。再比如，当熊市开始后，股价一路下跌，是否跌到了底部？关键不是看一些所谓的技术指标，而是看股市内在四大矛盾是否完成了转化，如股票是否跌出了投资价值，政策是否由利空转变为利多，机构投资者是否由卖出转变为逐步买入，投资者心态是否由牛市心态转变为完全的熊市心态。这种由表及里，再由里向表地判断股市运行的方法，一定强于纯粹的传统的基本和技术分析方法。

总结中外股市运行的历史，我们发现，股市内在四大矛盾永恒存在于股市运行之中。不论是股市的长期运行周期，还是股市的中级行情运行周期，均表现为股市内在四大矛盾的周期性循环，股市总是在年复一年地重复着同样的故事。但是，在股市不同的发展阶段，股市内在四大矛盾的不同组合又使股市运行不断地从低级形式向高级形式发展。比如在 1990—1995 年中国股市的初步建立阶段，股市运行特征为混乱投机；股市内在四大矛盾表现为价值投资因素偏低，投资者投机炒作气氛强烈，政府政策偏重直接作用于股市，投资者心态波动激烈的矛盾组合。在 1996—2005 年中国新兴市场的基本形成和初步规范的阶段，股市运行特征为有序投机；股市内在四大矛盾表现为重视个股投机价值的开发，投资者分为庄家与散户的明显博弈，政府市场化调控股市水平的逐步提高，机构投资者心态的逐步成熟与一般投资者心态的不成熟。2005—2018 年，中国股市进入了相对规范的发展多层次资本市场阶段，股市运行特征为初步的价值投资阶段；股市内在四大矛盾则表现为价值投资理念的逐步强化，投资者群体由二元结构向多元结构转化，政府管理股市更加强调发展与规范、市场扩容与市场承受能力、股市促进经济发展与保护投资者利益的协调统一，所有投资者心态均有所成熟。2019 年开始，中央确定建设公开、透明、规范、有活力、有韧性的资本市场，证监会提出上市公司四条底线、四个敬畏，中国股市进入了创新规范发展的新阶段。这里可以看出，在股市内在四大矛盾永远存在的同时，股市运行形式能够由低级形式逐步向高级形式发展。这种特征是基本分析理论和技术分析理论都无力解释的。

## 二、股市内在四大矛盾理论的技术运用价值

任何一种股市分析理论都必须具有其合理、独有的投资哲学价值，除此之外，还应具有可行的技术运用价值。股市内在四大矛盾理论的技术运用价值主要表现为以下几个方面：

第一，股市内在四大矛盾从股市运行内部四个主要方面立体地对

股市的运行状况进行界定。一个时期的股市运行性质如何界定，可以用股市内在四大矛盾所涵盖的四个方面加以定义。比如说，当我们要研判股市运行时，首先要从股票投资价值与股票买卖价格的矛盾的角度分析，股价是处于价值低估阶段，价值正常被反映阶段，还是处于价值高估阶段，从而对股票当前的投资价值和风险有一个正确的判断。其次，从政府的政策行为与股市的市场行为的矛盾看，政府的宏观经济政策和股市政策当前是支持股市的发展还是抑制股市的发展，股市本身是否存在上涨或者下跌的运行惯性。再次，从投资者之间的差异看，当前主要是一般投资者买入或卖出股票，还是机构投资者在买入或卖出股票，或者是机构和一般投资者都在同样买入或卖出股票。当大盘在底部区域一般投资者把股票卖给机构投资者时，大盘有望由跌转升。最后，从股价波动与投资者心态波动的矛盾看，股市低位下跌时，投资者恐惧心理严重，都想逃离股市，是股市运行至底部的特征，相反则是股市运行至头部的特征。总之，在对股市的运行分析中，从股市运行内在四大矛盾的四个方面进行立体式技术判断，是对股市大势分析的一种最主要、最有效的方法。

第二，根据股市内在四大矛盾的发展、转化，研判股市的运行变化。如分析 2001 年上半年的股市，从股票投资价值与买卖价格的矛盾看，上证指数从 1996 年的 512 点上升至 2001 年 6 月的 2245 点，6 年上涨 338%，平均市盈率达到 60 余倍，平均股价从不到 6 元涨到 11 元，可见股票的价格高于其代表的股票的价值；从政府的股市政策行为与股市市场行为的矛盾看，1999 年一直以支持股市发展为主基调，2000 年转为以规范为主基调，2000 年打击庄家，2001 年提出减持国有股及讨论非流通股的全流通；从投资者差异看，机构投资者与一般投资者都处于满仓操作状态，投资者的操作高度趋同；从股价波动与投资者心态波动的矛盾看，投资者牛市心态占主流地位，追涨心理已使股市走向极端。2001年上半年，股市尽管还没有由牛转熊，但股市内在四大矛盾已经开始全面走向极端，处于发生转化的阶段。2001年6月14日政府提出国有股减持方案时，股市便一泻千里，熊途漫漫。当2005年5月后，股市进入冰点，这时证监会力推股权分置改革，停止新股发行，宏观经济也开始好转，一切都说明，股市内在四大矛盾在向好的方向转化。2006年后，中国经济一片欣欣向荣，人民币升值，资源价格大涨，流动性充裕，四大矛盾正在向好的方向展开。至2007年第三季度，证监会开始出台政策打压股市，市场气氛过热，农民卖掉猪来买股票，生意人不做生意也来投资股票，股票价格严重背离价值，股市四大矛盾又开始向相反的方向转化了。2014年12月，股市在2000点时，从投资价值而言，大盘蓝筹股市盈率5—10倍；从政策面而言，由收缩政策为主转向放松政策为主；从投资者而言，机构投资者开始逐渐入场；从投资者心态而言，已经极度恐慌厌恶股市。这就是股市内在矛盾激化至极点开始要转化的时候。2018年10—12月，股市的这些情况再次出现。

笔者认为，投资者应该以开放的心态观察市场，不要机械地预先认为哪儿是顶或底，而是根据市场运行来观察、分析股市内在四大矛盾的发展与转化，四大矛盾不到发生转化的时候，不要轻言熊市转牛，或牛市转熊。有着科学态度的分析师、投资者，他们不是要求自己能提前预测到牛市的顶部点位或熊市的底部点位，而是要求自己在牛市的顶部或熊市的底部正在形成时能观察、分析出来，并采取相应的投资策略。

第三，股市内在四大矛盾的技术运用不仅仅是对股市运行作质的分析，也要进行量的分析。不过这种量的分析，不是传统技术分析方法所指的那种对股市运行精确到什么点位的计算，而是一种对股市运行区间计算的量的分析方法。

其一，按照股票投资价值与买卖价格的矛盾变化情况，我们对大盘和股价运行分析不再预测未来涨到多少点位、多少价格或跌到多少点位、多少价格，而只进行大盘区间和个股股价区间的划分，如认为某股票在什么价格区间为安全投资区间，在什么价格区间为合理投资区间，在什么价格区间为合理投机区间或风险投机区间。这样在不同的股价区间采用相应的投资策略。

其二，按股票价格波动与投资者心态波动的矛盾变化情况，对行情的发展、变化过程区分为投资者第一次追涨或抄底，第二次追涨或抄底，第三次追涨或抄底，从而辅助判断行情发展过程为初段、中段，还是末段。

其三，按投资者差异矛盾的特点，注意在熊市末端股票流向是否是由一般投资者手中转入机构投资者手中，在牛市末端是否由机构投资者手中转入一般投资者手中，同时观察行情发展不同阶段机构投资者与一般投资者的投资行为差异，从而辅助把握行情所处的区间或阶段。

其四，按政府的政策行为与股市市场行为的矛盾变化情况，重点区分当前的行情是市场主导型走势，还是政策主导型走势。政策主导型走势时，分析市场必须轻技术分析、重政策分析；市场主导型走势时，则应重技术分析、轻政策分析。

# 第三章 理性随机投资的思维哲学

## 第一节 理性随机投资是适应中国新兴市场的投资模式

### 一、现有的五大主动型投资模式分析

在股票投资领域该怎样创新突破？这是笔者近 30 年苦苦探索的问题。

从历史上看，股票投资领域主要有五大类主动投资模式：

第一类，直观感觉式分析方法及由此形成的筹码控制的坐庄操纵投资模式，代表人物为美国 20 世纪 30 年代的投资狂人杰西·利弗莫尔。2005 年以前的中国股市，坐庄一度是很主流的投资模式，2001—2005 年也是中国股市庄家连续崩盘的时期。2015 年后坐庄操作再次泛起，2018 年以来庄家又连连失利，大都惨淡收场。现在坐庄，违法成本和投资风险都很大。

第二类，技术分析方法及由此形成的高抛低吸的波段操作投资模式，著名的代表人物有美国 20 世纪 30—40 年代的威廉·江恩。这类投资模式在中国台湾、中国香港曾经很流行，现在中国大陆散户中很多人采用。

第三类，价值分析方法及由此形成的价值投资模式。价值投资理

论是由美国的本杰明·格雷厄姆首先提出的，价值投资模式则是被世界最著名的投资家沃伦·巴菲特运用得炉火纯青。在中国，巴菲特的追随者很多。2019年后，随着中国股市国际化、规范化进入新阶段，价值投资普及程度更高，更多的投资者选择了价值投资模式。

第四类，以现货交易与期货交易相结合而产生的对冲投资模式。

第五类，以计算机为工具的量化交易投资操作模式。

对于以上投资模式，笔者的看法是：

第一，直观感觉式分析方法及其筹码控制的坐庄操纵投资模式，一定程度上能控制筹码、控制股价，但坐庄操纵失败，全军覆灭的案例很多；同时这种做法不合法，违法代价太大，必须抛弃。

第二，纯价值分析方法及其纯价值投资模式，其"买股票就是买上市公司"，投资只要分析上市公司而不需看市场交易的投资哲学及投资理念，对小资金不太适合，对浮亏达到15%左右就要清盘的基金也不适合，对于股市波动偏大甚至牛短熊长、上市公司规范程度较差的中国股市也有些美中不足。

第三，纯技术分析方法及其波段操作投资模式，其"一切信息都包含在股价的走势之中，只要单纯地分析股价走势就足够"的观点，其"股票投资的要领就是高抛低吸、波段操作"的投资哲学及投资理念，总体上有些片面、有些过时。笔者认为这种单一的技术分析有点像无本之木，各种波段的高抛低吸更有些像没有飞行方向的麻雀乱飞。

第四，对冲投资模式需要成熟的多层次资本市场的配合，中国目前还不完全具备充分的条件，但随着股指期货、期权交易制度的进一步完善，这种交易模式会有更多的投资者采用。

第五，量化交易模式现在在一批年轻的投资者和海归投资者中有人使用，但是成熟度还不够。还有很多人打着量化投资的旗号，标榜有什么秘密武器，但实际很多只是一种假量化投资游戏。国内真正的量化交易模式近年还处于初级阶段。

### 二、理性随机投资是一种全新的股票投资模式

每一种投资模式既要适应自己所在市场的特点，又要有相应的理论作为支持。

中国股市的特点可以归纳为如下几点：

（1）是一个新兴市场，到目前，发育还不完善，成长尚欠健康。

（2）大盘运行牛短熊长，虽然长期处于缓慢的上升趋势运行格局之中，但中期震荡波动幅度过大。

（3）放则易乱，收则易死。每一次牛市都伴随着政策的放宽放松，但之后往往乱象丛生，出现大熊市。2015年的牛熊市就是最典型的例子，各种金融创新给股市带来大量的新增资金，一时牛气冲天，之后就是崩盘式下跌；2016—2018年转而重视规范严管，股市又变得死气沉沉，几乎陷入系统性危机。

（4）很大一部分上市公司的质量不高，财务造假屡禁不止，信息披露不充分，投资价值明显扭曲。一大批问题上市公司无端爆出商誉减值和各类问题。

（5）投资者结构中，散户投资者偏多，不成熟投资者偏多，市场非理性程度偏大。

中国股市的这些特点，导致了一定程度上的股价扭曲，"地雷"遍地，传统投资模式不太适应，由此也为理性随机投资提供了土壤环境。

投资模式的创新突破，需要投资哲学和投资技术方法上的创新突

破，为此，笔者做了这样几件事：

第一，重新定义了股票投资的本质，认为股票投资的本质是投资者之间的一种技术的、艺术的、对抗性的虚拟价值符号交易的机会游戏。

第二，发现并认识到若干重要的股市运行规律，认为股市运行是由股市内在四大矛盾（股票投资价值与股票买卖价格的矛盾、政府的经济政策和股市管理政策的行为与股市的市场行为的矛盾、不同的投资者差异之间的矛盾、股市行情波动与投资者心态波动的矛盾）的发展变化所决定。

第三，建立了一套适应理性随机投资的市场技术分析方法，制定了一套有原则的资产账户管理规则。

第四，系统地创立了一套理性随机投资技术、艺术与哲学的理论，提出股票投资的最高境界是"内心平静、理性随机"的思想。

这些投资哲学和投资分析方法上的创新突破，帮助笔者形成了自己独特的投资模式，这就是"理性随机投资模式"。

理性随机投资模式，最主要的特点有：

一是强调投资必须理性。运用股市内在四大矛盾的分析方法，系统分析大盘运行的基本趋势，投资操作趋势优先；用价值分析方法立体式分析上市公司的基本面，绝不投资没有价值的股票，选股持股价值优先。

二是强调投资需要随机。笔者在重点关注股市大盘趋势的形成、展开和拐点出现的特征的同时，还关注投资者情绪对股价走势的作用，强调股市运行具有不确定性，要保持投资与市场波动相对一致的随机性。

三是理性随机。一方面它是市场的顺应者，在市场趋势确定的条件下，理性地与市场趋势保持一致；另一方面它又是市场的"反常者"，要求投资者发现并利用股市的错误，随机地在股市的错误中赚钱，或摆脱市场错误离群独处。

## 第二节　理性随机投资强调理性与随机的结合

### 一、理性把握股价运行的必然性，随机捕捉股价波动的偶然性

很多人都想过这个问题，巴菲特也不是百战百胜，有时也会严重被套，但为什么最终一定会盈利和成功？从投资哲学角度看，巴菲特的成功在于他把握住了股价运行的必然性。为什么很多朋友忙于抓股价波段，见涨即追入，买错即止损，最后却输得一败涂地？有人认为这是因为自己运气不佳，或技术不行，其实根本原因是，他们只看到了股价波动的偶然性，忘记了股价运行的必然性，所以他们投资失败是必然的，成功则是偶然的。

辩证法告诉我们，事物的运动既有其必然性，又有其偶然性，必然性代表事物发展的方向，不管经历多少曲折最终都将达到其目标；偶然性代表事物发展的曲折性，充满在事物发展的过程中，说明事物达到目标的过程不会一帆风顺，总是曲曲折折，历经磨难。我们之所以主张理性随机投资，就是强调要用理性把握住股价运行的方向，保证投资的最终成功和盈利，同时又要运用随机方法，利用股价波动的偶然性，借助市场的非理性因素，捕捉住投资操作的买卖机会，争取盈利的更大化。

把握住股价运行的必然性，就保证了投资成功的必然性。这要求

我们做到以下四点：

（1）把握住大盘运行的趋势。理性随机投资讲究趋势优先，非常注重大盘运行趋势，总体顺应大盘运行趋势进行投资，但某段时间股市出错了、大众心态出问题了，这时就可能逆大盘运行趋势、逆大众投资心态进行逆向思维、逆向操作，如力争把股票卖在涨得最好的时候，买在跌得最惨的时候。

（2）把握住个股股价运行的方向，一段时间内不论股价怎样无序波动，如果总体上是在沿着向上的方向运行，这种必然性越明确，越是可以坚定持有股票。

（3）掌握一种较为全面的能够判定股票好坏和股价高低的方法。股价可能超涨或超跌，但投资者一定要保持理性，心中有数。

（4）具备投资管理的技能，坚守投资管理中设定的原则、投资战略和策略、风险控制纪律，在这些方面永远保持理性。

捕捉住股价波动的偶然性，则能使投资操作减少误差，让盈利更大化，或账面亏损更小化。这是因为：

（1）股市是一个理性与非理性并存的市场，非理性因素使得股价的波动幅度相当大，聪明的投资者要充分利用这种波动，买得更低，卖得更高。

（2）股价的非理性波动是可遇不可求的，需要耐心等待，有很大的运气成分，如2006—2007年的大牛市是十年一遇的大机会，2014—2015年6月的大牛市也是八年一遇的大机会，遇到这样的机会是投资者的幸运。

（3）股价出现大的超涨或超跌机会的时间总是短暂的，如果没有反常者的心态，有时仅仅是几周时间的犹豫，投资者就可能永远失去宝贵的机会。2012 年 12 月开始买入中小创板股票的机会就是如此，2014 年下半年买入主板股票的机会也是如此，2007 年 10 月和 2015 年 6 月卖出股票的机会也是如此。

必须坚信，符合必然性规律的东西终会成功，违背必然性规律的东西终会失败。同时还要相信，偶然性的存在，增加了股市运行的曲折性、生动性、复杂性，需要投资者投资操作具有随机性、弹性，进退自如。

### 二、自己始终坚持理性，随机利用别人的非理性

有个经济学博士面对中国股市 2007 年的狂涨，曾深深地感叹："理性的思维无法战胜非理性的市场，冷静的投资者会被市场投资群体的疯狂搅得头昏脑胀，股市长期发展的规律性学问在股市参与者追逐短期利益的行为面前显得苍白无力。"

由此可见，股市的运行有时真的是非理性的，而且这种非理性会达到令人难以把握的地步。1990 年中国刚有股市，很多人还不清楚股票为何物时，就领教了股市的疯狂，当时上证指数从 100 点起步，有涨停、跌停板规定，但股市大盘天天涨停，迫使 1992 年上交所放开涨停、跌停板规定，上证指数很快涨到 1500 多点，100 元 1 股发行的豫园商城（600655）涨到 1 万多元一股，市场接近疯狂。2005 年 6 月—2007 年 10 月，上证指数又一路上攻，1800 点、2300 点、4300 点、5000 点，这一过程中，很多股民和管理者多次担心股市见顶，一些所谓的理性投资者早就吓得不敢买股票了，但是股市却发疯似的一直上攻至 6124 点，仅用了两年多的时间，上证指数上涨了 6 倍。2015 年上半年，股市再度疯狂，上证指数在一年时间内从 2000 多点上攻到 5000 多点。

股市不仅会非理性大涨，还会非理性大跌。2007 年 10 月 16 日上证指数一举攻上 6124 点后，仅用 12 个月的时间，上证指数下探到 1664 点才止跌，一年时间跌幅 70% 多，令投资者从牛市的狂热中跌入了熊市的冰窖。2015 年 6 月中旬开始，上证指数在创下 5178 点的高点后出现断崖式下跌，每天几百只股票开盘即被封在跌停板上，用了融资杠杆的投资者被强行平仓的无数，迫使国家紧急救市。

那么，股市是完全的非理性吗？不！股市自有股市的理性，股市的理性就包含在股市的非理性之中。

如 2001 年 6 月，上证指数达到 2245 点时，市场平均市盈率高达 60 倍、平均股价达到 11 元，不管当时市场热情有多高，股市理性地选择了向下调整的方式，开始了长达 4 年之久的大熊市。2007 年 10 月，上证指数上涨到 6124 点时，平均市盈率高达 73 倍，平均股价达到 15 元，在没有利空消息出来的情况下，市场又理性地自己结束了牛市。2015 年 6 月，创业板连续几年上涨，创业板指数从 585 点上涨至 4037 点，平均市盈率高达 100 多倍。此后，市场的理性又出现了，创业板展开了长达 3 年多的下跌，一直跌到 2018 年 10 月的 1184 点。这段时间持有创业板股票的投资者成为大输家。

纵观中国股市 30 年的运行，主板大凡平均市盈率高达 60 倍以上都会理性地结束上涨，转入下跌；平均市盈率低于 15 倍，股市都会理性地结束下跌，转为上涨。创业板市盈率大凡超过 70 倍，就会理性地结束上涨。这就说明，在股市狂野的非理性波动中，总有一只看不见的理性之手在调节着市场，使之重新回到理性状态之中。

但是，股市的理性不是书呆子式的理性，而是一种活生生的令人难以把握的理性。如 2007 年 5 月上证指数涨到 4300 点时，尽管股价已经偏高，管理层也开始打压股市，但市场热钱还在不断涌入股市，因为在唱空声中，更强大的声音是："大盘股市盈率还偏低，人民币还有升值空间，中国经济一片大好，投资者赚钱效应明确，为什么股市就不能再上涨一波呢？"当时绝大多数投资机构预测 2008 年上证指数会上升到 10000 点。针对市盈率高的问题，行业内提出了市梦率的概念。现在想起这一切，觉得多么的可笑！同样，2008 年 4 月上证指数跌破 3000 点后，尽管已经下跌了 50% 多，政府也在扶持股市，但中国经济乃至世界经济还是出了问题，大小非兑现意愿强烈，很多机构都想逢高减仓，股市既然涨不上去，向下寻求空间，那是再合理不过的事情了。2016 年后，中国经济逐步见底企稳，大盘低价股、白马股明显具有好的投资价值，股市的由跌转稳也是市场的理性选择。2018 年 1 月，笔者当时明明感觉到上证指数涨到 3500 点时风险很大，但真的涨到了 3500 点时，又错误地认为这次是银行类大盘股带动的上涨，还会有更大的上涨潜力，等到自己再次冲进市场后发现，3500 多点又成了股市阶段性顶部，苦苦被股市煎熬了整整一年。

股市的非理性与理性并存的现实，使股市运行总是表现为股市走势永远在意料之外，又在情理之中。股市的非理性与理性并存的现实，也使股市运行与股票投资具有了自身的特点，表现为一场游戏一场梦。今年股市涨得有多高，明年就可能跌得有多惨，大繁荣之后总会出现大崩溃，大崩溃之后又会出现大繁荣。因此，对投资者来说，要留一半清醒留一半醉。虽然股市已经涨得很高了，只要还在继续上涨，就要继续做多；尽管股市已经跌得很低了，只要还在继续下跌，就要继续看空。与此同时又要保持清醒的头脑，随时注意市场理性的回归或转向。股市充满不确定性，我们不应回避股市的非理性，标榜自己是理性者，我们要做的仅仅是保持理性的头脑，顺应和利用股市非理性的行情变化达到自己盈利的目的。

在股票投资中，反人性因素极大。股市运行至低位极有投资价值时，往往是大家最不敢买股票的时候；股市运行至高位投资者控制不住冲动要买股票时，往往是投资风险最大的时候。而与之相反，坚持理性的少数反常者往往是真正的赢家，他们理性而又随机地高位卖出或低位抄底，最终赚了大钱或规避了巨大的市场风险。

## 第三节　理性随机投资的特点

### 一、理性随机投资是一种"鹰"式投资

如果把理性随机投资者用一种动物作比喻，可比喻为"鹰"，理性随机投资方式则可比喻为一种"鹰式"投资。

我们可以把以前列举过的几大类投资方式都以一种动物来作比喻：

第一类，直观感觉式分析方法及其筹码控制的操纵坐庄投资，这类投资者可比喻为"虎"，这类投资方式则可比喻为"虎式"投资，占山为王，来者通吃。

第二类，纯价值分析方法及其纯价值投资，这类投资者可比喻为远飞的"大雁"，这类投资方式则可比喻为"雁式"投资，高空飞翔，志在远方。

第三类，纯技术分析方法及其波段操作投资，这类投资者可比喻为"麻雀"，这类投资方式则可比喻为"雀式"投资，关注眼前，频繁出击。

第四类，以投资品种发生分裂和对手陷入困境为基础的对冲投资，

这类投资者可比喻为"狼",这类投资方式则可比喻为"狼式"投资，狡猾凶狠，撕裂市场。

第五类，以计算机为工具的量化交易投资，投资者可以比喻为"犬"，其投资方式可比喻为"犬式"投资，服从数据指令，发现交易机会就咬一口。

把长线价值投资者比喻为大雁，是因为大雁飞得高，看得远，不在低空与其他物种抢食，面对小波动泰然自若；又由于要远行，大雁的个头长得大，体力足，否则就没有达到目的地的能量；长途迁徙，需要翻山越岭，还会遇到高空寒流，所以中途夭折者也不计其数。把短线技术操作者比喻为麻雀，只穿行在房屋与街道的缝隙之间；翅膀扇动的频率很快，却怎么也飞不远，小个子，不可能长胖长大；小波小坎，都会让他们惊慌不已，很机警，很敏捷，常买错股票后止损，不用几次，就可能骨瘦如柴。

可以这样理解理性随机投资者与"鹰"：

首先，鹰是一种自身非常强大的飞禽，具有犀利的眼睛、锋利的爪子、有力的翅膀、尖硬的利喙，能够敏捷有力地捕捉对手。理性随机投资者的重要之处也在于自身的强大，没有自身的强大，就是股市的弱者。在动物食物链中，鹰处于食物链的上端，而非下端，这也很重要。处于食物链的下端者，整天担惊受怕，恐惧天敌的攻击，只有上端者才能泰然自若。理性随机投资者就是要使自己身处投资者食物链的上端，否则生存危机太大。

其次，鹰不像大雁朝着远方的自己无法看到的只能凭直觉判断的遥远的目标孤独地远行，也不像麻雀漫无目标地在树林、城市中穿行，近视到哪有一只虫或一粒米就飞向哪里。鹰是有目的地只在目标区域的高空悠然地盘旋飞翔，俯视着地面的动静，寻找自己的目标，观察目标的动静，在最有利的时机，用最有利的方式捕获目标。理性随机投资要求站在股市之上俯视股市变化，而不是身陷股市之中被日常涨跌牵着鼻子走；理性随机投资还要求，不去乱找投资目标，而是在自己关注的投资目标内寻找最合适的机会，等待合适时机和价位介入。

理性随机投资要求投资者有鹰的特点：

其一，观察股市要有高度，在每日的股市行情中观察股市，视野太近，会被具体的市场波动迷住心灵，挡住视野，所以要像鹰一样，从空中全景式俯视、观察股市。

其二，从空中俯视观察股市的同时又不到处乱飞，而是专注于对一个区域进行观察，一段时间内重点关注特定的行业或企业。如果陷在股市中看股市，看到每日每时让你心动的价格波动，就会只见树木不见森林。如果从遥远的万米高空看股市，则又看不到股市的具体情况，容易把股市看成一根永远向上的 K 线。所以最佳办法是，投资者像鹰一样在百米高空看股市，这样，既能看到当前股市的全景，了解股市中期运行的状态是熊市还是牛市；又能看到你所想看的投资对象的具体情况，在有利的时机出击。

其三，地面动物只在二维空间中生存，相对于在地面活动的动物而言，而能在空中飞翔的鹰，生活在三维空间之中，使自己处于有利于地面动物的状态中。如果是在地面上，动物在追杀目标的时候，你追我赶，很难战胜对手，同时其天敌也可能攻击它；鹰则不同，自己平时处于高处，不攻击目标时，悠闲地翱翔在天空，远离地面的战场；发现目标时，则居高临下，便于得手制胜。理性随机投资者，与股市保持一定距离，股市不好时，站在股市之外观察，机会好时，才进入市场进行投资操作。

大雁只在高空向远方飞行，正如价值投资者"一朝买入就想长期持有"。麻雀上蹿下跳，正如技术派投资者"一有差价就想高抛低吸"。与他们所不同的是，理性随机投资者不观察清楚目标，不会轻易动手；不看准机会，也不会轻易动手。一旦动手，俯冲向下，往往能做到稳、准、狠。

## 二、股票投资应六分理性四分随机

我们提倡理性随机的股票投资方式，从理性与随机的成分比例看，股票投资大致为六分理性、四分随机。

投资家彼得·林奇曾经说过，如果投资者的投资有 60% 的正确率，就能战胜华尔街；美国的另一位投资家约翰·坦博顿也认为，投资成功率达到 60% 的话就很好了；价值投资家菲利普·费雪曾表示，如果能 100% 地选对股票，那他会用所有的资金只买入一只股票，但这是不可能的，所以他主张大致持有 10 只左右的股票为宜，也就是说他选对股票的概率在 60% 以上。从上面几位投资大师对投资要求做到 60% 左右的正确率或成功率来看，理性随机投资应保持 60% 的理性成分，另留有 40% 的随机余地。

六分理性、四分随机是笔者建立的理性随机投资的重要投资哲学原则之一，它源于以下几个因素：

第一，股市运行有其必然性和偶然性，必然性是投资者可以用理性思维把握的，偶然性只能随机应对，或靠运气的成分来对待。如果我们把握住了六分股市运行的必然性，就不会犯大错，同时留有四分随机性，我们就又能根据市场情况灵活调整自己的投资判断和投资操作。

第二，不管投资者有多么丰富的投资知识或投资经验，对股市运行的认知的正确性也不可能达到100%，而在50%—80%就很不错了，因此用适度的随机方法就会使我们的投资保持一定的弹性和灵活性。

第三，我们在投资时永远不能大脑一根筋，必须做到原则性与灵活性的有机结合。比如有一个基金经理认定贵州茅台是一只长线价值成长股，他在2012—2013年贵州茅台股价一路下跌过程中，不断卖出其持有的其他股票，基本换成了长期看好的贵州茅台，最后所管理的基金资产比例失衡，投资业绩当年排名最差。而在其心理承受不住亏损的压力卖出之后，2017年第三季度后，贵州茅台的股价又创出了历史新高。这个投资者虽然投资方向正确，但在操作上资产结构失衡，投资操作缺乏弹性，反而变得坚守不住自己认定的原则了。

有了六分理性、四分随机的理性随机投资哲学思想指导，我们的投资就会相对得心应手、应对自如：

第一，投资时，把握住股市运行的大方向，总体上，就能在股市中较好地生存下去，并保持内心平静，使股票投资成为快乐而又赚钱的事业。

第二，当股市出现2006—2007年上涨6倍的大行情时，我们随机对待的话，也不会出现在上证指数涨到3000点时就不敢持股、4000点时很不敢持股、5000点时又迫于市场压力追涨的窘态。在2008年股市跳水下跌的行情中，也不会出现在上证指数4000点时抄底、3000点时再抄底、2000点时已满仓动弹不得的情况。

第三，无论股市多么狂热或低迷，投资者只要有六分理性，就不会在中国石油（601857）上市首日48元的高点买入，让自己陷入10—

20年都不可能解套的境地；而在 2012 年 4—6 月上证指数 2000 点附近时，在 2018 年年底上证指数 2400 多点时，不管其他投资者多么恐惧股市、厌倦投资，也能清楚地认识到这时股市中有很多"金股"在闪光。

### 三、投资不亏钱靠理性，上不封顶赚大钱靠随机

笔者为自己创立的投资模式定名为"理性随机投资"，其中重要的含义之一是：股票投资不亏损要靠"理性"，想赚大钱必须用"随机"。

股票投资要求理性，在对待大盘运行方面，不在股市运行的顶部区间，不在股市充满泡沫的阶段，盲目投资股票；同时在个股选择方面，坚持价值投资，在投资价值的基础上布局资产、选择股票，永远不忘记投资中的价值原则。与此同时，股票投资又要求随机，即利用股市非理性的波动，跌就等它跌个透，涨也随它涨个够，借助股市波动的非理性因素，尽可能买得便宜一点儿，尽可能卖得更高一点儿。

因为，谁也不知道大盘的顶与底在哪里，谁也说不清楚个股涨跌的高点与底点在哪里。大盘走出顶部了，仓位就减得差不多了，高点见过后出拐点了，个股也卖得差不多了，这就是随机的作用。

2005 年 6 月—2007 年 10 月，上证指数一路上攻，从 998 点起步上涨，最后以 6124 点收场。这一过程中，很多股民和管理者多次担心股市要见顶了，一些所谓的理性投资者早就吓得不敢买股票了，但是股市却发疯似地一直上攻，上涨了 6 倍之多。有的经济学家在股市上涨过程中一路唱空，遭到众多投资者的嘲笑。试想，这时不随机，能赚大钱吗？从这一点来说，理性随机投资是原则性与灵活性相统一的投资法宝，是一种"外圆内方"的投资方式，是要做一个既坚持投资价值使自己的投资风险最小化又利用股价波动的非理性使自己的收益

最大化的投资方式。

投资要尽可能做到投资风险最小化，投资收益最大化：

第一，不是要将股票卖在自己主观认为的行情的最高位上，也不要买在自己主观认为的行情的最低位上。因为投资者自己主观分析出来的股市行情与个股走势，往往与实际情况有巨大的差别。与其做一个分析行情的"聪明人"，不如做一个能看出行情正在怎样走的实在人。

第二，在熊市底部建仓，牛市顶部卖出时，不是要一次买在底部的最低价位上，或一次卖在顶部的最高价位上，而是分批买入或卖出在底部或顶部区间的平均价位上。

第三，熊市的底或牛市的顶，在回过头看时是一个最低或最高的点位，但是在当时这是不能确定的。投资者应该重在关注大盘运行的底与顶部拐点出现并确认的信号。理性随机投资策略的转换都是依据这个信号作出的。

### 四、理性买，耐心持，随机卖

理性随机投资在操作上需要做好三部曲：（1）理性技术式买入股票；（2）耐心欣赏式持有买入后的好股票；（3）随机艺术式高位卖出获利的股票。

投资操作做好这三部曲，需要理性随机投资者保持一种特有的状态——"半醒半醉半神仙"。所谓"半醒"，是指在股票买入—持有—卖出的全过程中，只在买入的阶段完全理性。选择并买入股票时头脑清醒，严格按投资理念、选股标准、估值方法、买入技巧进行操作。所谓"半醉"，是指在持有阶段，由"聪明转入糊涂"，忘记技术分析，忘记波段操作，泰然自得地等待手中的股票不断上涨。所谓"半神仙"，是指卖出股票时，何时是顶，何价是顶，半靠分析半靠感觉，用一种随机的态度在顶部区域分批卖出。

做好理性买、耐心持、随机卖三部曲，保持"半醒半醉半神仙"的状态，不是喜好空谈的虚妄者所能为之，也不是技术员之类的太现实的"实干家"所能为之，而是需要有股票投资的技术、艺术与哲学的思想和方法有效支撑者才可为之。技术方法支撑着理智地严格按标准选择并买入好的股票；哲学思想支撑着与股市保持一定距离，以良好心态持有股票；艺术方法支撑着在卖出这一阶段从容获利的潇洒风姿。

为什么买入股票要理性？

第一，平庸的股票比优质的股票多得多，不佳的上市公司也不计其数。如果我们不理性地严格按正确的投资理念、标准选股票，喜笑颜开的是上市公司的老板和操纵股票的庄家，冤死的是自己。而且这样冤死了还没人同情。

第二，中国的市场经济与股市分别经过 40 年和 30 年的发展，已经是买方市场了，钱在我们的口袋中，不见好商品、好股票，我们不出手，出手时哪怕是自己反复观察、研究后看好的东西。只要不轻易出手，就不会有什么损失，怕的是我们心中有魔鬼，眼光又太差，想赚钱的心情太迫切，就会上当吃亏。

买对股票是投资盈利的第一环节。如果我们买错了商品，碰到有良心的商家还可以退货，但买错了股票，只有一种可能，那就是赔钱。理性随机投资模式在选股、买入的投资环节上与纯价值投资模式是一致的，即睁大眼睛，不急不躁，理性评估，技术操作，靠上述一系列的综合手段完成选股、买入操作。在这个环节上，永远要做头脑清醒的投资者。

为什么持有股票要有耐心，甚至保持半醉的状态？

第一，一个理性的投资者按严格标准选出的好股票是不多也不容易的，这样选出的股票不可能像狗熊掰玉米棒子那样，吃一口就扔了，再去掰下一个。否则，就会是一个散户或小技术派，成为一只股市"麻雀"，忙于赚小差价，面对好股票总是占小便宜吃大亏。"船行万里靠顺水"，股市赚钱需借势。

第二，难得糊涂，半醉状态是一种投资境界。理性随机投资要求投资者在持有股票这个阶段，只关注所持股票走势的特殊拐点、趋势变化，没有这些变化，便糊里糊涂地一直持有，或者只做些调剂性交易。

为什么在卖出股票这一阶段要"半神仙"式的随机？

第一，股价运行到顶部区域时，一般来说，这时市场都带有很强的非理性色彩，按照常规的技术估值方法计算所持股票的合理卖出价位决定自己的卖股时点，是一种书呆子的做法。最佳的股票卖出价完全靠一个有经验的投资者的艺术感觉。

第二，为什么不做神仙只做半神仙？神仙者总想卖在最高价，但这是不可能的；所谓半神仙者，则是要既有理智的一面，知道股价已经高出合理估值，另一方面，又耐心等待市场出现非理性的股价最后的上冲，在股价的头部区间分批卖一个好价格。

第三，对已经获利并锁定了部分利润的股票，剩下的一部分股票，是中线持有还是长期收藏，也是要有眼光、要有艺术、要有"半神仙"式的态度。这样，投资就不再是机械的形而上学的技术员的工作，而是一个艺术家的工作。

很多投资者曾表示，会买而不会卖。其实持这种观点的投资者往往是一些没有明确投资理念的追涨式操作者。他们在股票大幅波动时追涨买入，买入后往往是该股票的最后一涨，但因为这种股票大多有主力操纵或价值高估，一下没抓住卖出机会就会被套。所以，只有在严格理性前提下买入持有有投资价值的股票，卖出时就可能从容操作，像半个神仙一般地让手中的股票卖一个让自己心怡的价格。

### 五、永远让理智的定力压住情绪的波动

股票投资之路是什么？股票投资之路是一种修行。投资路上，诱惑多多，艰难险阻，风险无数，投资者从一个想赚快钱的完全的随机者，赔钱吃亏，学习实践，经过若干轮回后，升华为一个冷静的理性投资者，这都是努力修行的结果。

股票投资者是什么？入门级的投资者有点像猪八戒，分不清好坏，总是掉入股市的陷阱。初级的投资者有点像沙和尚，心态虽好，但人很平庸，没有投资理念、不善择时选股。中级的投资者就像孙悟空，火眼金睛，武艺高超，但心浮气躁，一遇委屈就跑回花果山，一遇股市震荡，就没了定力，难修正果。高级的投资者如同唐僧，目标明确，意志坚定，心态平和，不畏艰险，不受诱惑，在正确的投资道路上一路前行。

股市是一个诱惑太多、常常让投资者理智与情绪分裂的地方，股票投资操作的主要问题之一是理智与情绪的矛盾，理性随机投资模式就是要求投资者在投资操作中永远要让理智的定力压住情绪的波动。

在股票投资中最大的问题是，股价的波动使投资者账面市值变动太大太快，投资者的行为往往被情绪波动所掌控，失去理智。因此，理智与情绪的矛盾是理性随机投资模式要解决的一个重要课题。

在投资管理中，情绪的反应与理智的反应往往是相反的：当股价

初跌，止损卖出错买的股票时，情绪的反应是没必要，理智的反应是必须这样做；当追涨买入股票时，情绪的反应是畅快的，理智的反应是这是风险操作；当轻易卖出盈利的股票时，情绪的反应是舒服的，理智的反应是这是草率操作；当底部"割肉"卖出深套的股票时，情绪的反应是如释重负，理智的反应是这是错误操作；当买入深跌低估的股票时，情绪的反应是危险，理智的反应是安全；当高位买入已经"老化"涨幅很大的强势股票时，情绪的反应是安全，理智的反应是危险。

因为股价波动使投资者感到赚钱或赔钱都是很快的事，这就容易引起投资者情绪的极大不稳定。情绪的不稳定常常会成为主导投资的因素，使投资者失去理智，完全被情绪牵引着投资过程。投资操作中由于情绪与理智的背离，大多数时候，即使投资者知道应该怎么去做，但却难以实际执行，表现为缺乏意志力，缺乏执行力。

静态分析市场时，投资者理智的因素占主导状态，但每天开盘后打开股市行情一看，就被价格波动所牵动。我们不消说2007年与2015年的大牛市如何让投资者心潮澎湃，仅仅是2018年1月上中旬20个交易日上证指数从3200点上涨到3500多点的一轮短暂行情，银行等权重股大涨，就让很多投资者的情绪失控，满仓持股，但之后只用了10个交易日上证指数就从3500多点跌回3000多点，大量投资者被深度套牢。情绪使投资者被市场引诱，往往导致错误；理智使投资者对市场认识多一份冷静，但又往往主观，因此，理智与情绪的纠结始终是投资者心中难以解开的结。

股票投资的最大特点是股市行情波动对投资者心理产生巨大冲击，使投资者情绪大幅波动，甚至失控，失去理智。同时，股票是虚拟价值符号，从理性上很难准确把握。投资者每一次情绪失控操作的结果一般都是错误的、赔钱的，因此，投资者进入股市后通常会陷入这样的循环：行情波动—情绪波动—情绪操作—总是赔钱—努力学习—理性操作—仍不适应—再次反思—理性随机。在这个过程中，从辩证发展的角度看，纯理性投资是对情绪随机操作的否定，理性随机投资又是对纯理性投资的否定之否定。

### 六、随机时做一个谦逊的赌徒

对股票投资的思考上升到哲学高度，主要面对三个具体问题：一是股价运行的必然性与偶然性；二是投资决策及其结果的确定性与不确定性；三是投资操作的原则性与灵活性。

这三个问题想明白了，我们对投资方式的分类就会有一个全新的认识，即按投资者对股市运行认识的哲学依据和投资决策方式，股票投资方式基本上可分为"单纯理性投资""理性随机投资""谦逊的赌徒""盲目的赌徒"四大类型。

（一）单纯理性投资

只承认股价运行的必然性，忽视股价运行的偶然性，只强调投资决策的确定性，忽视投资决策的不确定性；单纯地认为上市公司的基本面是决定股价的唯一因素，单纯地认为买股票就是买上市公司；承受股价波动的各种冲击，用长期持有的方式最终获得投资的成功。巴菲特算是偏单纯理性投资类的代表人物。

（二）理性随机投资

主要承认股价运行的必然性，同时接受股价运行的偶然性，在把握投资决策确定性的前提下，利用和控制投资决策的不确定性；认为决定股价的主要有股票内在和外在的若干因素，如投资价值因素、股市趋势因素、政策及管理因素、宏观经济因素、不同的投资者及其心理因素；投资时靠理性选股、持股和控制风险，用随机应对股价波动的偶然性。安德烈·科斯托拉尼、威廉·江恩算是偏理性随机投资类的代表人物。

（三）谦逊的赌徒

认为事物运动总体具有必然性和确定性，但更重视利用偶然性和不确定性进行博弈。决定股价的因素是复杂的，成熟的投资就是对大量旗鼓相当的各种因素进行权衡、比较，确定每个因素的重要性，然后作出最可能成功的大概率获胜的决策；任何一次投资行为都具有不确定的博弈成分，投资前要认真分析，权衡利弊，投资时要敬畏市场，要有替代方案，要有可能失误的心理准备。在具备优势时投资操作，实际情况符合预期就坚持下去，与预期相反、没有胜算时就离场。

（四）盲目的赌徒

认为一切皆为偶然的和不确定的，纯粹地把股市当作投机场所；不承认股票的投资价值因素，不相信政府的管理力量和市场本身的力量，只相信自我的力量或技术水平；大赢大输，大起大落，随波逐流，短期视野，纯粹投机。代表人物有美国历史上一度被誉为投机天才但结局凄凉的杰西·利弗莫尔，中国股市上的一批批失败的庄家也是这类人物。

有了上述认识后，笔者的看法是：

（1）养老金、社保基金偏重于单纯理性投资为好；学习巴菲特，但要避免把"单纯地"理性投资学成了"机械地"理性投资。

（2）我们比较推崇理性随机投资方法，愿意认真系统地研究理性随机投资的哲学、艺术和核心技术。

（3）偶尔做谦逊的赌徒是一种值得重视的投资态度。政治家、投资家在一定程度上都有一种"赌"性，在这个复杂多变的世界中，运气、经验、感觉很重要，敬畏市场、保持弹性也很重要。

（4）盲目的赌徒很悲哀，普通人的天性都有"羊群心理"或骄傲自满的不良习性，股市上盲目的赌徒往往会输得很惨。

某种意义上讲，理性随机投资者很多时候也相信运气的成分。比如希望能把手中的股票以更高的价格卖出，但股价不但没涨上去，反而快速下跌，遇上这种情况时怎么办？我们认识到，当运气成分不存在的时候，一定要保持一种敬畏市场的态度，回归理性，果断确定新的操作方案。这也是"谦逊的赌徒"对待运气的态度。

# 第四章　理性随机投资的行为哲学

## 第一节　要使股票投资大概率获胜

### 一、四好因素使股票投资大概率获胜

成功的政治家总是带领大多数人反对极少数人，这是政治上的大概率获胜。历史上取得重大成就的政治人物，都会牢牢把握这条原则，民选国家的总统能被选上首先就是得到了大多数选民的选票。

在一些特殊的经济活动中，比如，保险公司属于大概率盈利，而买保险的个人属于小概率获赔；开赌场的属于大概率获胜，参与赌博的属于小概率赚钱。

对于普通的股票投资者来说，取得成功是小概率事件，即所谓七输二平一赢。因此，股票投资者非常重要的行为哲学，就是要想办法把股票投资从小概率获胜转化为大概率获胜。否则，根本不必去投资股票。

怎样才能使股票投资大概率获胜？笔者总结自己几十年投资之路的风风雨雨，最后得出了这一认识：要使股票投资大概率获胜，必须具备四大因素：好趋势、好股票、好操作、好心态。只要具备这"四好"因素，投资者想要不赢都难。

第一，牛市是投资盈利的市场前提。

三十余年来，中国股市 80% 以上的个股波动方向与大盘波动方向一致，而在成熟的金融市场，这一比率为 50%—60%。2003 年中国股市出现了所谓的"二八"现象，即在熊市时期"二涨、八跌"，说明 80% 的个股波动与大盘波动相一致；2004 年中国股市又出现了"一九"现象，即在熊市时期"一涨、九跌"，说明 90% 的个股波动与大盘波动是一致的；2007 年、2014 年，几乎所有的股票都在跟随大盘大幅上涨，说明在强势市场，大盘走势绝对地主导个股走势。2008 年、2015 年下半年，几乎所有的股票都下跌。

人们在分析股市时，往往把影响股市的纷繁复杂的诸多问题搅在一起，分不清主次，以至于认为股市运行情况无法把握，最后落入不可知论的被动投资的陷阱。实际上，不论股市多么复杂，只要抓住了大盘波动的主线，投资操作就会变得简单起来。按照道氏趋势理论，股市的长期波动趋势是可以基本认识和把握住的。笔者认识到这一点后，把踏准大盘波动放在投资操作的第一位。围绕着大盘的波动确定自己的投资计划，一切问题就变得很简单了。

在长期的投资实践中，笔者也看到，股票投资中最大的失误不是对个股分析的失误，也不是对板块分析的失误，而是对股市大盘波动分析的失误。这种失误往往导致投资的灭顶之灾。2001 年下半年至 2005 年的大熊市行情，大部分证券公司都遇到了严重的生存危机，其主要原因是他们的不合规保本理财业务在大熊市期间严重亏损。2008 年大多数投资者持股市值腰斩，原因也是在于股市总体下跌了 70% 多。2015 年 7 月、2016 年 1 月，一些融资加杠杆的投资者输得血本无归，都是大势所致。2018 年上证指数下跌 30%，90% 的机构与个人基本都亏损。

第二，选出价格合适的大概率上涨的好股票是投资盈利的必要条件。

大概率会上涨的好股票主要有这样几种：潜力成长股、价值低估股、技术趋势上涨股。每一波牛市中，这三类股票必涨无疑。如果投资者在牛市时期买进这种好股票，成功的概率就非常大了。

第三，成熟的投资操作是股票投资盈利的重要手段。

在股票投资中，投资者要有自己的优势，如资金优势、信息优势、技术优势、人才优势、盈利模式优势等，有了优势就有可能获得投资的大概率成功；同时，要学会一套适合自己的投资操作、盈利方法，运用好的投资操作实现在股市上的盈利。

第四，保持好的心态是投资能够盈利的关键因素。

股价波动、账面盈亏，都会引起投资者心态的波动，甚至是非常剧烈的波动。坏的心态，会让投资者乱了心智，失去理性；具备好的心态，投资者则敢于大赚，敢于抄底，敢于坚守潜力成长股。

综上所述，对普通的股票投资者而言，如果能够把握住"四好"因素——好趋势、好股票、好的投资操作、好的投资心态，就能够把股票投资变成大概率获胜的事情，从而取得投资成功。

## 二、趋势优先，好股优先

### （一）股市趋势决定投资的成败

识大局者办大事，懂大势者赚大钱。理性随机投资讲究股市趋势优先。

曾几何时，每一场轰轰烈烈的牛市行情，都会引发一段激情燃烧的岁月，唤醒一大批不曾碰过股票的有钱人进入股市，引来大量逐利资金投入股市。但是，一场游戏一场梦，当热闹消停，激情过去，往往是"一地鸡毛"，高位套现赚了大钱的投资者潇洒而去，被套牢的股市"菜鸟"开始补课学习投资技术。

谁会成为股市赢家？一定是那些在股市底部大胆入市买进股票，在牛市中能坚定持股并在股市高涨后分批卖出股票的投资者。谁又是股市中的输家？一定是在股市高点入市的或牛市后期舍不得离开的贪婪者。他们总是被股市锁在了高位，阶段性地被牢牢套死。其中那些借钱炒股者，利用杠杆融资炒股者，坐庄重仓不能及时退出者，都可能在牛市转入熊市后被埋葬。

以最近的一次中长期熊市为例：2015 年 6 月 12 日上证指数从 5178 点见顶后突然踩踏式、断崖式下跌，至 2015 年 8 月股市跌至 2900 余点时，一批高倍数杠杆融资的投资者就被平仓出局。2016 年 1 月股市再次断崖式下跌，上证指数探低 2638 点，这时一批杠杆融资者又被平仓出局，一批重仓坐庄者也被平仓出局；之后经过两年多的所谓慢牛，从 2018 年上半年开始，用一年时间上证指数又从 3500 多点跌到 2440 点，一批重仓垃圾股的私募或大户惨淡赔光。就这样一次三年多的中长期熊市，多少悲伤与痛苦，多少失落与迷茫，血淋淋的现实告诉所有的投资者，股票投资的赚与赔，与股市大盘走势休戚相关。

股市的趋势风险是致命风险，所以也被称为系统性风险。

美国投资家约翰·坦博顿与巴菲特同为本杰明·格雷厄姆的学生，就在 1968—1974 年美国出现大熊市，巴菲特感到很不适应并解散了自己的投资公司的时候，具有国际视野的约翰·坦博顿看到了第二次世界大战后欧洲的发展空间，他开始了国际化投资，将资产布局于欧洲股市、日本股市，之后又进入新兴发展中国家股市，用国际化投资和布局资产的方式解决了专注于一个市场可能带来的系统风险问题。

还有一个极端的例子：因为新型冠状病毒的影响，美国股市 2020 年第一季度后期暴跌，美股在 10 天内 4 次熔断，道琼斯指数一度下跌 10000 点（从 29568 点跌至 18213 点）。由此，巴菲特领导的伯克希尔·哈撒韦公司 2020 年第一季度巨亏 497 亿美元（约合人民币 3500 亿元）。

有德国证券之父之称的投资家安德烈·科斯托拉尼说，投资必须重视大盘趋势，只有有了二十年以上投资经验的人才可不管趋势问题。

以中级牛市行情为赚钱条件，在中级牛市行情中积极操作，在中级熊市行情中休息或小仓位操作，这是理性随机投资模式的重要原则。

（二）好股票是埋在土地里沉默的种子

在股市趋势优先的前提下，理性随机投资讲究好股优先。

什么是好股？很多投资者热衷于股价已强势上涨了很多、概念颇丰的被市场一致看好的股票，即所谓的追涨、追热点。与此不同，我们更喜爱股价尚未启动、投资价值尚未被发掘、走势尽管难看但有坚强价值支撑的股票。笔者认为，前一类投资者总是在抬头仰望悬挂在天空中闪亮的星星，后一类投资者总是在低头寻找埋在土地里沉默的种子。

好股不是悬挂在天空中闪亮的星星，而是埋在土地里沉默的种子。

有这样一个故事：

某地发现有金矿，想发财的人一窝蜂地都去了，就在他们快到达时，一条又宽又深的大河挡住了去路，没有桥，也没有船，众人束手无策。

这时，有个人灵机一动，往回走，买了条船作摆渡之用，渡河寻金者坐船每人三个金币。

尽管费用昂贵，可没有一个人不上他的船，因为对面有金矿。

这个买船的人不再想去淘金了，只专心于他的摆渡，因为每天都有络绎不绝的人要到河对面的金矿去。

再后来，去淘金的人十有八九都空手而归，而那个摆渡的人倒是发了大财。

有一种看法是，涨得快的明星股是金矿，买入这类股票能很快淘到想要的金子，因此他们愿意冒着风险在高位买入这类股票。笔者则认为，股市在基本结束熊市转入牛市时，就如同初春之时，那些埋在土地里沉默的种子，只要辛勤耕耘，就一定能春种秋收。股市每一轮调整的后期，一定有很多被低估的股票，这些股票默默地趴在低位，是成熟投资者最应该去发掘的投资标的。

在中国经济结构性变化、行业发展此起彼伏的环境下，要发掘能长期上涨的金种子股票，需要选股的眼光和技术。具体而言有这样几个要点：（1）上市公司的行业发展前景良好，属于新兴行业而非衰退行业；（2）企业经营正常，盈利来源于有竞争力的主营业务，公司业绩逐年增长；（3）股价有坚强的业绩支撑，而非概念支撑；（4）假设满足以上三个条件的股票，还有机构主力以前被套牢在其中，或有新机构主力正在逐渐建仓，那就再好不过了。这些股票技术走势极其难看的时候，有可能就是最佳买点。

# 第二节　反常者赢

## 一、大盘行至极端需要反常制胜

股票投资赢家少，输家多；想要成为赢家，既要顺势，又要反常。

其一，股市运行趋势明确阶段，要顺势随机。

股市中有句名言：股市的走势具有趋势性，但市场的高点与低点只有事后才能知道。我们在进行股市分析时，对每一波中级行情的性质及上涨的高点或下跌的低点，都会有一个基本的预测。我们要作出这种预测，但又不要完全相信自己的预测，而只能把预测作为参考。在股市的主级趋势明确的情况下，对待市场的态度就是顺势随机。在上涨趋势中，只要趋势没有出现反转信号，我们就认为股市还会上涨，并且以继续上涨的策略进行操作。这种策略的依据是，我们不比市场聪明，不与市场为敌，常规时期顺势随机。

其二，趋势行至极端反常制胜。

趋势走到极端的时候，在行情的转折阶段，也是市场最恐慌或最兴奋之时，恰恰在这时，投资者必须要有逆向思维，要有反常之举，这是成熟投资者的专业素养。

在股票投资操作过程中，大多数投资者都会运用自己掌握的知识分析未来大盘和个股的走势，然后以此指导自己的操作。但是，这种分析未必与实际的大盘和个股走势一致。如 2012 年 12 月 4 日上证指数跌到 1949 点，大多数投资者极度悲观的时候大盘却见了底，开始了新一轮中级牛市。又如，2018 年 1 月，银行股及其他大盘权重股发力飚升，大多数投资者认为从 2016 年 2 月开始的牛市将继续扩展、对金融板块股票积极参与时，银行股、保险股又快速深幅下跌，并带动整个大盘下跌，开启了 2018 年的熊市。

在牛市顶部与熊市底部，具有反常思维，进行反向操作，说起来容易，做起来很难。当股市运行到了牛市或熊市后期时，投资者会产生很强的趋同性，促进行情强化发展，这时赚钱与赔钱都变得非常快。一般投资者很难做到在牛市后期痛快离场或在熊市末期果断进场，只有成熟的投资者才能做到在市场拐点特征出现时，逆向思维和反向操作，相对成功地在牛市顶部区域逐步减仓离场，或在熊市底部区域逐步建仓进场。

适时离场或进场，需要很大的勇气和耐心。对投资者而言，反市场主流气氛是很难的，因为那个时候总是利多或利空消息不断刺激市场和投资者，让人们不愿相信牛市或熊市即将结束；有时投资者心理上对市场风险已经有了强烈认识，但经不起赚钱太易或赔钱太快对心灵的冲击，很容易产生牛市最后再赚一把，熊市底部先出来看看再说的想法。这样反向操作就被放弃，执行不了。

另外，在牛市后期投资者卖出股票后股市未必马上就下跌，在熊市末期进场后股市也未必马上就上涨。如果投资者卖出股票后大盘还在上涨，或者买入股票后股价还在下跌，心理上会承受很大压力。这就决定了反向操作，除勇气和耐心外，还需要一些经验和技巧。

2018年10月19日上证指数探低2449点时，就是一个相对典型的股市走至极端状态可能物极必反但又没有很快进入上涨周期的时期。

首先，这里就是一个力度极强的政策底。刘鹤副总理讲话具有明显的救市含义。由于股市大跌，众多上市公司大股东质押的股权出现平仓危机，蓝筹股、绩优股超跌，股市失去正常的定价能力，这时必须救市。政府明确放开保险等资金入市，明确多渠道解决质押股权平仓问题，这就能控制住引发股市继续下跌的主要因素，一定程度地消除投资者的恐慌情绪。2018年10月20日，国务院又召开了防范化解金融风险专题会议，之后几天国家主席出面主持召开了发展新科技、支持民营企业的座谈会。政策底信号很强。

其次，上证指数在 2449 点上下也是技术底。大盘金融蓝筹股跌到了 5—8 倍的市盈率，中小盘成长股跌到了 10—15 倍的市盈率，使这些核心股票估值很低。再如，创业板指数从 2015 年 6 月的 4000 多点跌到当时的 1100 多点，3 年多最大跌幅约 80%，中长期熊市的跌幅不过如此了。至此，股市各类指数也出现了技术底部特征。

最后，当时投资者的恐慌程度几乎到了极限，这也是投资者情绪底的特征。

政策底、估值底、技术底、情绪底四位一体，大盘很可能在这个区域构筑底部。

但是，股市运行先于经济运行，一是熊市的见底先于经济下行周期的见底，二是牛市的启动时间先于经济的复苏时点。以此理论推想，如果股市在 2018 年 10 月 19 日 2449 点见了大底，经济在 2019 年上半年某个时间应会见底，而在经济见底之前，投资者听到、见到的都是经济方面不利的情况，这时要相信市场拐点成立并进行反向操作都是很难下决心的。

同时，就是当时认识到了 2018 年第四季度股市见底了，但买入股票后股市并没有马上大涨进入牛市，而是在 2019 年 1 月 4 日上证指数再次下探 2440 点，在投资者产生更大的恐慌情绪后，股市突然爆发式上涨，让人措手不及。

## 二、在股市与机构主力的错误中赚钱

一般投资者的常规思维是，跟随市场，跟随机构主力才能赚钱。但从反常思维来看，一般投资者更要学会在股市与机构主力的错误中赚钱。这是一个非常重要的投资哲学观点。

原因之一，股市总是错误地高估股价或低估股价，高估与低估都是股市错误地反映了股票的真实价值，股市的这种错误就是投资股票的盈利之源。

原因之二，股市中总有持股很多的市场主力，他们因为资金的力量总能不同程度地控制或影响股价。他们在股市中最赔不起，总会因为不断地犯这样或那样的错误而自救。一般投资者发现了他们的错误就能从中赚钱，这可能是符合中国股市特色的一种投资盈利方法。

一般投资者总是被股市或机构主力牵着鼻子走，什么股票热闹就去追什么股票，听说什么股票有主力操纵就去"跟庄"。有了在股市与机构主力的错误中赚钱的观点，我们就会变成一个股市的观察员，观察到有股票被错误地低估，就买一点儿这样的股票，观察到有主力被套的好股票，就参与一点儿。

除了学会观察之外，会不会"等"，也非常重要。这是一件看起来很容易，实际上却非常难做到的事情。大多数初入股市的投资者的毛病是，还没看清楚情况，马上就买进想买的股票，或总是满仓操作。如果有了"在股市与机构主力的错误中赚钱"的哲学观点，我们就会认真地观察，耐心地等待，看清股市与机构主力的错误，等到他们犯了错误，再果断出手，胜率就会较大。

由于知道了观察股市与机构主力的错误，并且知道投资者在股市犯错误就会吃亏的道理，我们在等待股市与机构主力犯错误的同时，也明白自己不要盲动，不要犯错误，因为犯了错误就会让对手占你的便宜。因此，股票投资也有点像拳击比赛，对手犯了错误，露出了破绽，你就给他一拳；我们犯了错误，露出了破绽，就得挨对手一拳。

巴菲特说过，一桌人在一起打牌，如果你不知道谁会成为输家，最后输掉的就是你自己。依此类推，如果在股票投资中，看不到股市本身和对手的错误，最后犯错的可能就是自己，输钱的也是自己。

### 三、化腐朽为神奇，把垃圾变黄金

著名的美国投资家吉姆·罗杰斯多次谈到这样一个观点，一个股票投资者要做的事情主要是，耐心地等待，等待股价下跌，跌到就像金钱已经放在你的面前，这时要做的事就是弯下腰去把它捡起来。当你长期持有的股票上涨卖出后，你要做的事就是离开市场，去旅游，因为市场不会很快重新让你买到便宜的股票。罗杰斯这段话的意思就是，在股票市场聪明的投资者可以化腐朽为神奇，把垃圾变成黄金。

我们应该明确这样一个投资哲学观点：股票投资的精髓就是化腐朽为神奇，当市场恐慌情绪很浓，其他投资者在像倒垃圾一样地低价卖出好股票时，我们就要大胆买入；当市场乐观情绪很浓，其他投资者在像抢购黄金一样买股票时，我们则要像倒垃圾一样痛快地把股票卖掉。

价值投资理论的核心思想是，以上市公司的价值作为股票投资的标准，买股票就是买上市公司。价值投资学派中的价值增长学派进一步认为，有些上市公司的价值具有很好的成长性，买股票就是买这些公司的未来。价值投资大师在坚持价值投资时，很重要的一点是，以股票的价值为选股标准，尽可能买入被市场低估而其他投资者又未发现其价值的股票。一些好的价值成长性股票一旦被市场共同认可，其价格往往高得出奇，这时买入这种股票意义不会太大。

技术学派不以股票的投资价值作为选股标准，而以股价的波动为选股标准，认为股市的风险主要是大盘及个股的波动风险，顺应市场的波动，在股价的波动中努力做到低买高卖。但是，股市总是与投资者捉迷藏一般，人性贪婪与恐惧的弱点使投资者在股市中的智商变得低下，股价高涨时不分青红皂白追着买入，股价低迷时又不分青红皂白杀跌卖出。

如果我们在熊市底部把垃圾变黄金，在牛市顶部视黄金为垃圾，投资操作就真正上升到很高的境界了。熊市底部区域不惧怕，努力发现跌得很惨的价值成长股，逐渐买入。牛市顶部区域不盲目兴奋，把那些涨得自己都觉得不靠谱了的股票毫不犹豫地卖给别人。如此循环往复，投资者就能在股市中活下去，并且越活越好，不断增厚盈利。

股市的波动经常是出人意料，却又在情理之中，很多高明的投资者也会在大盘高位、市场狂热之时追涨买入股票，而在大盘运行低位、市场低迷之时赔钱卖出股票。如2001年6月，中国股市6年长期牛市的最后阶段，上证指数突破了2000年8月2115点的高位，大有继续向上突破之势，就在众多投资者满怀期望之时，股市却突然下行，开始了长达4年的大熊市，很多投资者在此期间输得倾家荡产。这就是股市运行不以人的意志为转移的欺骗性和残酷性。2006—2007年中国股市以中国经济高速增长、世界经济同时向好的理由高歌猛进，2008年却突然遇上了美国次贷危机，一年惨跌70%。股票还是那些股票，人还是那些人，所不同的是，在2007年股价高位时大家都把股票当黄金一样高价抢购，在2008年下半年大家则像倒垃圾一样低位卖掉了这些股票。

我们明确了在市场低迷时，大多数投资者总是把原来看好的股票当垃圾卖出，这正是聪明的投资者买入之时；到了市场高涨时，大多数投资者又把原来视之为垃圾的股票想当黄金买入时，聪明的投资者则毫不犹豫地把被高估了的过去的好股票卖出。

相同的股票牛市时期被投资者认为是黄金，熊市时期又被认为是垃圾，投资价值被发现前是垃圾，价值被市场认可后又成为黄金，这是由股票是虚拟价值符号的特点所决定，也是股票交易中最具戏剧性的特点，更是股票投资游戏中最精彩的乐章。股票作为虚拟的价值符号，它总是被周期性地高估或低估，反映出股市牛、熊趋势交替阶段股价围绕着价值上下波动的运行规律。

### 四、熊市时适当休息

电视台证券频道不会休息，因为每天讲投资、讲市场、讲信息，这是他们的日常工作；证券交易所非法定假日不会休息，因为他们必须保证交易的正常进行。但是，很多股票投资者也不会或不懂得休息，他们认为不持有股票或不进行买卖就不能赚钱，这是个很严重的问题。

试问，2015 年 7 月至 2016 年 1 月忙于股票交易的投资者，或重仓持股的投资者赚了钱吗？没有。2018 年股票投资者赚钱了吗？也基本没有。可见，股票投资者不能总在股市里滚来滚去，股市涨时赚，跌时赔，最终不会有好的投资业绩。

股票投资者要学会审时度势，在熊市时适当休息。

2018 年 1 月 29 日上证指数从 3587 点下跌至 2019 年 1 月的 2440 点，虽是一波正常级别调整，但总体上没有投资操作价值，市场全体投资者基本处于亏损状态。在这种时间段，投资者的理想状态还是要休息，要离开股市。

笔者认为，投资者能做到适当休息是一种很高的修养。

首先，投资者一旦进入股市，本能上是会不断操作的，不操作就赚不到钱，没有修养就会不由自主地停不下来。

其次，像马克思所说，不停地运动是资本的本性，投资者让自己的资本闲下来，这是违背资本本性的。能够克服资本贪婪的本性很难做到。

最后，股市总是在大多数投资者极度恐慌时由下跌转为上涨，总是在大多数投资者情绪高涨时由上涨转为下跌。投资者在大众情绪高涨时想到股市会调整，进而自己适当休息，需要克服人性的弱点。

中国股市设立股指期货后，为投资者在熊市时期保值增值提供了市场和手段。熊市方向明确后，减少股票现货交易，适当做空股指期货或参与其他投资品种，这样保持市场的参与度是可以的。

## 第三节　有原则的资产管理和账户管理

### 一、总体投资和账户管理的原则

投资管理重点要从三个方面把握好自己的资产和账户的情况：

（一）单个投资项目

所有的投资都是由一个个单个的投资项目构成，要把每一次对单个股票的投资作为经营的一个项目或一笔业务来对待。企业经营中总的盈利都是来源于每一个项目的成功，股票投资总的盈利也来源于每次单个投资项目的成功操作。单个投资项目的成功率高，说明了你的选股、投资思路、方法是对的，也说明了操作人员的业务能力是强的。

单次的投资成功率保持在 70% 左右，总的投资效益就非常可观。

如果单次的投资操作成功率低于50%，那就要反省是否是选股标准、操作方式、投资心态，或者市场本身出了问题，要暂停操作，进行调整。

（二）总体投资

一个阶段或一波行情所有的单个投资项目的集合，我们称之为总体投资。

总体投资以总体盈利为衡量标准，一波行情中或一个年度中总体盈利多少是衡量投资效益的主要标准。年复合投资收益率为30%是理想标准。如果亏损则为不合格。

对资产结构进行综合评价，考察资产质量和资产结构。好坏股票比例多少？盈亏股票多少？长、中、短期持有的股票比例如何？据此评价资产结构和质量。

现金与股票的比例，是重要的控制风险和获取盈利的资产结构问题。对一只基金、一个资产管理专户、一个投资者管理的总资产，首先，要考察资产的合理性：牛市中股票比例不应低于50%；熊市中股票比例不应高于50%。

（三）账户资产

一波行情或一个年度，对总体投资可作一次扎总，操作反弹行情尤其要对账户作扎总处理，即卖出盈利股票，同时把亏损股票也卖掉，不要留下亏损股票只卖盈利股票。要根据资产的总体盈亏情况，进行结算。

在投资操作过程中，要不断地锁定盈利，增厚盈利；同时也要相应停损、止损，把明确的不能赚钱的股票止损卖掉；还要相对停损，把短期可能扩大亏损的股票降低仓位，待适当时机再补回仓位。

账户资产的总额变化情况往往是自己操作水平的衡量标准。牛市行情中，自己的账户资产增长低于大盘的增长，说明自己的持股或仓位有问题；熊市行情中，自己的账户资产下降少于大盘的跌幅，说明自己的持仓或仓位控制较好。

账户资产的变化也是股市的一个可参考指标。例如，在牛市后期，账户资产已经赚了很多，这时大盘风险程度已有所表现，而投资者在想，自己再赚 10% 就全部卖出获利了结，这时往往就是牛市顶部，其结果是不但想象中的 10% 没赚到，可能已有的账面盈利也都会赔回去。在熊市被套产生了一定的账面损失后大盘开始反弹，当大盘反弹到只差一点账面亏损就全部回来了时，自己想当账面损失一回来就平仓，往往这时大盘反弹就结束了。

## 二、资产结构有所倾斜而不失平衡

以前笔者花了很多时间研究投资的平衡问题，投资的平衡策略能保证投资业绩的均衡发展，防止资产崩盘或业绩忽上忽下，但又易陷入平庸。后来，笔者开始琢磨投资的畸形问题，投资的畸形策略可以造就投资业绩的出类拔萃、异峰突起，但又易失衡摔倒。投资的畸形策略是投资资产管理的一个重要内容，我们要学会欣赏和使用投资哲学中的畸形美，保持资产结构的动态"倾斜式平衡"。

美国著名投资家菲利普·费舍曾经说过，如果能够百分之百看准一只股票，那他就会集中投资，只买入并持有一只股票；巴菲特的投资策略也是对个股深度研究后，相对集中持股。这说明，不搞所谓的"不把鸡蛋放在一个篮子里"的平庸的分散投资，是卓越投资家们采用的一种投资策略。在中国有很多投资者，重点投资重组股，重点投资成长股，也获得了明显超出一般投资者的成绩。

每一年，国内都要评比当年的公募、私募收益最高的冠军基金经理。这些冠军为什么获得了年度最高收益？大部分都是因为他们当年投资总体都偏重于当年上涨幅度最好的几个股票板块。这告诉我们，杰出就是资产总体要有所倾斜，不要平均分布。与此同时，这些年度收益冠军基金经理，往往又是今年收益排名第一，明年收益排名倒数第一。这又是因为他们使用的资产倾斜策略投错了板块，投到了冷门或当年下跌最大的板块上。

还有一些喜欢单一重仓持股的机构主力，一旦押对了股票就大赚，一旦押错了股票就大赔。有时还失去了操作弹性，使自己失去了对资产的掌控能力，全线崩盘。

以上情况告诉我们，最好的资产管理策略应该是，资产有所倾斜但又不失平衡。

认识并执行畸形投资策略，提高投资效率，资产布局有所倾斜又不失平衡，需要解决以下三个问题：

第一，实行畸形投资策略，前提是对投资行为、市场把握、资金性质等问题要做到风险可控，只有在风险可控的前提下，才能执行畸形投资策略。否则就会出大问题，摔大跟头。

第二，在投资观念上破除平庸的投资组合观念，认识到太分散的投资组合不可能产生卓越的投资业绩。投资必须要讲究不失平衡前提下的有所倾斜，有所侧重。

第三，认真分析当前市场下，什么行业、什么企业、什么板块、什么特点的股票最有上涨的可能和上涨的空间，要找出大概率有较大上涨幅度的股票，适当重仓持有。

### 三、坚持价值选股前提下的弹性操作

股票投资的操作应该有弹性，目的是：（1）降低持股成本；（2）逐渐锁定持股的浮动盈利；（3）把初期产生的浮动亏损耐心转化为浮动盈利；（4）保持资金分布、投资操作的可调节性。

运用弹性操作方法，一波中级牛市行情往往只需要精选十来只股票，并反复操作这些股票。

弹性操作还具有市场博弈的因素：每一只股票中都潜伏着拥有资金优势、掌握一定筹码、一定程度上能影响价格波动的主力。弹性操作要通过测试主力的投资能力、操作习惯、投资心态、持股成本等，在与对手的交手中，形成自己的投资策略。

进行股票的弹性操作，在建仓初期操作会频繁一些，原因是要反复增减仓位、调节持股成本、熟悉股性。个股进入上涨阶段后，操作频率可以降低一些，主要是赚波段差价，锁定部分盈利；个股进入上涨中段之后，操作频率就较低了，这时主要是耐心持股赚足涨幅，小波动差价可以忽略。

投资股票采用弹性操作，就要重新定义"止损"这一概念，不能再机械地止损。当精选后持有的个股发生浮亏或破位下跌时，不是立即止损出局，而是持股等待风险释放后适时在新买点增仓。只有在个股基本面恶化或大盘牛转熊后，才应考虑止损。

弹性操作要求，在精选股票方面，需要运用价值投资、基本面分析的一套方法，从这个角度看，我们要做一个价值投资者；在具体操作上，又需要运用技术分析的一套方法，从这个角度看，我们又要做一个技术派投资者。

弹性操作的基础是价值投资，弹性操作的方式是波段操作。笔者

之所以提倡弹性操作方法，而不鼓励波段操作，是因为波段操作的所谓高点与低点难以把握，容易使投资者忽视个股基本面的重要性，还可能使投资者陷入过度频繁交易的泥潭。表面上看，波段操作学起来简单，但用起来出错率很高。

我们之所以提倡弹性操作方法，是因为弹性操作是在总的投资战略和策略下的一种对股市波动不确定性的应对手法，是一种能使投资者处于进退自如、可攻可守的有利地位和保持良性心态的投资操作方法，是一种通过大致地高抛低吸达到降低持股成本和锁定盈利的有效方法。弹性操作者，既要有价值分析方面的知识基础，又要有技术分析方面的知识基础，还要有适应中国股市博弈特点的实战经验。

弹性操作，对于优选的好股票，并不是仅仅看到小波段差价，热衷于这种小差价的高抛低吸，而是对优选出来的好股票先进行理性的估值判断和中长期涨幅的预测，在保持基本仓位的前提下，适当地高抛低吸，或分批建仓，或分批获利卖出。通过这种操作，一是可以不断熟悉该股股性，二是可以随机保持操作上的灵活性。

弹性操作理念是一种投资的行为哲学，弹性操作方法是一种投资的艺术手法。学好弹性操作，投资操作与股市的波动规律就会相一致起来，一种投资操作方法一旦符合市场规律，它的正确性就有了基础。学好弹性操作，在投资艺术方面，我们就会努力学好十个指头弹钢琴，把握住市场的节奏，把握好总体与个体的关系、目标与道路的关系、盈利与控制风险的关系。

做好弹性操作要把握住以下几点：

（1）在资产配置上，尽量避免绝对单一的资产结构，尽可能在资产结构上有互补性，并在需要的时候能互相调剂。

（2）投资操作上保持持股成本之上的高抛低吸，进退自如，尽量避免因贪心想赚大钱而失去操作上的弹性。

（3）始终有一定的资金作临时调剂性操作之用，以应对个股或大盘出人意料的波动。

（4）不要以为自己对市场运行的判断是绝对正确的，操作上总要保持一定的应变能力。

（5）不要在资金成本、融资使用、持股数量等方面导致投资操作被绑架，使自己只能生硬地按一个方向操作，比如不断加仓一只被套住的绩差股，"割肉"减仓出来损失太大，赔不起时，就属于操作上被绑架了。

### 四、牛市资产质量越做越好，熊市风险控制坚定不移

有一个很有意思的现象，一波牛市从初期到后期，一般投资者的持股质量或资产质量往往是越做越差，而不是越做越好。

在牛市初期，投资者买入股票都非常慎重，选股重质，股价又在启动初期，所以这时大多数投资者的持股质量都是较好的。但随着行情不断展开，大盘的点位不断上涨，股市总体市盈率不断抬高，牛市的后期，好股票因为基本涨到位而不涨了，一些垃圾股后来者居上而疯涨。这时，一些投资者就会去追捧垃圾股，把初期盈利的优质股不断地获利卖出，随着行情的演变换成的垃圾股越来越多。一旦股市变盘，牛市转为熊市时，垃圾股率先下跌，投资风险立即降临。

成熟的投资者在整个牛市运行的过程中，努力要做到的是持股质量随牛市的不断展开而越来越好。操作方法是，当牛市初期持有的好

股票上涨到一定价位后，会逐步减持获利的股票，但减持到一定比例时不再减持，而是低成本或无成本状态下持有；减持获利股票出来的资金再选择还没有充分上涨的次好股票持有，并在其上涨过程中分段减持。这样当股市进入牛市后期时，手中持有的股票品种多了，成本低了，且都呈现为在大盘转坏前后可以自如卖出的状态。这就是一波牛市中持股质量越来越好的表现。

同理，一般投资者在一波熊市从初期至后期的展开过程中，持股仓位会越来越重，账面亏损会越来越大，到熊市后期几乎是被市场五花大绑，深陷其中不可自拔；或者是熊市前期、中期重仓被套，熊市后期斩仓出局而观望。而成熟投资者则是在熊市初期、中期一直轻仓观望，熊市后期逐步慢慢入市建仓并保留余地和操作弹性。一旦确认熊转牛，再重仓入市。

能做到熊市轻仓观望并不容易，一是需要有一定的技术支持，能够从技术上分辨出熊市的来临或结束状态；二是牛转熊时有坚定的意志或壮士断腕的决心卖出可能小幅被套的股票，把仓位降到合理水平；三是在整个熊市时期，股市还会有这样那样的获利机会，好像进去就能赚钱，这时只保持少量仓位、持币不动需要有很强的定力。

## 五、永远不要陷入投资困境而不可自拔

投资要进退自如，投资操作要有一定的弹性。在投资管理中最忌讳的错误是资金性质、投资操作方面被刚性约束，在熊市或重仓股遇到特殊情况时陷入困境，不可自拔。

下面几种情形会让投资者在股市中陷入不可自拔的困境：

其一，坐庄。持股数量大、成本高，熊市来临后不想让股价跌到

成本之下，拼死护盘，甚至借债护盘，但最后还是以崩盘告终。2001—2005 年的大熊市中，几乎所有的庄家都是此种命运，当时最后一个崩塌的庄家是资金实力雄厚的德隆系。2018—2019 年也是如此，一大批庄家资金链断裂，亏损巨大；尤其是一批重仓问题股的庄家，很多陷入破产的境地。

其二，杠杆、结构化产品。有平仓线要求，在股市不断下跌过程中，产品触及平仓线，被动平仓。

其三，有保底保本性质的理财，亏损后当初的承诺完全不能兑现，一轮熊市下来损失惨重，有些甚至还不了借款而跑路失联。

其四，融资借钱炒股。最惨的是 2015 年 6 月、2016 年 1 月，股市断崖式暴跌，一批股票每天开盘后都封在跌停板上，赔钱都卖不出去，最后融资质押股票被强行平仓。

其五，新资金在牛市顶部入市，没赚钱反倒先赔了钱，之后在整个熊市过程中一直处于被动状态，越陷越深，不可自拔。

其六，持股单一的投资者，遇到了"黑天鹅事件"，或是重仓了坏股票，根本无力回天，只能深套或大赔斩仓出局。如 2018 年以来重仓持有被强行退市的股票。

其七，熊市来临后投资者账面开始浮亏，逐渐卖出其他股票加仓护住一只股票，直到满仓被套，无法动弹，全盘亏损。

投资者怎样才能在股票投资中保持主动性，不让自己陷入以上几种困境。一是坚决不犯上面的那些错误，二是给自己制定一整套严格的投资操作纪律并始终如一地遵守。

# 第四节　投资最后比拼的是境界和修养

## 一、克服市场噪音，保持自身定力

在投资操作中，有一些干扰因素总是伴随在我们左右，这就是股市的市场噪音。

（一）来自股评和市场言论方面的噪音

1. 对明天股市大盘、板块、个股是涨还是跌的股评

股评对单日的股市涨跌一是评不准，二是没有意义，牛市来了就不要管单日涨跌问题，一直精选股票，一直做多。牛市中大部分板块都会轮涨，熊市中大部分板块都会轮跌，对短期什么板块的上涨与下跌的分析没有太大意义，我们要的是一波行情中哪些板块会成为主流板块的分析。那些所谓的明日热门股推荐、短期股市走势预测的股评都是市场噪音。

2. 电台、电视台、报刊、杂志荐股

在这些媒体上做股评的分析师，第一个毛病是不论牛市、熊市永远鼓动散户操作，牛市鼓动追涨，熊市鼓动抢反弹或换股，因为散户休息的话，他们就没事干了。第二个毛病是胡乱荐股，或根据图形荐股，或通过想象基本面的一些情况荐股，荐错了以后不提，荐对了大吹特吹。有些分析师把以前涨得最好的股票拿出来，说是自己曾经点评过的，以此吹嘘自己。

3. 专家的分析

经济学家、分析师对经济的一般分析，是把经济走势等同于未来的股市走势，认为每种经济事件都会影响股市走势。有的分析师甚至

把一些社会事件也当作重要问题来谈。而投资者真正需要了解的是那些与股市关联的财政政策、货币政策、产业政策、股市管理政策、重大政治事件的性质及其对股市的短、中、长期作用的客观解读。

4. 小道消息

股市是小道消息满天飞的地方，这些消息传来传去，传到一般投资者耳中，早就没有什么价值了，经常干扰投资者的正常判断。

（二）来自市场主力方面的噪音

机构主力为了出货经常会搞诱导性的假突破，或是为建仓经常会搞所谓的洗盘，有时制造放量上涨的假象，有时尾盘拉升，使散户失去理智和判断力。但主力在股价除权或拉高回落后，在看上去相对的低价位上真出货。

（三）来自投资者内心的噪音

1. 产生追涨杀跌的心态

牛市中大盘上涨突破了人们的心理定位后，市场往往一片乐观气氛，股评一致看多；熊市中大盘跌破了人们的心理定位后，市场往往一片悲观，股评也表示看不到底了。这是市场最大的噪音，这是投资者内心会产生急切的追涨心态或杀跌心态的重要原因。

2. 虚假风险心理的底部踏空或虚假安全心理的顶部满仓

熊市结束后，大盘开始上涨，一些投资者内心熊怕了，一直不敢买股票，结果一路踏空；反之，在牛市顶部区间一些投资者反而认为市场无风险而重仓持股，以至熊市来临后全线被套。

3. 在所持股票上涨中投资者会不断产生想卖出获利了结的心态

股价有了一点上涨，有了点小盈利，心理上就把持不住，小盈即卖，难赚大钱。

（四）来自市场日常波动的噪音

股价小幅波动盘整时，投资者持股浅套时，会产生缺乏耐心卖出股票的心态，而股价上涨到高位时却又反而舍不得卖出股票。

## 二、投资者要战胜对手，更要战胜自己

对刚进入股市的投资者而言，并没有对手的概念，但经过一段时间磨炼后，会发现股市中有对手。但是，谁是真正的对手，很多投资者一直没真正弄明白。

有人认为，股票投资的对手是市场，所以要战胜市场。其实市场不是对手，而是朋友，投资者不要企图去战胜市场，而要学会利用市场。那么，谁是对手呢？股票投资的对手有两个，一个是买卖的交易对手，另一个就是投资者自己。要想成为股市的赢家，投资者要战胜交易对手，更要战胜自己。

投资者进行股票交易，他们买入的股票，都是对手正在卖出的股票，买卖者之间彼此正在进行反向操作。在你认为股票会涨而大量买进股票的同时，对手一定认为不会涨了而把股票卖给你。对手高位卖出获利股票时，总要自觉或不自觉地或用蒙骗对手的手法，或用借用题材的手法，或利用对手的错误判断，或利用市场情绪，才能顺利把股票卖给对方。这就是我们所说的交易对手。

在股票交易中，主力成为股价波动的主导力量，经常作出诱多或诱空的交易行为，以达到从散户手中低价买入股票或高价卖出股票的目的。散户投资者只要一开始交易，或多或少会感受到主力的动作。因此，他们之间就开始了一场斗智斗勇的股市博弈，谁的技术高谁将成为赢家。

在主力与散户的博弈中，主力并不能抓住散户的手让他们作出错误的操作，只能通过诱多或诱空的行为，搅动散户的心，让他们作出错误的判断、作出错误的操作，如今天来一个涨停，吸引散户的眼球，明天一开盘就跌。这就引出了另一个问题，就是散户投资者在股票交易中不仅要战胜对手，更重要的是要战胜自己。

一般投资者的问题在于：明明是思维和行为一切正常的散户，一旦进入股市，开始买卖股票，就会变得极不正常，首先是心态迷乱，其次是智商严重下降。

在股票交易中，由于股价波动和主力的引诱，不成熟的投资者会产生诸多的不良心态，例如，在迷乱晃眼的个股股价波动中，一些股票被快速拉升上涨，而主力就是不拉升自己还未建完仓的股票，散户投资者见自己手中的股票涨幅很小，心态便不稳，就把手中的股票卖给主力而去追买其他股票；一旦换股后，卖出的股票就开始上涨，买入的股票却不涨反跌。再如，在大盘最低迷的时候，股价在最低价位时投资者控制不住恐慌心理，卖出被套股票，好像这时只有卖出手中的股票，自己的心灵才能获得平静，否则日食无味，夜不能寐。此外，在大盘顶部区间，市场处于极度风险之时，个股盈利机会多多，市场人气高昂，投资者卖出股票后，不知道离开市场，而是再次买入其他股票。

一般投资者在进入股市后智商都急剧下降，有时甚至会到可笑至极的程度，如相信谣言，分不清股价的高低。下面这几件事都是在股市真实发生的事例：

1999 年当时的深发展 A（000001）股价达到当时的历史最高位时，市场传出了深发展 A 这只股票 1 拆细为 10 的谣言。本来散户投资者看到股价的狂涨就心动，但又恐高，这个谣言一出，他们认为有高位追涨的理由了，结果该股高位放量，主力成功完成了出货。

2000—2001 年，有一主力坐庄兰州民百（600738），无法出货，便在市场上放出谣言，说是马六甲海峡的海底有一艘抗战时下沉的装有大量宝贝的沉船，兰州民百公司已通过关系获得了打捞该沉船的权力，由此该公司今年的业绩将会大增。就是这样荒唐的谣言，市场上也有很多人相信，结果该股在 2002 年 11 月连续 4 个跌停，庄家把股票全部卖给了那些相信这个谣言的散户。

2011 年 1 月下旬至 3 月，市场上又在流传一则离奇的消息，说的是弘业股份 (600128) 投资 2 亿元收藏的艺术品现在的市值达 20 亿元，该公司每股获利可达 6 元，与此同时该股股价被主力快速从 12 元拉升至 20 元。这样的消息一出来，连上市公司的证券事务代表也认为"这个说法太夸张"。

一般投资者要战胜自我，关键是要增强自身内心的"三力"，即定力、耐力和魄力。

所谓的定力是，不要股市有一点小波动就心神不宁；不要自己买入的好股票被浅套，就心慌意乱；不要自己已判断到大盘会跌，但之后一两天大盘却没跌，就动摇自己的看法；不要股市一震荡，就心中无数；不要一看有些个股股价乱蹦乱跳，就心猿意马。

所谓的耐力是，认准的好股票一时不涨，要守得住；已经持有的好股票处于上涨途中，要拿得住；大盘处于熊市下跌过程中时，要等得住。

所谓的魄力是，在市场最悲观时，要有敢于买入股票的魄力；在市场最乐观时，要有敢于卖出股票的魄力；在操作最困难心理都快崩溃时，要有咬紧牙关再坚持一下的魄力。

在股票投资中，一些股评家总想站在散户的立场上讨好散户，如2001年很多庄家把庄股做高了，他们就提出，散户们不要买庄股，把庄家高高地挂在天花板上吧。以此证明，股市胜利靠的是战胜庄家。这些股评家岂不知，庄家吃的就是套散户这碗饭，他们有的是办法把散户装进去。对庄家而言，做股票的最高境界不是操作股票，而是操控散户的心态。他们会制造种种陷阱让散户失去理智，让散户控制不住自己的手，高位接走庄家的股票。所以说，《证券法》严格规定不准利用资金优势操纵股价。

还有一些股评家习惯于总是唱多，明明股市明显处于下跌通道中，他们却在说，现在是"地球底""钻石底""婴儿底"；明明是股市走势很弱，他们却大唱股市很有投资价值，风险很小。对这些人我们可以理解，但是真的不要相信。

在常规的对抗性斗争中，一般表现为一方战胜另一方，而股市中投资者不完全是被对手打败的，主要是被自己打败的。

### 三、股票投资是一种生活方式和思想境界

股票投资是一种工作，是一种赚钱方式，但是由于其特殊性，它更是一种生活方式和思想境界。

首先，几乎做任何工作，都是一种服务，都要与人打交道，要去说服客户、有求于有利害关系的人。股票投资则不需要这样。在总结自己的投资事业时，巴菲特这样写道："就谋生而言，我是世界上最幸福的人，因为我干的这一行我极其喜欢，任何人也不能叫我做我不愿干的事，我也不必与我不喜欢的人共事。"在这里，巴菲特不仅从赚钱

方式上来理解股票投资这项工作，而且从更高的方面，即生活方式上来理解股票投资。

其次，工作即谋生，必须赚钱，但一般都是以间接的方式赚钱，即按照"资本（劳动）—商品（服务）—赚钱"的程序，达到赚钱的目的。股票投资则是用直接的方式赚钱，表现为"资本＋正确的判断＝赚钱"。《大投机家》的作者，号称德国证券之父的安德烈·科斯托拉尼对炒股是一种生活方式作了经典的描述。从赚钱方面来看，他说："金钱使人们享受生活，使他们不仅仅满足于研究菜单，而是可以品尝一下佳肴。"从生活方式来看，他又说："一次投资成功了，我最高兴的不是我从中赚到的钱，而是与别人的思想相比，我的思想是正确的。"如果你真的懂了投资，世上三百六十行，只有这一行是"皇冠上的明珠"。

再次，从事股票投资除了得到赚钱的快乐外，还可以得到思想的快乐。

最后，由于股票投资是一种高风险行业，自然也可获得高收益。很多投资家在赚了大量的金钱后，开始帮助他人，施恩于人，从而使自己的心灵得到升华。康奈尔大学的创始人康奈尔先生自幼失学，白手起家积累了大量财富后，幸免逃过1929年的美国股灾，他深感庆幸，捐款建立了世界名校康奈尔大学。乔治·索罗斯的投资活动伤害了不少国家的利益，但他的晚年做得最多的事情是惠及他人的慈善活动。巴菲特通过投资使自己成为闻名全球的富豪，他自己一生过着俭朴的生活，晚年却将其财产的85%捐给慈善机构，用于慈善事业。正是因为这些人在股票投资方面的成就，使他们有能力帮助他人，为改变世界出一分力量，从而也使他们的人格和精神得以升华，受世人敬仰并使世人记住了他们。

人活一生，总是在比这比那，比官位大小，比钱多钱少，比学问高低，但是，人终其一生，最后只有一比，那就是比思想境界。思想境界的高低，是决定人生价值、生活质量、幸福与否最核心的内容。陶渊明"采菊东篱下，悠然见南山"是一种思想境界，李白"天生我才必有用，千金散尽还复来"也是一种思想境界，文天祥"人生自古谁无死，留取丹心照汗青"更是一种崇高的思想境界。

把股票投资作为生活方式来看待，笔者认为，就是要追求人生的"健康、自由；知识、金钱；创意、快乐"；把股票投资作为一种思想境界来看待，就是要达到　种"自由自在，宁静致远，理性随机"的状态。所谓自由自在，吉姆·罗杰斯和彼得·林奇的人生最有说服力。吉姆·罗杰斯在20世纪80年代赚了1600万美元后，很快就退休，之后两次环游世界，在全球哪里有投资机会就在哪里买一点股票存放起来；彼得·林奇在管理基金赚到一大笔钱后，也退休打理自己的财产，自由自在地过着炒股的生活。所谓宁静致远，巴菲特是最好的例子，他不看股市行情，不做短线操作，不在繁华的纽约居住，而平心静气地寻找长线潜力股。所谓理性随机，安德烈·科斯托拉尼是最好的例子，他是一个大投机家，股市上涨时他耐心持有股票，但心里同时又清楚地知道，"树不会长到天上去"，一旦股价涨得离谱了，他则坚决卖出获利的股票。

对于如何看待股票投资，笔者最为欣赏安德烈·科斯托拉尼先生的这段话："这是一份多么奢侈的工作呀！他远离货物和积满尘土的仓库，不用和商人讨论。他每天都在沉思，坐在舒适的摇椅上，藏在他吐出的烟雾中思考着，远离世界与喧嚣。他的工具离他非常近也十分简单：一部电话，一台电视机，今天肯定还有一台电脑和几份报纸。

他也有他的秘密，他知道如何从字里行间读出东西。他没有雇员和经理，不用到处打招呼，不用像银行家和经纪人那样与那些令人头痛的顾客打交道，他不用劝说别人买东西。他是一个能自由支配自己与时间的贵族。"

第二篇

# 理性随机投资技术

# 第五章　掌握投资技术是专业投资者的
# 基本功课

## 第一节　一般投资者的主要弱点

### 一、一般投资者入市的知识准备不足

一般投资者往往是被股市处于繁荣时期的赚钱效应及市场的乐观气氛吸引入市的。1991—1992 年的股市大涨，把一批散户带入了股市；1996 年至 1997 年 6 月的股市大涨，又使股市增加了生力军；1999 年 5 月至 2001 年 6 月的大牛市使炒股大军遍及地级市以上的居民，当时甚至有一些农民卖了猪牛，成群结队地坐着大巴进城炒股；2005 年 6 月至 2007 年 10 月的特大牛市、2014—2015 年上半年的大牛市，使得这个范围进一步扩大，全国城镇居民都基本加入了炒股的行列，至 2020 年 3 月，全国股票投资者人数为 1.59 亿人。

大多数投资者进入股市时没有股票投资的知识和经验，是在投资后才开始学习股市理论并对自身投资实践进行总结，然后逐步成长起来。初看股市，股票投资像是每一个人都能摆弄的游戏，牛市时期往往像给诱饵似的先让投资者赚一些钱，使他们也感到投资股票得心应手，但熊市一来，这类投资者绝大多数被套。

1993—1995 年，笔者在一家信托投资公司任分管证券业务的副总，那两年的主要工作是追款。笔者所在的证券公司曾经在上海追找一名逃债的客户，1993 年他把 80 万元资金投入股市，在 1993—1994 年上证指数从 1500 点跌到 325 点的大熊市中，融资炒股把自己的本金全部赔光。

2001 年 6 月至 2005 年 6 月的大熊市，又使一大批散户陷入了困境。2005 年 6 月 15 日，一位投资者来到笔者的办公室，他说 2000 年开始炒股，小赚了一些钱，之后把房子也抵押了用于炒股。2001 年后熊市来了，股价一直下跌，把钱赔光，房了也没了。

2015 年上半年大批散户融资入市，下半年熊市突袭，很多人赔光了一生的积蓄。

牛市中入市的散户，进入熊市后就会被套，之后，开始学习股票知识。通过学习总结，这类投资者懂得了基础的 K 线理论、图形理论、价值分析方法及技术指标提示等，但一般不全面、不精通。他们分析不出大盘波动的趋势，没有发现潜力股的能力，市场的噪声控制着他们的思维和情绪，较低水平的股评师的分析与荐股指导着他们的投资行为，常常高买低卖，牛市赚小钱、熊市赔大钱。这类人中，也有一些人掌握了独有的分析方法，往往能从一两个方面分析出大盘与个股的走势。这就是投身于中国股市的大多数一般投资者的简略情况。

笔者常常用高尔夫球和保龄球为例，来说明股票投资的特性。股票投资游戏不同于打高尔夫球，而是像打保龄球。打高尔夫球，专业和非专业球员大不相同，专业球员打得又远又准，没训练过的非专业球员几乎不能下场打球，挥杆常常连球都打不到。但打保龄球时，专业球员与一般参与者一上场都能打那么几下，有时一般参与者还能打几次全中。只有遇到难处时才有大差别，专业球员能处理好危局，一般参与者就做不到；几局球打下来，结果大不一样，一般参与者总分很低，专业球员总分很高。股市投资中，专业与业余的差异也是如此。

### 二、没有正确的投资理念，自然心态就会支配投资行为

一般投资者由于没有经过专门的训练，表现为与生俱来的一般心态，在投资股票时的反应，归纳起来主要有如下几种：

第一，当天见到一个上影线性质的高点，便舍不得在比高点低一些的价格上卖出，总在等着股价再涨高一点时卖出。结果，等着等着，机构投资者在不断地卖出，而之后他们发现，越等股价越往低走，往往由此错过了最佳卖出时机。机构投资者常利用普通投资者的这种心态，出货时在当天开盘后先打出一个股价高点，稳住散户心态，然后自己不断向下卖出股票。

第二，大多数情况下，普通投资者一旦听到某种消息或看好某只股票，如大盘一涨或个股一有买盘买进使股价略为上涨时，便急不可耐抢盘买入看好的股票，生怕稍晚一些就再也买不到这只股票。其结果是往往抢了一个高点，抢入时股价分时走势图快速向上，十几分钟后，股价却跌回来了，反而把抢盘的散户套住了。

第三,一般的股票分析师和投资者对股价波动的 K 线图的形态都非常看重，也最容易被图形所骗。均线呈多头排列、股价上涨幅度又不大的图形，最容易稳住一般投资者，使其满怀希望地持有手中的股票而不卖出。一段时间股价大幅上涨后再回落至一个看起来很低的价格，便有散户踊跃地抢反弹。有时，股价经过一段时间的箱形整理，一旦放量突破箱顶，散户便认为这是最佳的买入时机，但进去后发现只是

一次机构投资者制造的假突破。

第四，在牛市中，手中握有上涨的获利股票时，一般投资者心中非常躁动，总在想何时获利了结，落袋为安，往往没卖到好价格。在熊市中，手中的股票浅套时，总想等到出现买入的成本价时卖出，结果深套其中；深套后死猪不怕开水烫，对套牢的股票不再过问；股市真到了底部，有新的投资者建仓股价反弹时，心态反而活动了，往往在股价底部反弹时在地板价上把被套股票卖掉。

第五，由于选股水平较低，容易产生追涨情绪，主要表现为两种形式：一是在股价盘底或从底部慢慢上涨时，认为涨势尚未确立，往往不敢买进，一旦该股开始放量上攻，一般投资者追高买进，但这时往往是上涨的阶段性顶部，所以追涨者容易被套。二是一波中级上涨行情开始后，一般投资者不知哪些股票是好股票，于是买入前一波上涨行情中的牛股，这类股票在前一波行情中上涨幅度大，市场宣传多，在一般投资者心里留下了深刻印象，所以选择此类股票买入。但是，这时往往又是持有这类股票的机构获利出货阶段，一般投资者买进这类股票便成为机构兑现利润的买单者。

第六，没有比较稳定的投资理念，一旦买错股票被套后，往往从另一个角度寻找自己继续持有被套股票的理由。如有人看到某股票正在快速上涨，以短线操作方式追涨买入这只股票，结果次日被套。由于不愿赔钱卖出，所以又自我解释，这只股票的基本面还是不错的，我就中线持有了。投资方法的紊乱，并从不同的角度解释自己的投资失误，是很大一部分个人投资者的心态。安德烈·科斯托拉尼在《大投机家》一书中曾经这样形象地描述，"我们经常会听到交易所里的投机者吹嘘，他们花 100 元买进再以 110 元卖出，成功地进行了一次投机。但如果这种股票从 100 元的价格跌到了 60 元，而这些人又不愿意带着损失收山，那么他们就会声称，他们进行了一次投资。这显然是一种自欺欺人的做法"。

第七，喜欢给别人介绍自己买入的赚了钱的股票，证明自己的投资成绩，尽管他投资的大部分股票都赔了钱；喜欢对别人谈论自己曾经看好但没有实际买入，然后股价确实上涨了的股票，证明自己有良好的选股能力；喜欢给别人推荐自己正在被套牢的股票，告诉朋友这些股票如何地好，现在股价又是多么的低，买入后一定会赚钱。其实，在他们的潜意识中，总希望有别人进去参与托盘，能够维持股价不再下跌。

第八，大部分个人投资者入市都有急切的赚钱心理，所以手中握不住钱，有钱就想买成股票，认为只有买入股票才能很快赚到钱。这就是一般投资者被套的主要原因。特别是股市处于平衡市中，一般投资者最容易买入机构慢慢出货的股票；在牛市转熊市的行情中，一般投资者也会不断地加入被套一族。

### 三、一般投资者在操作方面存在的主要问题

一般投资者在投资操作方面的问题，可以归纳为下面几点：

第一，随意性很强，基本按照自己的原始本能操作。

第二，一般投资者在投资操作时，拖泥带水，不精细，不干脆。在选择股票的买点、卖点时，一般投资者往往偏高或偏低，使操作后的投资心态受到不良影响。

第三，在持股的品种变化中，一般投资者往往先在稍有盈利时卖出好股票，而补进被套的不好的股票，最后，一波行情做完后，手中

几乎没有好股票，持有的都是不好的股票。专业投资者正好相反，在股票调整过程中，不良股票总是在不赔或小赔时就处理了，优质股票则被牢牢握紧，不赚足不放手。

第四，熊市过程中，一般投资者总是不敢空仓等待，而是涨一点时卖一点股票，跌一点时又进行所谓的低位补进，最后随着大盘下跌不断赔钱。专业投资者在牛市顶部开始减仓，大市转熊时基本空仓，然后等待熊市底部的出现。

对一般投资者而言，六大人性弱点引起投资效益欠佳：贪婪、恐惧、大意、平庸、赌徒心理和心中无数。

在股市中，所谓贪婪，主要是追涨，不当使用杠杆，借钱炒股等，其中贪婪最易导致追涨，之后被套；所谓恐惧，主要是杀跌，不当止损；所谓大意，是指在股票投资操作中漫不经心，对大盘波动及股价波动的节奏没有很好地把握，对资产管理失去原则，这会导致投资效益极大欠佳；所谓平庸，是指资产平均安排，而不是有所侧重、有所倾斜，存在持股多而不精、好股赚一点就跑等问题；所谓赌徒心理，指的是用赌一把的心理对待投资，导致投资失去原则，失去理性；所谓心中无数，则是参与投资时，既看不清大盘走向，也看不清个股情况，或跟风投资，或听消息投资，或自己瞎买。

不少一般投资者带着一定的自有资金进入股市，由于不懂技术，大意地买入了不好的股票，赔掉一部分钱；为了把赔掉的本金赚回来，到处打探消息，轻信荐股，结果赔了更多的钱；连续的失败导致心态大乱，看到主力已经拉升到高位的股票，认为这种股票涨得快，匆匆杀入，最终血本无归。

# 第二节 专业投资者的主要特点

## 一、有经验的股票投资者的八个不相信

初入股市的投资者，赚钱心切，无所畏惧，听什么信什么，想什么做什么。有了一定的投资经历后，就会发现，股市是一个谣言泛滥的场所，市场上流传的消息没几个不是圈套；股市又是一个让人智商严重降低的场所，一些成功的企业家，一些无比自信的人，参与股票投资后智商立即大幅下降，总是高买低卖；股市还是一个让人感觉错乱的场所，感觉股价要涨，买进去就跌，当对手中的持股不再有信心时，一卖出股价就飙升。股票投资中的种种失误是所有投资者绕不过去的坎，随着投资经验逐步丰富，投资者开始对很多事情不再那么相信了。

有经验的股票投资者至少有八个不相信，具体如下：

有经验的股票投资者的第一个不相信是，不相信自己对大盘顶部与底部的预测是正确的。在熊市中，投资者预测的底部点位会一次次被跌破，迫使投资者一次次降低预测的点位。在牛市趋势运行过程中，投资者对顶部点位的预测也会一次次被突破，迫使投资者一次次提高预测的点位。所以有经验的投资者一般会对大盘的顶部与底部作出预测，但他们并不会把这种预测作为标准。他们知道，往往在他们预测的底部被跌破后，大部分人认为还将跌到一个令人恐慌的深渊时，大盘真正的底部就在眼前了。股市的魅力之一，就在于股市的运行既在情理之中，又在意料之外。

有经验的股票投资者的第二个不相信是，不相信长期持有的绝对的价值投资方式。股票内在投资价值是决定股价高低的主要因素，但

不是唯一因素；上市公司的成长性能使股价形成长期的上涨趋势，但并不能因此就可以一劳永逸地不管股市的牛熊而长期持有。2001年康达尔（000048）的庄家，2005年湘火炬（000549）的庄家，都是对自己所操纵的股票充满信心而坚定地长期持有，但这些股票最后全都崩了盘。2008年的行情，再有价值的股票也跌了30%—50%。没经验的投资者是，价值至上、不管趋势；有经验的投资者是，趋势第一、价值第二。中国的股市尤其如此。股市的魅力之二，就在于众多因素决定股价的波动，使投资者总有犯不完的错和学不完的知识。

有经验的股票投资者的第三个不相信是，不相信股价能够正确地反映股票的价值。教科书上说，股价能正确地反映股票的内在价值，但是，现实中股价永远都是在错误地反映股票的价值，要么过高地反映价值，之后又过低地反映价值，如果股价总是正常合理地反映股票的价值，那这类股票就没有买入或卖出的必要了。有经验的投资者要做的事就是在价值低估时买入股票，高估时卖出股票。股市的魅力之三，就在于股价的波动难以把握，让人欢喜让人忧。

有经验的股票投资者的第四个不相信是，不相信投资者在股价低于自己的买入成本后心里会不难受。所有的股票投资者都想在股市上赚钱，都是用当前的股价与自己的持股成本做比较，看是赚了还是被套了。当买入股票后，股价低于买入成本时，投资者总是期望股价能很快涨上去，如果涨不上去，就想该股基本面也不错，干脆中线持有吧；当再下跌一段后，往往就会向朋友推荐这只股票，希望别人也买一点儿；当最后套到50%左右时，再也忍受不了，开始想着怎样斩仓出来。股市的魅力之四，就在于让人患得患失，想着赚钱容易，真要赚点钱却又不易。

有经验的股票投资者的第五个不相信是，不相信股票投资能靠勤劳致富。勤劳致富的道理适用于普通领域，但是，不停地买卖股票，交易频率高的投资者往往赚钱少，亏钱多。股市上赚大钱，主要靠独到的眼光和超脱的作风。短跑运动员是跑得越快，成绩越好；股票投资者则是动得越多，越容易亏损。股票投资有点像钓鱼，重要的是选好季节，选好鱼塘，选好钓位，然后安安静静地垂钓即可。股市的魅力之五，就在于"懒惰"胜于"勤劳"，超脱成就伟大。

有经验的股票投资者的第六个不相信是，不相信自己对股市的心态反应是正确的。当你根据股价走势图形判断要上涨时，往往会买在一个高点上；当你认为股价要下跌而卖出时，往往卖在一个低点上。当市场买入热情被调动后，你不买就睡不着时，往往买在大盘的顶部；当市场一片恐慌，你不卖出手中被套的股票心脏就受不了时，往往卖在大盘的底部。牛市中我们不断地卖出获了小利的股票，但这些股票继续上涨；熊市中我们不断补仓被套的股票，但只会越套越深，越套越多。总之，股市就是一个容易让投资者心态出毛病的地方。股市的魅力之六，就在于你的敌人不是别人，而是自己，与其想要战胜对手，不如认认真真地战胜自己。

有经验的股票投资者的第七个不相信是，不相信一只股票已被主力拉升后市场传出的利好消息。很多股票上涨的前期都是默默无闻地涨，但涨到一定的时候，就会变得活跃起来，波动也排到涨幅榜前例，成交量也大幅放大，这时市场也开始流传出关于这只股票让人心动的各种利好消息，什么这只股票要重组了，什么这只股票换庄了，什么这只股票要拉升到100元了，等等。刚入市的投资者一般对此都很感兴趣，但入市时间长一点的投资者吃过亏，上过当，就不信这一套了。

股市的魅力之七，就在于各种消息真真假假，假假真真，让投资者的人生永不寂寞。

有经验的股票投资者的第八个不相信是，不相信心中无数的投资者在股市上能赚钱。在股票投资中，你找不到买入一只股票的正确理由，你发现不了你的对手水平是高于或是低于你的水平时，一般情况下你在这只股票上的投资就可能失败。但是，要想在股票投资时做到心中有数，真的不容易。股市的魅力之八就在于，不论牛市熊市，天天都有股票在涨，似乎天天都有机会，但能让你心中有数的可抓住的机会却少之又少。

## 二、成熟股票投资者的十大修养

一旦进入股票投资领域，就如同踏上了《西游记》中的西天取经之路。一路征程，艰难险阻；各路妖精，花样百出；到处是诱惑，到处是陷阱；市场时不时地疯狂，人性的弱点暴露无遗。投资者想要在股市上赚钱，既要有高超的技术，更要有良好的修养。

笔者把成熟股票投资者的修养归纳为以下十条：

成熟股票投资者的修养之一，懂得欣赏股市。远看1990年至今的大盘走势图，中看2007年至今的大盘走势图，近看每天的大盘走势图，感觉都不相同。远看大盘运行图，感到永恒牛市，可以长期持股；中看大盘运行图，牛熊交替，必须以趋势优先原则操作；近看大盘走势图，每天都有波动震荡，似乎短线操作大有所为。学会从不同的角度和距离欣赏股市，才能形成正确的投资战略、策略与方法。同时，我们还可以像欣赏交响乐一样欣赏股市运行的旋律，踏准股市运行的旋律，就会有优秀的艺术家一般的投资感觉。

成熟股票投资者的修养之二，眼光独到，品位高雅。人海茫茫，能脱颖而出的人才寥寥无几；股海茫茫，能让投资者长期持有并盈利的股票也寥寥无几，需要我们有独到的眼光才能发现。缺乏眼光的投资者手中持有的大多是平庸的股票。选到好的股票，需要高雅的品位，我们应该培养这样的傲气：看不上一般的上市公司股票，不与平庸股为伍。一个有修养的投资者就像是一个高明的收藏家，手里持有的绝不会是破铜烂铁，而应该是金银珠宝。

成熟股票投资者的修养之三，坚守投资纪律。一个股票投资者也要坚守符合自己投资方式的纪律。这些纪律可能是，不把不该用于投资的钱投入股市，不在不合适的时候满仓操作，不赚不符合自己投资原则的钱等。用投资纪律主动地约束自己的投资行为，做一个有修养的投资者。遗憾的是，很多投资者不知道自己应该坚守什么投资纪律，所以总是不断犯错，导致失败。

成熟股票投资者的修养之四，懂得休息、善于空仓。资本的本性是不停地运转，停止运转就不会增值，股票投资者的天性是不停地操作，因为不操作就不会有盈利。但是，股市的运行具有周期性——周期性牛市与周期性熊市，牛市是投资者收获的季节，熊市是投资者亏损的季节，所以熊市休息、空仓是必要的。要做到这一点，需要投资者有很高的修养和很强的定力。

成熟股票投资者的修养之五，不急不躁，有节奏地操作。所谓不急，表现在手中握得住钱，不要一开股票账户，划入了资金，一天就满了仓；不急还表现为，在熊市中，能够耐心等待，而不是控制不住自己，早早地抄底，结果全线被套。不躁则是不能一见到股票上涨就追，结果高位被套，或熊市一反弹就认为牛市来了，重仓持股。缺乏修养的投资者总想低买高卖，但在实际操作时总是高买低卖；真正能做到低买高卖，高抛低吸，真的要有不一般的投资修养。

成熟股票投资者的修养之六，学会十个指头弹钢琴。如果有人问，一个指头弹钢琴好，或是一只手五个指头弹钢琴好，还是两只手十个指头弹钢琴好？回答肯定是两只手十个指头弹钢琴好。但是在投资上，很多人总认为，用单一的一种技术分析方法就很好，或只要学会小波段操作就管用了，而对于使用系统分析方法，使用稳健的投资管理操作，觉得难学难用。学会十个指头弹钢琴，就是在股票投资时，既要有价值分析方法，又要有技术分析方法；既要有对大盘趋势的把握，又要有精选个股的技术；既要考虑到波段操作，又要适当中、长线持有；既要掌握股票投资的技术，还要学一点股票投资的艺术和哲学。

成熟股票投资者的修养之七，懂得投资操作要留有余地，富有弹性。投资时永远要留有余地，不要做满做死。股市总是会超出正常的思维判断，出现一些意料不到的危机或机会，留有余地就可能抓到这类机会或回避这类危机。

成熟股票投资者的修养之八，等待股市与主力犯错，而自己则尽可能避免犯错。球赛失分的主要原因是自己失误和扛不住对手的准确进攻，得分的主要原因则是对手失误和对手扛不住你的稳、准、狠的进攻。在股票投资者中，盈利的主要条件是股市犯了错，给了你买入价值低估的股票的机会，或是其他主力犯了错，给了你买入主力深套后不得不再次拉升的股票的机会。

成熟股票投资者的修养之九，在投资中注重不断克服人性的弱点。如在熊市中股票被套时，不会因摊低成本而不断补仓，最终导致全部资金套在一只坏股票上；不会在中国石油上市第一天，全国股民头脑发热时，在48元处买入该股；在大盘处于极度低迷时，做一些反向思维。正如佛教所说，贪、嗔、痴等人性的弱点与生俱来，要通过加强修养，逐渐减少人性弱点带来的影响。

成熟股票投资者的修养之十，理性随机。股票投资需要理性，有了理性，就不会在2010年创业板平均市盈率110倍时去抢这类股票；有了理性，也不会在2005年6月上证指数998点时割肉卖出股票。但是，股票市场是一个投机气氛很浓的场所，2007年年初上证指数3000多点时，理性告诉我们，市场过热了，这时需随机持股，否则3000—6000点的上涨空间就白白放过去了。2018年年底上证指数在2440多点的位置，市场一片悲观情绪，我们绝不能盲目跟风悲观。这时有修养的投资者既要控制好仓位，同时又理性地知道，股市正处于一个非常好的有投资价值的时期。

## 三、专业投资者的四大核心技术

股票投资是一种专业工作，专业的股票投资者在投资知识学习和投资实践锤炼中关键要掌握以下四大核心技术：

其一，能基本看明白大盘运行方向。

较好地分析大盘运行是一门重要的投资技术，以巴菲特为代表的价值投资者不从技术走势方面分析大盘运行，而只从整个股市的估值水平来分析股市的投资价值。但是，对于一般的专业投资者而言，懂得分析大盘运行趋势非常重要。股市大盘运行趋势可分为近期、中期、中长期趋势，其中中期趋势的分析最重要，因为中期趋势就是我们通常所说的30%涨跌幅以上的持续几个月以上的牛市或熊市。趋势分析是一项专门的技术，必须努力学习并解决好这个问题。

其二，能正确地判断一家上市公司的优劣和估价。

能够判断一家上市公司的优劣，合理地对一家上市公司的股票进行估值，是专业投资者的基本功。笔者接触过大量的股票投资者，他们最大的问题是不会判断上市公司的优劣，也不知道一只股票什么价格属于相对合理。由于缺乏这些能力，就会听消息炒股，盲目跟风，追涨杀跌。

其三，能看明白股票交易盘面所反映的信息，擅长投资管理和股票交易操作。

从投资操作层面看，投资者应该要能看懂股票盘面的买卖情况。一只股票在特别日子的交易情况，能够反映出机构与散户在交易中的换手情况和操作心态。股票为什么会逆大盘上涨或下跌，为什么交易活跃或冷清，后面都是人的问题，都是交易参与者的想法、心态在盘面上的表现。所以看懂盘面交易非常重要。

其四，有一套适合于自己的投资理念和投资方法。

股票投资表面上看是一种再简单不过的买与卖，但是投资理念和投资方法是有门派有体系的。好的专业投资者都掌握了一套投资方法，高水平的专业投资者更是有一套适合自己的投资特点并且有鲜明个性特征的投资理念和投资方法。

股票投资是一项非常有意思的工作，除了要掌握上面所说的四项投资核心技术之外，投资心态的修炼也很重要。投资实践积累得多，经历过一些大的波折，对投资者技术和心态的成熟很有帮助。在投资工作中，笔者接触过投资高人，接触过很多好的上市公司，他们都会帮助投资者提高投资技术和投资修养。

好的专业投资者关键时刻不从众，多一份冷静，还能逆向看待股市走势；好的专业投资者总是按自己熟悉的投资方法操作，投资自己熟悉的股票；好的专业投资者会放弃看上去很诱人但是自己把握不住的投资机会，只紧紧把握住自己能把握住的大概率获胜的投资机会。

### 四、成熟投资者的风险管控思维

成熟投资者都懂得风险管控。

对于投资风险，常规有两种态度：一种是惧怕回避，其理念是安全逐利；另一种是喜好追逐，其理念是收益险中求。笔者倾向于后一种态度，是一个风险喜好者。

传统投资理论认为：风险与收益伴生，高风险意味着高预期收益，低风险意味着低预期收益。笔者认为，这种思维太肤浅，太平庸。风险与收益伴生，但常常是，大多数人认为表面上风险很大、预期收益很小时，实际情况恰恰相反；很多人认为表面风险很小、预期收益很大时，情况也恰恰相反。眼光与胆识是成功投资的两大要素。

传统的马科维茨证券组合理论的假设前提之一是"所有的投资者都是理性的"，据此马科维茨创造出一套风险与收益匹配的投资组合方法。事实上，在股票市场，绝大多数投资者都是非理性的，股市的大起大落全部源于这种非理性。把投资者的非理性问题研究透了，成熟投资者才能在股市中用破铜烂铁的价格买到黄金，用黄金的价格卖出破铜烂铁。

对于投资风险，传统的投资方法是回避和分散，如采用投资组合、不把鸡蛋放在一个篮子里等。而成熟的投资者往往认为，要热爱风险、研究风险，专门追着大多数人认为有风险不敢碰的事项观察，同时在实际投资中要学会锁定风险和等待风险转化，因为再大的风险只要锁定在自己可承受范围之内就都无所谓，越大的风险到后期越可能转化为巨大收益。

成熟投资者喜爱投资风险，是因为他们能做到以下三点：

（1）能分辨真假风险，有些风险是表面的心理的风险，有些风险是深度风险。表面的风险往往发生在市场最悲观的时期，能转化为巨大的投资收益；深度风险往往隐藏于市场最乐观的时期，会给投资者带来巨大灾难。

（2）能用辩证思维看待风险，坏到极处即是好，好到极处即是坏。

（3）在自己具有优势的领域触碰风险，身怀好技艺，就能胜常人一筹，对别人来讲是风险的事，对自己来讲却驾轻就熟。

喜好风险的投资者往往两手抓，一手抓追求投资的高收益，一手抓投资风险的管控。投资风险的管控主要有三点：

（1）测算收益／风险比。永远要做收益大于风险的投资，不做不合算的投资，哪怕是输，也要输得明白，输得值得。

（2）管好风险敞口。风险敞口的大小决定了可能出现实际风险的大小，投资风险可以很大，但是，只要管控住风险敞口，再大的风险也是可控的。

（3）锁定风险。风险很大的投资，一般人都不敢来碰，资金需求方往往就能给予投资方很多有利条件，这时投资者就可采用对手回购、资产质押、权益互换等方式，让自己处于风险被锁定的有利状态，用低风险方式博取高收益投资。

# 第六章 学好传统技术，跟随时代进步

## 第一节 传统股票投资分析与操作技术概述

股票专业知识主要分三个层次，第一是股票分析与操作的技术，第二是股票投资的艺术，第三是股票投资的哲学。

股票分析与操作的技术又分为三个方面，第一是股票市场交易的分析技术，第二是上市公司的基本分析技术，第三是股票买卖的操作技术。

### 一、传统的技术分析方法

1792 年，美国 24 个经纪人在华尔街的一棵梧桐树下讨论有价证券交易的条件和规则，签署了举世闻名的《梧桐树协议》，1817 年诞生了"纽约证券和交易管理处"，1863 年成立"纽约证券交易所"，由此，真正意义上的股市出现，股票投资也成为一种职业。

最初的股票买卖都是无序的，人们不了解股市波动的规律。经过近 50 年的发展，即 1902 年，道琼斯指数的创立人查尔斯·道经过大量的观察和研究，发现了股市波动的一些规律，据此写了大量相关文章，后经一个叫汉密尔顿的人总结，成为现在人们熟知的道氏理论，这也是技术分析的最初方法。道氏理论具有很强的生命力，至今仍然被运用，主要原因有两条：一是股市是经济的晴雨表，指明了经济与股市的关系；二是认为股市波动分为三大类型，即主要趋势、次级趋势和日常趋势。道氏认为股市波动的主要趋势、次级趋势是有规律的，是可以判断的，而股市波动的日常趋势则是无法预知或准确判断的。

大约在20世纪30年代后期，出现了另一个技术分析大师，名叫拉尔夫·艾略特。此人是一个铁路公司的财务工作人员，退休后潜心研究股市波动规律，他发现股市的波动形态与池水的波浪形态有相似之处，股市上涨时，一般为三个上升浪和它们中间所夹着的两个调整浪，即所谓的五浪上涨形态，而股市的下跌形态则表现为两个下跌浪和它们中间所夹着的一个反弹浪，即所谓的三浪下跌形态。

艾略特波浪理论揭示了股市的波动外表形式与空间表现，但忽视了股市波动的时间问题，10年后这个问题被一个叫威廉·江恩的股票投资家解决了。江恩长期在华尔街从事股票投资，在股市上赚了大笔的金钱，通过大量的实践和研究，他创造了江恩周期理论，认为股市的运行与时间密不可分，表现为周期性的上涨和下跌。

股市技术分析还有沙贝夫的图形分析理论。理查德·沙贝夫生于1902年，死于1938年，只活了36岁，写了3部著作，发表于20世纪30年代早期，从而创立了图形分析理论、缺口理论、趋势线（找出支撑价位和阻力价位）之类的技术分析方法。沙贝夫的技术分析理论中有一个被中国的技术分析派人士广泛运用的方法，那就是图形理论。沙贝夫用平面几何学的那一套方法，通过画图、画线把股价走势的分析变得易学、易懂、易教、易用，很多分析师对此津津乐道。笔者认为，沙贝夫的理论有一定的参考作用，但不能生搬硬套。

以上四种技术分析理论构成传统技术分析方法的主要内容。

20世纪60年代后，随着计算机的逐步广泛运用，技术分析方法又被推向前进。人们借助计算机用K线图的方式记录下股价波动的情况，同时编制出各种技术指标，如KD指标、MACD指标、RSI指标、均线等，帮助人们分析股市波动的趋势、动量等因素，即开始用计量的技术方法来分析股市波动情况，预测股市未来运动方向的时间与空间。这些方法至今仍是普通投资者运用的方法。

20世纪80年代后，随着系统论的发展和爱因斯坦相对论、量子力学的原理在各门学科中的普及运用，股市技术分析方法进入到模型分析时代，人们运用金融工程的手段，编制各种对股市运行进行分析的模型，用于分析股市，指导投资。与此同时，行为金融学的发展，又使技术分析方法增加了对投资者行为和情绪分析的内容。

以上是笔者对于技术分析方法发展历史的简要描述。需要指出的是，所谓的技术分析方法是人们对股市交易重点研究的早期技术，是专业投资者首先要学习的功课。

## 二、上市公司的基本分析技术

在股市交易技术分析方法出现了十几年后，诞生了另一种重要的股市分析方法，即上市公司的基本分析方法。这种分析方法在实践中不断发展，近百年来一直被重视和使用。

创立基本分析方法的始祖是巴菲特的老师本杰明·格雷厄姆，他在20世纪30年代写了一本名著《证券分析》，在书中阐明了基本分析方法的理论体系和主要内容。在格雷厄姆看来，股票价格是上市公司内在投资价值的外在表现，买股票就是买上市公司，因此，对上市公司投资价值的分析是选择股票的主要方法。格雷厄姆还认为，对上市公司投资价值的分析主要就是对上市公司财务情况的分析，主要分析上市公司的资产负债表和损益表。投资者要根据上市公司的资产情况和业绩对其股票的内在价值进行估值，从而判断其股价的高低。

巴菲特是格雷厄姆理论的忠实实践者。据 2000 年出版的巴菲特的传记介绍，巴菲特的办公室里没有股票交易的行情显示，只有一堆堆上市公司的财务报表和分析报告；他也从来不做短线的股票交易，而是从众多的上市公司中找出最有投资价值的公司，对其进行相对长期的投资。巴菲特 60 年的投资，赚到了巨额财富。巴菲特的成功也使得上市公司的基本分析方法成为股市最主流的分析方法。

随着第二次世界大战的结束，20 世纪 50 年代后世界经济进入了一个新的发展时期，上市公司的业绩普遍一年比一年好，人们对上市公司的业绩预期看得更长远了。这时出现了一个叫菲利普·费雪的人，写了一本书——《怎样选择成长股》。费雪克服了格雷厄姆静态地分析上市公司基本情况的不足，提出了动态地看待上市公司发展的观点，认为最好的投资就是对具有成长性公司的投资，买股票就是买上市公司的未来。费雪的理论极大地发展了格雷厄姆的基本分析方法，使上市公司的成长性成为当今投资者选择股票的重要标准之一。

20 世纪 60 年代后，世界经济出现了全球化的苗头，一个叫约翰·坦博顿的投资家敏锐地看到了经济全球化将是未来的主要趋势，提出了国际化投资的观点，并逐步地将其手中的基金在全球主要市场进行布局。之后不久，投资国际化的观念开始被越来越多的投资者所接受时，约翰·坦博顿在国际主要市场的投资已经获得巨大的收益。坦博顿的理论又将基本分析方法向前推进了一步。现在国际化的投资已成常态，国外投资公司的投资经理很重要的工作之一，就是研究如何在全球主要资本市场配置其管理的资产。美国的好莱坞拍过两部名叫《华尔街》的故事片：第一部写的是 20 世纪 80 年代后半期华尔街的投资故事，内容主要涉及上市公司的情况变化对股价的影响；2010 年拍的第二部就大不一样了，更多地描绘了经济全球化后，中国经济的变化对美国股市走势的影响。

20 世纪 70 年代美国有人提出了一个新的基本分析方法——Q 理论，其代表人物叫詹姆斯·托宾，代表著作为《华尔街投资价值分析》。Q 理论提出者研究了美国股市的整个历史，发现股价总是按上市公司净资产的一定倍数上下波动，高于净资产 3 倍股价就会向下调整，低于净资产 1.5 倍股价又会向上变化。托宾认为，评判股票投资价值的最有效的标准是上市公司的市净率，市净率偏高股票就失去了投资价值，市净率偏低股票就具有投资价值。

上市公司的基本分析方法牢牢抓住了股票中最主要的因素，根据股票的投资价值对股价的高低进行判别，无疑是正确的，这也是这种方法近百年来普遍被运用，现今仍为主流分析方法的主要原因。但是，把这种方法视为分析股市唯一的方法则并不完全正确。因为，第一，股票的价格并不是由股票的内在投资价值这一种因素决定的，我们现在知道，股票价格至少由股票的内在价值、股票的供求关系、股票投资者当时的心理状态、市场主力的操作倾向、经济宏观景气情况、政府的政策行为等诸多因素所决定。正因为如此，现实中只懂得单一估值方法的投资者，甚至是证券公司研究所的估值专家都不是股市中最会赚钱的人。第二，股票价格作为虚拟价值的符号有其自身的特点。如两只同样业绩的股票，其股票的市场价格却相差很大；同一只股票，业绩并没有发生大的变化，但在熊市与牛市的不同情况下股价也相差很大。

前段时间，笔者在与美国信安金融集团的投资经理座谈时了解到，他们对基本分析方法的运用主要表现为对经济和上市公司基本面信息的运用，他们上班后第一件事就是了解当天的全球经济与股市的各种信息，之后互相交流对这些信息的看法。开市后看一看自己的投资组合情况，一天的大部分时间都是在研究上市公司的情况，以及世界各主要股市的走向，然后规划自己的投资组合。他们很少像中国的投资经理们一样，上班的大部分时间都用在观看股市的盘面交易情况上。他们公司曾有几位投资经理以技术分析代替基本分析，并有一定的投资业绩，但公司认为，这不符合公司的投资理念和盈利模式，最后解聘了这几位投资经理。

### 三、股票投资的操作技术

操作技术是股票投资中最重要的技术之一，也是股票投资研究中最为薄弱的环节。市面上有大量的股票分析技术的书籍，却很少有关于股票投资操作技术的专著，其内容也往往散见于股票分析技术等书籍之中。

20世纪50年代的有效市场理论和马科维茨的投资组合理论都是从理论的角度论述股票投资操作，但这两种理论都比较空洞，对指导实际操作意义不大。

较早期涉及股票投资操作技术的书籍是美国20世纪20—40年代的操盘手杰西·利弗莫尔的自传《股票作手回忆录》。利弗莫尔所处的时代是美国证券市场的无序投机时期，当时股票分析方法还处于萌芽状态，证券市场各种法律法规还未制定或完善，股市中操盘手们大显身手，肆意地操纵市场。利弗莫尔是那个时代最伟大的操盘手之一，他白手起家，在股市和商品期货市场中赚取了上千万美元，他大肆买卖，四起四落，每次破产后又东山再起，但最终于1940年自杀身亡。

谈到股票投资操作技术，重点人物有：

（一）威廉·江恩

20世纪40年代中期，周期理论的创立者江恩出版了总结自己一生投资经验的最后一本著作——《华尔街四十五年》。江恩运用技术分析方法指导投资操作，一生大约赚了5000万美元。

人们通常认为江恩的《华尔街四十五年》是一本讲周期理论的股市分析方法类书籍，但书中对股票投资的操作技术的论述非常精辟。江恩在书中提出的二十四条股票及期货的操作规则，至今仍然是投资者应该学习的投资操作技术的主要原则。比如第二条关于止损的规则，"用止损单，永远在离你的成交价的3至5点处设止损单，以保护投资"；第三条、第十七条关于交易频率的规则，"永不过度交易，这会打破你的资金使用规则"，"避免出入市过于频繁"；第四条关于锁定盈利的规则，"永不让盈利变成损失，一旦你获得了三点或更多的利润，请立即使用止蚀单，这样你就不会有资本的损失"；第五条、第六条关于选时的规则，"不要逆势而为"，"看不清行情的时候就退出，也不要在看不清行情的时候入市"；第七条关于选股的规则，"抓交易活跃的股票，避免介入那些运动缓慢成交稀少的股票"；第八条关于投资组合数量的规则，"如果可能的话，交易四只或五只股票，避免把所有的资金投到一只股票上"；第十四条关于出市、入市心态的规则，"永不因失去耐心而出市，也不要因为急不可耐而入市"；第二十条关于增仓、减仓的规则，"小心在错误的时候加码，等股票活跃并冲破了阻力位后再加码买入，等股票跌破主力派发区域后再加码放空"。

江恩在这本书的其他地方还谈到很多投资操作技术。如在谈到选时时他写道，"在确定转势形成之后买股票总是最安全的"，"在市场的高低点依次上移时买入，因为这表明主要的趋势向上；在市场的高低点依次向下移时卖出，因为这表明主要的趋势向下"。在谈到为什么大多数买卖股票的人会赔钱时他写道，"①交易过度或买卖过于频繁；②没下止蚀单或限制他们的损失；③对市场知之甚少"。在谈到他那个时代的一些大炒家失败的原因时，他指出，"萨利犯了一个所有大炒家都犯的错误，那就是他认为自己有很大的能耐，所以开始拉抬股价，结果，萨利爆了仓，并走向破产""普莱斯他过度地买入，而且对突发事件估计不足，所以也破了产""斯凯勒斯的破产是因为他的权力欲望以及操纵市场的野心""利弗莫尔的弱点之一是他除了学习如何赚钱以外，什么都不学，他从不学习保存资金的方法。他贪心，赚了一大笔钱后就不再稳妥地进行交易"。

（二）彼得·林奇

20 世纪 70 年代，美国又出现了一位伟大的投资家——彼得·林奇。林奇在 20 世纪 70 年代管理麦哲伦基金，十年的辛勤工作，他为基金赚了几十亿美元，也为自己赚到了几亿美元的身家。由于深感管理公众基金的辛苦，20 世纪 80 年代林奇就退休，开始为自己的资金进行投资管理。作为一名成功的投资家，林奇写的《彼得·林奇的成功投资》一书成为畅销书，在书中林奇讲述了自己的投资经历，也阐述了很多投资操作的技术问题。

林奇在书中谈到，并不是投资者的每一笔投资都能赚钱，提出了

60% 成功率的概念。他写道，"你没有必要在所选择的每一只股票上都赚钱，依我个人的经验，在我们所构造的资产组合中如果有 60% 的个股能赚钱，这就是一个非常满意的资产组合了"。他还说，"如果我购买的股票中有 70% 的走势与我的预测一样，我就很高兴了。但是，如果有 60% 的走势与我的预测一样，我就会心存感激，因为只要有 60% 的股票走势被预测成功，就可以在华尔街创造一个让人羡慕的记录"。

林奇提出选股的 20 个要点，其主要内容为：要了解你所持有股票公司的性质以及你所持有其股票的具体原因；寻找那些已经盈利并且它的成功正在被不同的公司模仿的小公司；对于那些年增长率能达到 50%—100% 的公司应持有一种怀疑的态度；不要相信多元化经营会带来利润，通常情况下多元化经营会令公司的情况更加恶化；不要轻信某些所谓知道内部消息的人所提供的消息；处于不增长行业中稳健增长的公司（增长率 20%—25%）是理想的投资对象；一家处于困境中的公司成功转型后会赚一大笔钱；要有耐心，在关注股票时不要激动；只依据报表中的账面价值来购买股票是非常危险的，只有真实价值才最可靠；当对股票情况有所怀疑时，就多等待一段时间；在选择一只股票作为投资对象时，你所花费的时间和精力应至少与你购买一台冰箱花的时间和精力一样多。

林奇列举了 12 种对股价最愚蠢的认识，主要是：如果股价已经下跌这么多，它不可能再跌了；你总能知道什么时候股市到了底部；如果股价已经这么高了，怎么可能再进一步上升呢；我已经错过了一只好股票，我一定要抓住下一只。

林奇还写了他的一个操盘习惯，"在购买一只股票之前，我喜欢做一个两分钟的冥想，冥想中的内容有：我对这只股票感兴趣的原因，这家公司怎样才能成功以及它进一步发展会遇到的不利情况"。

（三）安德烈·科斯托拉尼

20世纪末的德国投资大师安德烈·科斯托拉尼的操作技术有其独到的地方，主要是做中期大波段操作，既按基本面进行分析，又按股市技术面进行分析，获取大的股市波动差价。科斯托拉尼对股票投资者有这样的分类：

（1）交易所的赌徒——交易所的小投机手。他们试图利用每一次微小的股市波动，在101元的价位上买进一种证券，然后在103元的价位上卖出；接着在90元的价位上买入另一种证券，在91.50元的价位上卖掉。他在短期内能获得成功，当股市震动或下跌时，则迟早会破产。他的表现就像一位从一张桌子跑到另一张桌子的轮盘赌赌徒。

（2）交易所的马拉松赛跑者——投资者。投资者与投机者相反，他购买股票是为了防老或给儿孙们做嫁资，他从不看行情，他想长期投资于股票的那部分资金，就一直投资于股票。对投资者来说，最好的方式就是投资于多种标准股票，也就是所谓的蓝筹股。今天最大的投资者是美国和英国的退休基金。投资者不管什么时候进入交易所，他们在长期都是盈利的。沃伦·巴菲特是世界上最著名的投资者，他建议每位读者都能成为投资者。

（3）具有长远眼光的战略家——投机者。投机者处于小投机手与投资者之间，他们只看趋势，关注不同的基本因素：货币与信贷政策、利息率、经济扩张、国际形势、贸易平衡表、商业消息等。他们不受二手消息的影响，设计了一个理想的投资组合和战略，根据每天发生的事件来调整。科斯托拉尼自己说，他是一个纯粹的投机者。

科斯托拉尼反对只看行情图表赚钱，他说，看图表是一门徒劳地寻求使之成为科学的东西的科学。如果被不同的图表所误导，如"头肩形""三角形""茶托形"，诸如此类的形状，那就意味着赔钱。他说："在我的实践中，我认识的许多交易所的投机手，他们根据图表发展的趋势进行交易，他们没有一个成功，相反，很多人不久便退出交易所。"他认为，成为一个好的投资者和投机者，需要资金、想法、耐心和运气四个因素。

科斯托拉尼还认为：

（1）利用贷款去买股票是绝对不可行的。

（2）对于投机者来说，想象力是多么的重要。如果他已经想好了某种策略，那么他就要坚信自己的想法，不应该被朋友或者某种说法和当天发生的重要的事件所动摇，否则最天才的考虑对他也不起作用。

（3）耐心也许是交易员所必需的最重要的素质，没有耐心就会犯错。如果您没有耐心，就别进证券交易所的门。首先人们要经历痛苦，然后才能赚到钱。如果人们能够把握住投机的有效性，那么赚钱只是时间问题了。

（4）除了资金、想法、耐心之外，投机商还需要一个因素：运气。战争、自然灾害、政治变革、新发明或者欺骗都有可能导致投机失败。

科斯托拉尼还对选时选股有很经典的论述。他认为，首先要考虑普遍行情，然后才是选择股票。只有那些投资股票20年以上的人才可以不考虑普遍的行情。如果行情看涨，即使是最差的股民也能赚到一些钱；但如果行情看跌，即使是最棒的人也不能获利。关于选股，他认为，如果普遍行情很积极，那么股票投机者必须挑选增长潜力大的股票。如果普遍的趋势是下滑，但增长型行业能够保持原先的水平，这一行业中最好的企业的股票或许还能上涨。如果股市在某个时间好转并且资金充裕，那么这些增长股就会以火箭般的速度被推至一个峰值。但要小心，如果公众已经选出了增长型的行业，那么股价总是会特别高，而且该股票以后几年，甚至几十年内的增长也就已经被认识了。新的行业以"之"字形发展。它们一会儿飞速向前，一会儿又后退，然后又第二次增长，第二次后退，但从不会回到它们的初始状态。

科斯托拉尼还写道，他经常把精力放在所谓的"逆转股"上，在追求多样性方面它的机会超过了整个市场。逆转股是指那些陷入危机出现亏损甚至不久就会破产的企业的股票，其股价在企业不好时相应地跌入低谷，如果这些公司逆转并能重新盈利，它的股价会很快回升。

科斯托拉尼举了一个他买逆转股的例子。克莱斯勒公司作为世界第三大汽车制造商，在 20 世纪 70 年代末几乎破产。他以 3 美元一股的价格买了它的股票。经纪人建议他赶紧甩卖，因为这个公司不久肯定会破产。然而他想，将一只从 50 美元跌到 3 美元的股票赶紧甩卖，实在是荒唐。机会与风险不成比例。如果公司真的倒闭了，每股也就赔 3 美元；但如果公司被拯救了，他的收益将会是 30 美元，甚至更多。结果他获得了成功。克莱斯勒的经理人以高超的技艺和新的模式改建了这个公司，它的股价从 3 美元向上猛增，之后保持在 150 美元的水平。

（四）沃伦·巴菲特

沃伦·巴菲特是一个家喻户晓的投资大师，并以一度成为世界首富的身家使世人对其投资方法给予肯定。2019 年，90 岁高龄的巴菲特与95 岁高龄的查理·芒格主持了公司股东大会，世界近 5 万人参加了这次大会，两位老人用 5 个小时回答股东的提问，非常精彩。巴菲特自己从未写过关于投资的书，关于巴菲特的投资思想和方法，主要是来自他在股东大会上的论述，来自别人写的关于他的书籍。

综合巴菲特的投资方法，具有以下特点：

（1）集中投资、重仓持股，并力争参与企业管理。

（2）根据上市公司基本面情况进行选股，之后长期持有。在巴菲特的办公室有一沓沓的上市公司的基本资料，他不看所谓及时的股市行情。

（3）根据价值标准，适当买入差价性股票，如 2005 年在中国香港股市买中国石油。巴菲特的投资精髓形象地说就是"乌龟精神"。乌龟精神一是活动时动静小，慢慢吞吞的，但却长寿；巴菲特也是，买卖股票并不频繁，动静不大，但准确性高，失误率低，他的投资持续盈利达半个世纪；乌龟平时走得慢，但贵在坚持，到达终点的时间快于兔子，巴菲特也是，单个年份的盈利比不过一些对冲基金，但 50 年来却保持了年均 28% 的高投资收益；乌龟生存上不靠天不靠地，靠自己生就的一副硬甲壳保护自己，巴菲特也是，不靠股市短期的好坏，不靠资金操纵，靠的是选出真正的成长股并尽可能参与其上市公司的管理。

（4）以前只投资传统性企业股票，现在也投资新科技股票，巴菲特的公司现在已成为苹果公司的第二大股东。这说明新科技公司已经成为当代经济发展的主力军。

（5）原来非常重视价值被低估的公司，现在开始非常注重自由现金流，把自由现金流作为考核公司未来成长性的重要指标。

中国的很多投资者都说自己最崇拜的投资大师是巴菲特，要学巴菲特的投资方式，但是因为没有领悟巴菲特的投资精髓，也不明白中国的股市环境，常常照猫画虎，所以结果不佳。1997—2004 年，有一个投资机构共使用了 24705 个账号买卖新疆屯河（600737）、合金投资

（000633）、湘火炬（000549）三只股票，持股市值 113.14 亿元，这三
只股票的流通股 90% 以上在这个机构的控制之中。以 2003 年年底历史
最高价与 1996 年年底相比较，湘火炬、新疆屯河、合金投资的流通数
量分别增长了 9.96 倍、22.22 倍、10.71 倍，流通市值分别增长了 37.34
倍、26.71 倍、26.70 倍，三只股票总市值高达 200 多亿元。这个机构一
方面以长期投资自居，并大搞产业整合；另一方面为了维持 200 多亿市
值的股价不跌，质押融资，高息借债，每年付出数十亿元的融资成本。
2001 年还利用其所控制的六家金融机构融资 460 亿元，2004 年 4 月这
些股票崩盘，最后形成高达 172.18 亿元的资金窟窿。

曾经的一个私募冠军，推崇价值投资，他在 2015 年设立的基金产
品重仓金刚玻璃等股票，在之后三年多的熊市中不断增仓，甚至还用
股票质押资金增仓，但到 2019 年该股股价下跌了 60%，最后公司资产
被冻结拍卖。

## 第二节　传统技术方法的精华

### 一、传统技术分析方法的不足

笔者认为，股市运行的一般规律表现为股价运行按股票内在四大
矛盾因素大致地围绕着股票价值有规则地上下波动。这种有规则地上
下波动却是投资者难以把握的，使得在股市上赚钱变得异常艰难。研
究股市运行规律的目的，是要揭示这种规律，但同时更是要尽可能把
握住这种规律，让投资者能驾驭市场，从中获利。

近百年来，基本分析理论、技术分析理论不断发展、完善，形成
并驾齐驱的、统治着股坛的两大股市分析理论流派。两大股市分析理

论流派都出现了杰出的理论家和投资家，使这些理论在历史上放射出奇异的光彩，数以亿计的股市分析师和股票投资者以其中的一种或几种理论来指导自己的投资分析与操作。但是，基本分析理论的鼻祖本杰明·格雷厄姆于 1976 年去世前，在接受美国《财务分析师》杂志的采访中，却宣布不再信奉基本分析理论，而最终相信效率市场理论。他认为，靠证券分析方法中刻意创立的分析技术已不再能发现超值获利的机会。技术分析大师江恩晚年写的书中谈到自己一生赚了 5000 万美元，很得意，但细读他按自己的分析方法所进行的投资操作，不客气地说，那都是一些赚小钱的方法。

技术分析理论建立了一套完整的股价走势分析方法体系，但是，这种分析方法在股市非常时期完全暴露了其无效性。1929 年美国股市的熊市开始后，美国一些著名的投资家按周期理论在 1930 年年底至 1931 年年初股市跌至所谓的底部时大量买入股票，在这次跌幅深达 90% 的美国历史上最严重的熊市中他们都成了套牢一族。1989 年日本股市进入长达十多年的漫长熊市，日经指数从 38000 余点跌至 10000 余点，而仅在股市下跌 2—3 年后，信奉各种理论的投资家都认为日本股市已到底部，谁也未曾料到至 21 世纪初日本股市还在长期熊市中徘徊。2001 年 6 月开始的中国股市也是如此，在长达 5 年多的熊市中，95% 的投资者，不论是以基本分析理论还是以技术分析理论为指导，都未能逃脱亏损的厄运。2008 年，中国股市的投资者更是在充满期望中不断抄底，层层被套，度过了一个时间最短但跌幅最大的大熊市。2020 年 3 月美国股市道琼斯指数从 29000 多点 4 次融断，跌到 18000 多点仅用了 30 天，这是技术分析方法无法判断出来的。可见，传统股市分析方法均有缺陷，值得反思。

传统技术分析方法有以下不足：

第一，以排斥其他流派的方式片面地独立研究股市运动的一个方面。他们看不到宏观经济背景与股市的关系，忽视了股票内在价值向外在价格变化的运动过程，不了解价值因素、政策因素、投资者心理因素在股价运动中的综合作用。

基本分析理论抓住了股票中最核心的东西——股票的价值，对股票价值专注独立进行研究，而不理睬股票绝对价值之外的其他因素，使投资者在使用中屡屡犯错。技术分析方法忘记了股票代表上市公司价值这一最基本的要素，完全脱离股票的价值独立研究股价的运动。

第二，只研究股价运动的形式，忽视对股价运动内在原因的研究。股市运动的表象是股票价格波动，而股价波动是由其内在因素所引起，看不到股价波动内在的原因，难以发现股价运动的真正规律。

技术分析理论用市场永远是对的，股市的任何信息都会在股价波动中体现为理由，把自己对股市运动内在原因的无知掩盖起来，专心地研究股价波动的规律，什么图形理论、波浪理论、技术指标，近似完美，实则片面。在投资实践中，技术分析理论仅仅是成熟投资者的参考工具，20世纪70年代后国际上很多大型证券机构以技术分析原理研制市场分析模型和建立新的技术分析指标体系作为市场分析的重要工具。而那些被我们熟知的技术分析理论和方法，则沦落为现今股市分析师的分析工具。很多分析师因为缺乏投资实践，不知道股市运行的内在情况，迫使他们只能用技术方法表象地解释市场。

第三，对股市运动形式的理解充满了机械性。现代科学认识到运动的多样性，运动形式除了机械运动外，还存在着化学运动、生命运动、社会运动、思维运动等，同时不仅表现为简单运动，还有复杂运动形式。而技术分析理论把股价运动归结为简单的机械运动，如波浪理论认为，股价的运动模式就如水面的波浪变化的机械模式；周期理论则把股价变化及周期的关系理解为可用的简单的几何数学度量的关系；基本分析理论对股票价值—价格的运动，理解为简单的价格围绕价值运动的形式。这种理解实际上无法科学地解释股市运动。例如，按照现代运动观，股市运动是一种包含有机械运动、自然运动、价值运动、思维运动和人类行为运动等多种运动形式的综合运动，仅用机械运动形式不能合理解释股市运动；再如，股市运动也如其他运动一样，在股市发展的长河中，不断地由低级运动形态向高级运动形态发展，实际上组合投资、对冲基金的出现就表明股市运动形态趋于复杂化。目前中国随着 ETF 基金、股指期货的出现，交易也开始复杂化起来。

第四，对大盘及个股股价的运行空间、时间的计算，以经典物理学和传统数学的方法，错误地作出精确计算结论。目前很多投资者的思维模式基本如此。每一波中级行情出现时，分析师按照黄金分割线的标准，得出大盘上涨幅度为多少点；按照波浪理论和周期理论，准确地计算出在什么时间走到什么点位。实际上，在量子力学产生后，人们发现了物质运动的不确定性原理。具体的股价运动形式，恰恰不是经典物理学意义上可以精确计算的宏观物体运动，而更类似于微观物质世界的电子运动形式，这种运动，只可以对运动的空间、时间作区间的概率计算，任何精确计算的思维方式都有反科学的成分。笔者建议，对大盘及个股的预测时，提倡区间预测方法，把大盘和个股股价运行区间分为安全投资区间、合理投资区间、合理投机区间和风险投机区间。预测这四个区间后，按股市运动的不同阶段，相应采取不同的投资策略。这样的预测符合科学原理，也为投资操作留下了弹性空间，有利于发挥积极投资的作用。

## 二、应掌握传统技术方法的精华

从查尔斯·道、艾略特到格雷厄姆、科斯托拉尼，他们为我们留下了丰富的股市分析和投资操作的技术方法，可供当今的股票投资者认真地学习。但是，这种学习不能全盘地去照搬照抄。毕竟时代在进步，股市分析和投资的理论在发展，我们只要记住、掌握和运用其精华部分就很好了。

（一）技术分析

对于查尔斯·道的股市分析理论，其精华部分就是股市运行有主要趋势、次级趋势和日常趋势三种形态。道氏理论告诉我们，对股市运行的分析，首先要看到其主要趋势是什么。把握住股市运行的主要趋势，就知道你所参与的市场正处在牛市阶段还是熊市阶段，这样就能采用相应的投资策略，在大方向上不犯错误。世界著名的资产管理公司——施罗德资产管理公司的股市分析技术的第一要点就是，在市场分析中第一件需要认清的事情是，要看清当前市场处于牛市还是熊市，及市场正处于牛市或熊市的哪个阶段。道氏理论认为，股市的主要趋势和次级趋势是能够认识和判别的，日常趋势则无常和难以判别。因此，投资者要在股市的主要趋势和次级趋势的判别上下功夫，掌握判别股市趋势的技术，顺应市场的趋势进行投资活动。

很多股市分析人士及投资者在艾略特波浪理论的学习和运用上下了很大的功夫，常陷于具体的数浪的困境中，他们在大浪小浪的计算中斤斤计较，不能自拔。对此，笔者的看法是，对艾略特的波浪理论，只要记住股市的上升浪总体上有五大浪，下跌浪总体上有三大浪就行了。在判别市场处于牛市或熊市的哪个阶段时，看看总体上处于几浪中，对股市的运行阶段就会有大致的认识。在投资操作时，在股价上升时期，要注重或善于抓住第三个主升浪，因为这是股价涨幅最大的阶段，也是容易判别清楚的阶段，要把抓住第三个主升浪作为盈利的主要手段。同时对股价处于第五浪上升时，不要过于乐观（这时投资者最容易处于盲目乐观的状态），要警惕在这个时期股市形成头部。在股市下跌时期，一定要耐心等待市场走完第三个下跌浪再入场，在股市一浪下跌时就急于入场抄底者最容易被套，而三浪下跌完成后，阶段性被套的可能就非常小了。

江恩对于股市运行的周期有几种具体的计算方法，如果简单地照搬过来运用，又会陷入机械主义的泥潭。对于股市运行的周期，笔者的感觉是，根本不必去精确地计算，有一个大致的周期概念就能较好地把握股市运行。如中国股市从1996年1月至2001年6月的大牛市总计运行了5年半的时间，相应地从2001年下半年开始运行的大熊市至少也得运行2—3年的时间（实际运行了4年时间）；再如2005年6月—2007年10月的牛市总体运行了2年4个月，因为涨幅大，熊市下跌慢而长，至少熊市运行时间不会短于牛市时间。最后此段中长期熊市运行了5年：2008年年底完成第一大浪下跌，2009—2010年完成第二大浪反弹，2011—2014年9月完成第三大浪下跌。

我们在长期的股票投资实践中认识到，股市运行是有周期的，这种周期又是大致的而非精确的。股市运行的周期具体的时间取决于股市运行时间窗口，取决于政府经济政策和股市政策的转变时间，取决于一些偶发的重大政治、经济事件，取决于投资者心理变化等诸多因素。

20世纪70年代后，计算机开始被广泛运用，大量的技术分析指标被逐步研发、创造出来。这些技术分析指标，开始是证券公司、基金公司的金融工程师们研发出来，作为秘密武器在自己的公司秘密使用。一段时间之后，其私密性失去后，便公开至市场被大众广泛使用。关于如何看待这些技术分析指标，笔者的看法是，一方面，这些技术分析指标确实从统计学的角度，从股价运行特性的角度，部分地揭示了股价运行的方向、特点或力度、强度；另一方面，技术分析指标又有很大的机械主义的特性，对于复杂运动的股价运行很难辩证把握。加之各种技术分析指标多而杂乱，运用起来繁杂而不实用。现在市场上有的行情分析软件把能找到的技术指标都放进去，表面上看指标很全，其实实用价值并不大。因此，技术分析指标只有对股价运行的方向、空间、力度、周期分析的参考功效，股市分析师或投资者只需用四五种技术分析指标构建一组各具特点、相互补充的技术分析指标体系用于股价运行分析就足够了。比如说，这组技术指标体系中可以包括：能提前反映股价运行方向改变的RSI指标，能快慢不同地反映股价运行方向和力度的KDJ指标、MACD指标，能反映股价波动内在特点的宝塔线指标、折线指标。为什么要构建一组技术指标体系？从股票操作的实践中可以看出，主力可以控制或操纵个别的技术指标，可以把某个众多散户关注的技术指标操纵得非常好看，并形成KD指标买入金叉，但是，主力可以操纵个别指标或若干指标，却不能操纵一组各有特点、互为补充的技术指标体系。如果股市分析师和投资者能建立一组适合自己特点的技术指标体系，用于分析市场，在技术指标的运用上就足够了。

技术分析方法方面还有一些重要的要点值得汲取，如同一种消息在市场上不会发挥两次作用、当第四次冲击某一阻力位或支撑位时一般会成功等规律性的特点。

（二）基本分析

作为分析技术的另一分支——基本分析方法，从格雷厄姆、费雪、坦博顿到托宾，形成了一套完整的体系，成为当代分析技术的重要一支。中国股市建立之初，人们注重技术分析指标，但2000年以后，基本分析方法得到机构投资者的重视，在买股票就是买上市公司的思想指导下，被基金公司、证券公司广泛运用。现在价值投资已经深入人心，价值投资观念普遍被人们接受。学习价值投资，笔者认为，格雷厄姆的论述偏于繁琐，对上市公司基本面分析的要素太多；费雪、坦博顿、托宾的观点很好，但方法又有些简单。在现在的基本分析方法中，我们主要运用他们的观点，加上公司财务分析技术，构成一套股价估值技术，主要有三点：一是学会确定上市公司股票的绝对价值，即根据股票的静态市盈率、动态市盈率，参考股票的市净率，明确认定股价的市场定价为多少，当前的市场价格是否合理；二是学会确定上市公司股票的相对价值，即根据当前股市总体走势及资本市场的定价水平，参考各行业的定价差异、同行业内不同上市公司的定价差异，根据上市公司的行业特质、企业品质，明确认定某一上市公司股票在绝对价值基础上的相对价值；三是不要繁琐地对上市公司进行财务分析，只要抓住上市公司的主营业务收入、业绩增长、资产负债、现金流、应收账款、存货、核心技术、毛利率、净利润率等几个因素就能较好地分析上市公司的基本情况。掌握以上三方面的分析方法，基本上就学会了股票的基本分析技术。

笔者认为，掌握了以下技术，就能较好地进行股票投资了：

（1）在投资的盈利目标上，参照巴菲特所实现的投资年复合收益率20%—30%，确立这个年均盈利目标，既现实又可观。

（2）在投资选股的正确率上，参照彼得·林奇提出的参数，即达到60%—75%的正确率就很好了。

（3）在投资盈利方式上，不拘一格，既可以学巴菲特按股票的价值加成长性选股，集中持股和长期持股；也可以学彼得·林奇，按股票的绝对价值和市场波动的差价选股，按组合方式配置资产；还可以学科斯托拉尼的趋势＋价值＋中级波段操作的方法，赚取股票的中期波动差价。

（4）在操作的一些手法上，向江恩学习，注重踏准股价周期波动的节奏，适时止损或增减仓位。

## 第三节　21世纪科技进步与投资方向的演变

### 一、世界越变越小，投资的系统性管理越来越重要

人类生存至今已有300万—400万年的历史，其中人类文明史大约有5000年的时间，但人类真正的现代文明始发于18世纪中叶开始的工业革命，只有短短250多年的历史，其中经历了三个时代——机械时代、电气时代、网络时代（前期为PC互联、单项互联，如今为移动互联、万物互联）。这短短250多年的时间，人类飞速发展，改变了世界，也改变了自己。

股票投资至今有150多年的历史，也相应地经历了较单一层次市场的简单技术时代、多层次市场的综合技术与艺术时代，现在开始进入

系统和模型、大数据加人工智能投资的时代。

网络时代，世界能被浓缩或折叠起来，变得越来越小，小到了可以装进口袋。安柏·凯斯，一位机械化生物人类学家，讲了一个故事：

小时候有一天她爸爸跟她说："我来教你未来的时空概念。"

她爸爸问她："空间里两点之间最近的距离是什么？"

她不假思索地答道："一条直线。"

她爸爸这时说："我有个更好的答案。"

她爸爸拿出一张纸，画了 A、B 两个点，然后把纸对折，让 A、B 两点相触，说："这是最短的距离。你必须扭转时间和空间。"

这个故事很有启发性，道出了时代、科技进步对人类时空观的改变。人类的时空观的第一个阶段是机械时代，也可以说是 18 世纪的牛顿时代，即绝对的时空观。那时人类认为不可能将地球上任意两点的距离拉近，但后来可以通过技术测量，打洞搭桥，找到这两点之间的最近距离。由此人类进行了工业革命，发展各种机械、技术，加强人类的"机械能力"。牛顿的名言是，"我的成就当归功于精微的思索"。显然，牛顿是一个典型的技术派。

人类的时空观的第二个阶段是电气时代，也可以说是 20 世纪的爱因斯坦时代，即相对的时空观。在那个时代极富想象力的爱因斯坦发现，时空不是绝对的，而是与运动的物体相关的，当运动的物体达到光速的时候，空间会变小，时间会变长，"时空是可以弯曲的"。人类正是在追求这种弯曲时空的"原子能量"中创立了相对论和量子力学，造出了能够发生核裂变的原子弹。爱因斯坦的名言是"想象力比知识更重要"，显然，爱因斯坦是一个艺术派。

进入 21 世纪后，人类的时空观进化到一个全新的网络时代，万物互联，天地互联，也可以说是比尔·盖茨时代。盖茨说，"网络的神奇之处是，天涯若比邻"，即所谓世界之大，都是零距离。世界各地各类不同的人，不在一起却可以共同讨论、解决、处理同一问题。一个人有什么想法，只要一个按键，就可用一秒钟的时间向全世界发布相关信息。对想去周游世界的人来说，世界之小，形象地说，就是一本护照、一张信用卡、一部可上网的手机，这就是被浓缩或被折叠了的世界。

股票投资的历史也有类似之处。1863 年正式成立纽约股票交易所，1902 年产生道氏的技术分析理论，1934 年产生格雷厄姆的价值分析理论，这个阶段应该说是股票投资的简单技术时代。市场仅为较单一层次的股票交易的市场，投资赚钱以技术手段为主，没有放大效应。

股票投资的第二个阶段是股票投资的综合技术与艺术的时代，主要表现为，自 20 世纪 70 年代后经济全球化、交易网络化、投资衍生产品的不断发展，形成多层次的交易品种非常复杂的投资市场。在投资理论上出现了系统分析与模型分析法、量化交易法等，在投资实践中开始有了对冲基金、杠杆融资、混合基金、全球市场资产布局，使投资进入了系统与模型综合技术与艺术的时代。但是 21 世纪以来，美国为了增强经济发展的动力，布什政府大力倡导房地产经济，地产债券的衍生产品花样百出，最后导致 2008 年的美国金融危机。2008 年美国金融危机的出现，充分展现了人类创造的虚拟价值交易的投资市场的巨大能量，具有反作用破坏现实经济的巨大威力。2020 年 4 月 21 日，美国石油期货市场发生有史以来最奇葩的事件：WTI 原油 5 月期货合约出现每桶 -37.63 美元的负值结算价。持仓到最后的投资人不但本金全部亏光，还面临倒欠期货公司 1—2 倍钱的境地。

2000年后，随着互联网、大数据、人工智能科技的发展，数据分析方法、量化交易方法、智能交易方法开始被创造出来并运用。

笔者曾经去过几个国家的证券公司考察，看到现在国外的证券公司基本都有一个金融工程部，他们的工作就是研究、编制实用的分析股市波动的技术指标、分析模型，供其投资部门使用。他们把基本分析与技术分析、数据实证等方法融为一体，建立起一套完整的分析和交易模型。

如有的国际著名资产管理公司的系统技术分析方法要点如下：

（1）首先，了解现在的大势情况，是处于牛市还是熊市；其次，处于牛市或熊市的哪个阶段。

（2）股票估值的绝对价值、相对价值。

（3）股票运行的技术特征、市场表现。

（4）股票的收益／风险评估，分类为：低风险高收益、低风险中收益、低风险低收益；中风险高收益、中风险中收益、中风险低收益；高风险高收益、高风险中收益、高风险低收益。

（5）股票的综合评分。

最新资料表明，摩根大通正在采用一个全新的全球股票自动化交易平台，加速公司内部的自动化变革。该自动化交易平台是2019年开发，目前正在该行资产管理部门推行，并计划在3年内完成全部部署。该公司表示，他们是资管行业中第一个使用该技术的。据了解，这一智能交易平台有三大功能：平台根据基金经理持有的股票自动生成警报，基金经理会在手机上收到有关市场或价格变动的通知；更重要的是，该平台能够自动监控、读取、记录和响应报价请求；该平台还会以较低的成本快速执行一篮子股票的买卖交易。该自动交易平台有潜力降低股票交易成本，并降低交易风险，未来该平台还会与基金经理进行更多有机整合。这说明，自动化已经被视为证券交易行业的未来，交易正变得更加灵活和高效。

## 二、虚拟世界与现实世界并存融合

古代先哲们就明确地认识到，世界上的事物，有正，就有反；有阴，就有阳；有天，就有地。由此，他们认为，世界上任何事物都是由两个方面构成的。到了黑格尔、马克思时代，他们把哲学推进到辩证法的高度，认为事物都是对立统一的，是由相互对立的两个方面构成的统一体。根据这种哲学思想，人们认识到，世界不应只有一个，而应为两个，一个是物质世界，一个是精神世界。

随着互联网速提升，大数据、人工智能技术的发展，虚拟世界与现实世界逐渐融合，产生了增强现实、混合现实。汽车可以无人驾驶、医生可以远程给患者做外科手术；一种现实事物能够与它的所有重要信息同时出现等。

股票投资者就是生活在股票交易网络这个虚拟世界中的特殊人群。

在现实世界，数百万、千万的资金投资需要做大量的采购、设备安装、招聘工人等工作，在虚拟世界中的股票投资，只要投资者做点儿投资分析，一按键盘就可以轻松地完成几百万甚至数千万资金的投资交易。在现实世界中，把货物卖给别人时，要做很多宣传、推销才完成一笔生意，而在虚拟的股票交易中，只要在交易时间看着行情显示器上已出现的买单挂出卖单就能成交，也不知道把股票卖给了谁，不知道你赚了谁的钱，或谁赚了你的钱。在现实世界中有一批人生活得很无聊，但进入股票投资的虚拟世界后，这批无聊的人变得不无聊了，他们比任何人都关心国家大事，关心 GDP、CPI、PPI 等经济数据，股票投资的虚拟世界使他们的生活变得有滋有味。

生活在两个独立又互相融合的世界中的股票投资者应该有怎样的投资思维呢？

其一，要认识到上市公司是现实世界的东西，买股票就是买上市公司，因此要重视上市公司基本面的价值分析；同时，又要认识到，股票是虚拟的价值符号，股市运行有其自身的规律，有其自身的技术表达方式，有其独特的虚拟价值符号交易的特点，因此也不能完全不管股票技术方面的问题。投资价值分析与技术分析方法兼顾，投资技术、艺术与哲学兼顾，是每一位股票投资者生活在两个世界的特点所决定的。这也像温家宝同志所说的那样，既要"脚踏实地"，又要"仰望天空"。

其二，在马克思的经济学理论中，只有劳动才能创造价值，资本不产生价值。但按资本市场的现实看，股票投资是一种在虚拟价值世界，用价值去创造新价值的劳动，我们要敢于正大光明地运用股票投资的技术、艺术与哲学的知识去让自己的资产增值。当代两位著名的富豪都与虚拟世界有关，比尔·盖茨是网络时代虚拟世界的开创者，巴菲特是虚拟价值符号——股票投资的最大赢家。

### 三、世界朝两个相反的方向发展及产业方向的变化

当今世界的发展有两个方向：一个方向是更新、更快、更多、更虚；另一个方向是更老、更慢、更少、更实。

在机械时代以及之前，人类发展的方向是一个，即不断地发展生产力，改进技术，创造更多的产品。但是进入网络时代后，人类的发

展变成了两个相反的方向：一个方向是通过技术进步，创造更大的物质文明，这就是生产更新、更快、更多的汽车、高铁、飞机、电子产品、摩天大楼等。与此同时，人类又开始在另一个相反的发展方向上努力，这就是更老——让人的寿命更长，更珍惜传统文化文物，艺术品更值钱；更慢——精细生产手工艺品、追求自由自在的悠闲的生活方式；更少——占有各类稀缺资源，独一无二的产品更受喜爱。

有一个典型的例子：收藏家马未都先生在 20 世纪人们正在不断改善生活条件，搬新房、更新家具的时代，他却收集别人不要的古董家具，结果成了大收藏家，其藏品的升值大于其他任何投资。

了解世界正在朝两个相反的方向发展的大趋势，对于股票投资者，特别是长线价值投资者来说非常有意义。从长期看，什么类型的股票具有投资价值？一是能促进世界更新、更快、更多地发展的公司，如新兴高科技公司、生产时尚产品的公司；二是能占有稀缺资源或生产稀有产品的公司，具有独一无二传统技术生产传统优质产品的公司，能使人类健康长寿、自由自在生活的公司。

进入 21 世纪，人类在快速发展、高度享受物质文明的同时，也遇到很多自己制造出来的问题。如环保问题、资源紧缺问题、气温升高问题、人口老龄化问题。最为令人恐怖的是，现在人类生产出来的原子弹，已经能毁灭地球好几次了。核电运用效率极好，但日本地震使东电公司的核电站泄漏，又让全世界人民的精神紧张。基因技术发展后，竟有人擅自改编人类基因，令世人对生命产生不可预测的担忧。

问题导向是投资的一种思维方式。人类的发展中出现各种问题，就有人去解决这些问题，由此产生了投资机会。发展环保行业是现代投资的机会，发展新清洁能源也是现代投资的机会，发展老年人服务行业又是现代投资的良好机会。

　　网络时代，系统性风险成为主要风险。2008 年美国的次贷危机，不仅使美国陷入困境，同时也把世界经济拖入低谷。2018 年美国挑起的中美贸易摩擦，现在至少看到了具有带来系统性风险的可能。2020 年发生的遍及全球的新冠肺炎病毒，更是人类生存的一种系统性风险。世界发展到这种程度，投资者对系统性风险的考虑要高于以往任何时候。

　　股票市场的不断发展，成为经济发展的助推器，但控制不好，这种投资的虚拟世界也可以成为毁灭个人财富、集团财富或国家财富的"原子弹"。对个人投资者而言，仅看到股票投资的赚钱效应，把全部身家投到股市，或不恰当使用杠杆，都可能倾家荡产。

# 第七章 四维式大盘分析方法

## 第一节 "观相、钻心、拆骨、号脉" 四个维度分析大盘运行

看盘技术，最重要的是看大盘，最难的也是看大盘。大盘看得准，知道是牛市，大多数股票都会涨，这时就是买到一般的股票也能赚钱；大盘不好时，知道进入了熊市，敢于出局观望，耐心空仓等待，则能躲过劫难，免受套牢之苦。

在与各类投资者交往时，笔者发现一些有多年经验的投资者，能够清楚地分析个股走势，但对大盘的研判还是心中无数，把握不住；很多股票分析师自认为掌握了波浪理论，总在按波浪理论不断地数浪来分析大盘走势，使人感到云山雾罩；有的分析师大盘涨一点就看多，跌一点就看空，一惊一乍，对大盘的中期、近期走势的判断永远没有一个清晰看法；还有的分析师甚至用易经方法测算未来股市走势，竟能算出未来的某天大盘在什么点位开盘，什么点位收盘，完全把大盘分析变成了巫术，荒唐至极。由此看来，找到一套分析股市大盘走势的科学方法非常重要。

对于如何分析大盘运行，笔者持有如下观点：

首先，大盘运行的牛、熊趋势是能够分析出来的，大盘牛市或熊市大小级别是大致能够分析出来的，大盘处于牛市或熊市的哪个阶段也是能够分析出来的，但大盘的牛市顶部或熊市底部的具体点位是分析不出来的。

其次，我们对大盘进行预测分析，但我们又不要完全相信自己或别人的预测分析。每一轮牛市的顶部或熊市的底部，都是在其运行过程中渐行渐明，最终被确认的。高明的投资者，在大盘运行的顶部或底部区域能有所感觉，在其顶部或底部形成确认前的一两个星期，其或顶部或底部如果确认后要马上采取行动，都算成功的分析和操作。

最后，对大盘运行的分析，不能单用一种方法，或仅从一个方面去进行，要用一个系统分析的方法才能得出相对正确的结论。为此，笔者提出一种"观相、钻心、拆骨、号脉"四维式大盘运行分析方法体系，从四个方面系统地分析大盘运行。

# 第二节 "观相"——从 K 线走势图形分析大盘运行

## 一、抓住大盘中长期牛熊周期的运行特点分析大盘趋势

股市大盘的运行，牛市与熊市交替出现，上涨与下跌你来我往，顶部与上涨中继的盘整很难区分，反弹与底部形成也很难区分。但是，股市大盘在中长期运行中形成的一些规律性的特点却是非常明显的，把握这些规律性特点，能使我们对股市大盘走势大致心中有数。

（一）从"观相"的维度看，股市具有永恒（长期）牛市的特点

在对股市发展的历史进行考察后，我们发现一个简单又重要的情

况，这就是股市运行本身呈永恒向上的趋势，即表现为永恒牛市。

先看美国股市，在 1929 年 10 月 18 日股灾前，道琼斯工业平均指数为 2247 点，经历了近 25 年的熊市，1954 年首次突破了 1929 年的高峰，至 1987 年 8 月 25 日最高点达 2722 点，1991 年后美国股市持续上涨，至 1999 年创下历史高点 12000 余点，经过几年调整，2007 年又创下历史新高点 14000 余点。2008 年美国发生次贷危机，2009 年 2 月道指回落到 6469 点，之后 10 多年美股一路高歌猛进，至 2020 年 2 月涨至 29568 点，成就了美国股市最辉煌的岁月。

再看中国香港股市，1986 年香港联交所正式由 4 家小交易所合并前，恒生指数于 1973 年 3 月 9 日创下历史最高点 1774 点，1987 年 8 月 4 日再创历史新高 3545 点，1997 年涨至 16500 点，1998 年因东南亚金融危机的影响，由高点探低至 6545 点，至 2000 年 3 月 27 日香港恒生指数又升到了 18300 点，2009 年年初在美国次贷危机影响下回落到 10676 点，之后再次高歌猛进，2018 年 1 月涨至 33484 点。

中国股市的历史虽然较短，但同样呈长期牛市的发展趋势。1990 年 12 月 19 日上证指数为 100 点，1992 年 2 月 16 日就达到 1558 点，经过近 10 年的反复积累，2001 年 6 月 14 日上证指数创下 2264 点的新高，7 年后的 2007 年 10 月 16 日，上证指数气势如虹，一举攻下了 6124 点的历史高点。短短 20 年的时间，上证指数神话般地从 100 点上涨到 6100 多点。2008 年后中国股市进入一个大调整周期，2008 年 10 月上证指数跌到 1664 点，之后于 2015 年冲高至 5178 点后，再于 2019 年 1 月下跌至 2440 余点，后于 2019 年 4 月上涨至 3288 点。尽管长期看中国股市涨幅较小，但总体上仍然是长期上涨趋势。

所有股市之所以是永恒牛市，是因为社会生产力永恒不断地向前进步，是因为社会经济总体呈永恒向上的发展趋势，是因为上市公司总体在创造价值并使自身不断增值。永恒牛市也是股市能够长期存在和发展的基础。设想若不是永恒的牛市，而是相反，人们对股市的投资就不会增加，而会逐渐减少，股市也就会最后消亡。永恒牛市证明了股市具有长久的生命力，具有长期的投资价值。

现行的各国股市还编制成分股指数，把一些重点股票按不同分类编制在成分股指数内。每过一段时间，都会对指数进行调整，调出其中不佳公司，调入新的优秀公司。这样，所有的成分股指数更明显地具有永恒向上的长期趋势。

（二）从"观相"维度看，股市具有中长期周期牛熊涨跌波动的特点

股市在保持永恒牛市趋势的同时，又具中长期的波动性和阶段性。这种中长期的波动性由一个中长期的牛市和一个熊市构成一个相对完整的阶段周期。以中国股市为例，从1990年至今，中国股市基本经历了四个完整的中长期牛熊周期：（1）1990年12月（100点）—（中长期牛市）—1993年2月（1558点）—（中长期熊市）—1996年1月（551点）；（2）1996年1月（551点）—（中长期牛市）—2001年6月（2245点）—（中长期熊市）—2005年6月（998点）；（3）2005年6月（998点）—（中长期牛市）—2007年10月（6124点）—（中长期熊市）—2013年6月（1849点）；（4）2013年6月（1849点）—（中长期牛市）—2015年6月（5178点）—（中长期熊市）—2019年1月（2440点）。

这四个周期都具有其自身独特的特点：

（1）1990年12月至1996年1月是第一个中长期周期，其中1990

年12月至1993年2月为这个周期的牛市阶段,1993年3月至1996年1月为这个周期的熊市阶段。中国股市第一个周期的主要特点是:中国股市处于初创时期,投资方式为无序的投机,投资者结构为单一的散户结构,上证指数波动区间100—1550点。

(2)1996年1月至2005年6月是第二个中长期周期,其中1996年1月至2001年6月为这个时期的牛市阶段,2001年6月至2005年6月为这个周期的熊市阶段。中国股市第二个周期的主要特点是:这是中国股市的基本形成时期,投资方式从无序投资到有序的投机,投资者结构为庄家与散户的二元化结构。《证券法》在这个时期颁布施行,中国股市的庄家在这个周期的牛市阶段形成盈利模式,但在后来的熊市阶段以惨败告终。上证指数波动区间512—2245点。

(3)2005年6月至2013年6月是第三个周期或阶段,其中前两年半运行的是这个周期的牛市阶段,后五年半为这个周期的熊市阶段。中国股市第三个周期的主要特点是:中国股市通过股权结构改革与国际接轨,牛市的主因是国有股、法人股送股给流通股东换取流通权,熊市的主因是大股东不断减持增加了股票供给。这个时期,投资方式从有序投机转变为相对的无序投资。投资者结构出现多元化投资主体。中国股市第三个中长期周期的起点为2005年6月上证指数的998点,至2007年10月创下6124点的新高;2008年的大熊市创出最低点1664点,使998点成为历史永远的低点。

(4)2013年6月至2018年12月是中国股市的第四个中长期周期,其中前两年为中长期牛市阶段,后三年为中长期熊市阶段。中国股市第四个周期的主要特点是:前期监管政策上创新放宽,如开放融资融券等,促成了牛市的井喷行情,后期转为过度严厉的规范管理,把市场管得过死，导致股市缺乏活力，持续下跌；这个时期多层次的资本市场正在形成，国际化、规范化正在实行，但还处在忽左忽右的摇摆不定之中。这个周期上证指数在 1849—5178 点之间波动。

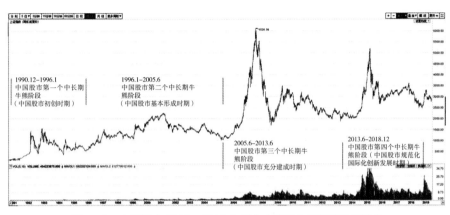

**图 7—1　中国股市 1990—2018 年四个中长期牛熊周期及其特点**

了解了中国股市经历了上述四个中长期周期，我们就对中国股市的发展历程及其阶段性特点有了一个总体的基本看法。

从现在的情况来看，从 2019 年开始，中国股市将进入第五个中长期周期，未来几年将是一个中长期的牛市阶段。这个阶段的特点是：

（1）指导思想有新变化：①中央对股市新的定位：深化金融供给侧结构性改革，金融是国家重要的核心竞争力。②金融活，经济活；金融稳，经济稳。经济兴，金融兴；经济强，金融强。③要建设一个规范、透明、开放、有活力、有韧性的资本市场。④构建风险投资、银行信贷、债券市场、股票市场等全方位、多层次金融支持服务体系。⑤证监会提出，首先，上市公司和大股东必须牢牢守住"四条底线"：不披露虚假信息；不从事内幕交易；不操纵股票价格；不损害上市公司利益。其次，要有四个敬畏：第一，敬畏市场，尊重规律，走合规的发展之路。第二，敬畏法治，遵守规则，强化诚信，契约精神。第三，敬畏专业，突出主业，自觉远离市场乱象。第四，敬畏投资者，回报投资者，积极践行股权文化。

（2）对内创新规范，如设立科创板，实行上市公司 IPO 注册制，制定更灵活的股票交易制度等；对外开放包容，如允许国外机构在中国设立由其控股的证券公司和基金公司，将 A 股纳入境外机构编制的指数等，由此把中国股市建设成为一个多层次国际化的资本市场。

（3）未来5—10年中国股市可能走出一波真正意义上的长期牛市行情，运行空间上证指数应该在2500—8000点区间。

## 二、股市的三种下跌调整形式

永恒牛市是股市的生命力所在，在永恒牛市的前提下看待股市的下跌，就得出一个结论，股市的任何一次下跌都是查尔斯·道所说的次级趋势，都是对上涨主趋势的调整。小级别的下跌是对前一波小上涨行情的调整，大级别的下跌是对前一波大级别上涨行情的调整，更大级别的下跌是对前几波上涨行情的综合调整。

股市运行的历史证明，每一波中级上涨行情的中段会出现若干中继性的小幅震荡下跌调整行情；每一波中级牛市上涨行情结束后都会相应地出现一波中级熊市下跌调整行情；每若干波中级牛市上涨行情结束后，会出现大熊市特征的中长期熊市下跌调整行情。据此可以把股市大盘的下跌调整行情分为三种：

（一）中级牛市中的上涨中继性调整

每一波中级牛市上涨行情中段出现的上涨中继性小幅下跌调整行情，表现为一波中期上涨行情的中段，大盘要进行一定时间的盘整，通过盘整消化一定的获利筹码，转换上涨板块，在重新积累新的上攻动力后大盘再次上涨。板块转换的原因是，一波中级上涨牛市行情是由所有的股票按板块形成的一小波一小波的上涨所组成的（也可以分为一线股、二线股、三线股等），一个板块上涨后一般会暂停上涨，出现一段时间的调整间歇，同时另一个板块继而上涨，各个板块的上涨、调整，由此构成一波中级上涨行情的形成、发展、转化。

（二）中级熊市调整

每一波中级牛市上涨行情结束后会相应出现一波中级熊市下跌行情，以此对前一波中级牛市上涨行情进行调整。在股市运行中，每一波中级牛市行情走完之后，大盘会转入相应的熊市，这种相应的熊市如果是对应于前一个中级牛市的话，往往出现的也是一个中级熊市的调整。如对应于 2005 年 6 月至 2007 年 10 月的中级牛市行情，2007 年 10 月至 2008 年 11 月的调整就是这种调整。中级熊市调整的时间与空间基本对应于前一个中级牛市上涨的时间与空间，可以大致进行估算。

（三）中长期熊市调整

若干波中级牛市上涨行情构成了一波中长期牛市，这种中长期牛市结束后，会出现中长期熊市特征的深度下跌调整行情。当股市经过第三轮的中级牛市上涨之后，一个完整的中长期牛市行情基本完成，与之相对应，就会出现中长期的熊市调整行情。这种熊市行情要经历一波比一波更低的若干个中级牛熊市走势，用几年的时间完成真正意义上最具杀伤力的调整。这也是我们前面说到的中长期牛市后的中长期熊市。中国股市历史上这种中长期熊市总共已出现了四次。

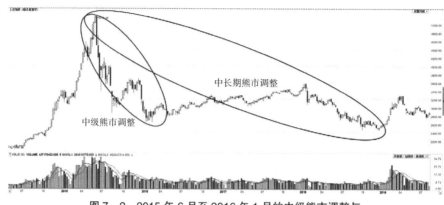

图7—2 2015年6月至2016年1月的中级熊市调整与
2015年6月至2018年12月的中长期熊市调整

同时需要指出的是，艾略特的波浪理论中关于调整普遍出现的A—
B—C三浪下跌的波浪形态规律走势适用于任何调整方式，所有的调整
基本会走出三浪下跌形态，所不同的只是小三浪、中三浪、大三浪。

对股市调整的性质有了认识，投资者对股市大盘运行心中就会有
一个提升。其一，知道股市有涨必有跌，有跌必有涨，因为股市上涨
之后一定会出现调整，而调整又不能改变永恒牛势的趋势。那种被牛
市冲昏了头脑持股不卖，或被熊市吓破了胆不敢抄底的想法都是不可取
的。其二，对调整种类的认识非常重要。中级牛市的上涨中继性调整不
改牛市趋势，要坚决做多；中级熊市对于理性随机投资者而言，需要回
避；对于长期持有的价值投资者而言，不必太在意。中长期熊市，经历
的时间长，杀伤力强，每一次都会有不同类型的投资者被严重杀伤。

关于股市大盘调整行情的跌幅，具体上不好把握，总体上有一定
的规律。纵观中国股市近30年的运行情况，一般级别的调整跌幅为
15%—30%，中度级别的调整跌幅一般为50%左右，大级别的熊市的
调整跌幅一般为70%左右。

# 第三节　"钻心"——根据经济基本面分析大盘运行

## 一、股市运行与经济基本面的正相关关系

辩证法与形而上学是两种不同的思维方法，形而上学倾向于根据事物的外部、表象分析问题，辩证法倾向于从事物的内部、根据事物的内在矛盾分析问题。如果说，前一节对大盘运行的分析运用的是形而上学的分析方法，现在则要用辩证思维的方法，从股市的内在因素方面分析大盘的运行，即钻进大盘的内心去分析大盘走势变化的原因。

股市内在四大矛盾——股票投资价值与股票买卖价格的矛盾，政府政策行为与股市市场行为的矛盾，不同类型投资者差异之间的矛盾，股市行情与投资者心态波动的矛盾。这四大矛盾的运动变化，主导着股市的运动变化。

关于股市内在四大矛盾的理论是笔者对股市分析理论的一个创见，在本书第一篇已做详细论述，这里只对宏观经济与股市运行的关系作一点分析。

很多股市研究人员有这样一种偏向，就是对宏观经济进行分析，以宏观经济的运行代替股市的运行。人们看到，在讨论未来股市的运行情况时，很多热衷于股市分析的经济学家大谈特谈宏观经济，给人们的感觉是说得头头是道，有条有理。如在 2008 年年底，他们对 2009 年中国宏观经济和股市运行的分析大部分是这样的："2009 年中国经济走势是探底性走势，即所谓的'L 型'走势，当然中国股市也是'L 型'走势了；与此同时，2009 年宏观经济走势还有一个特点，这就是前低后高，即所谓的上半年差一些，下半年好一些，所以股市也将是'上半

年跌，下半年涨'。但实际结果与经济学家们的分析正好相反，2008 年
11 月股市见大底，之后一路上涨，上证指数从 1600 多点上涨到 3400
多点，一年都保持上涨走势；上涨的时间段也与经济学家们预测的相
反，上半年大涨，在 8 月份后向下微调。2016 年经济学家们又在忙于
论证经济的'L 型底'的问题，但是，2016—2017 年经济处在所谓的'L
型底'时，股市保持向上走势"。

关于宏观经济与股市运行之间的关系，笔者有三点看法：

第一，宏观经济的好坏总体决定了股市运行的好坏，即宏观经济
与股市运行为正相关关系。如果说，20 世纪 80 年代日本没有经济的腾
飞，就不会有日本股市从 1984 年年初的 10000 点到 1989 年的 38000 多
点的猛涨，没有 1990 年后日本泡沫经济的破灭，也不会有日本股市之
后 20 年的熊市。如果说，20 世纪 90 年代后，没有美国高科技创新型
经济的发展，也不会有美国股市的持续上涨。在中国也是如此，没有
中国经济的快速发展，也不会有中国股市的牛市行情。

第二，股市的具体走势往往并不直接反映宏观经济的好坏，即宏
观经济与股市运行的关系为不完全对应的正相关关系。1996—1997 年，
中国的宏观经济情况并不乐观，但股市上涨了 200%；2001—2005 年，
中国的宏观经济情况良好，GDP 的增长是改革开放以来最好的时期，
但股市持续地悲惨下跌。2009—2018 年，中国经济的指标很不错，但
没有出现像美国、中国香港股市那样辉煌的 10 年。所以，不要简单地
把宏观经济走势等同于股市的走势。股市往往提前反映宏观经济的走
势，如宏观经济经过长期低迷后在最后的下跌期，股市提前走向牛市；
宏观经济经过长期的增长在令人振奋的最后上涨期，股市反而提前步
入熊市。

第三，股市运行往往以夸张的方式反映宏观经济的增长与衰退。在发达国家，好的年份 GDP 增长不过 4%—5%，差的年份 GDP 增长也只是 –1%—0；在中国，好的年份 GDP 增长 10%—12%，差的年份 GDP 增长 6.4%—8%，但是股市的涨跌却太夸张了，2005 年 6 月至 2007 年 10 月，上证指数上涨 600% 多，2007 年 10 月至 2008 年 11 月，上证指数又下跌 72%。2007 年股市夸张式地上涨使那些忧国忧民的经济学家在上证指数不到 3000 点时就大声疾呼，泡沫出现了，灾难要来了，建议投资者赶紧卖掉股票逃顶。结果上证指数涨到 6000 多点，喊逃顶的经济学家成了众人嘲笑的对象。

图 7—3　1993—2018 年股市走势与 GDP 增长率的对比，可看出股市走势与
GDP 增长变化方向为不完全对应的正相关关系

## 二、经济政策、股市政策、股票内在价值与股市走势

股市走势的内在原因，除了考察 GDP 的走向之外，还要考察的主要因素有政府的经济政策、政府的股市政策和股票的内在投资价值。

（一）政府的经济政策

1.政府的经济政策是扩张的还是稳健、收缩的

如 20 世纪 80 年代，政府的经济政策主要是扩张的，这是典型的放

任经济发展的扩张政策。这种经济政策的指导思想，有利于股市发展。再如 2015 年下半年至 2018 年，政府的经济政策主要是稳经济、去泡沫、去杠杆。这种政策下股市上涨是受到影响的。

2. 重点关注国家的财政政策和货币、信贷政策

在扩张的经济发展时期，一般会伴随着实行宽松的财政政策和货币、信贷政策。这时财政投资增加、建设项目投资增加、银行贷款总额增加、货币发行增多，一般来说，经济复苏繁荣，有利于股市的上涨。在实行收缩的经济政策时期，一般伴随着稳健、紧缩的财政政策和货币、信贷政策。这时财政投资减少、银行压缩贷款，这就自然不利于股市的上涨。

3. 国家利率政策是一个很重要的因素

利率是货币、信贷、居民存款走向的调节工具。刺激经济发展阶段，一般采用低利率政策，鼓励资金流向投资领域和消费领域；稳定经济发展阶段，一般采用相对偏高的利率政策，便于资金退出投资领域和消费领域，让资金回流到银行，这就不利于股市发展，而有利于债市发展。

（二）政府的股市政策

1. 在股市创新发展与规范稳定的这对矛盾中，政府希望股市发展时，往往会推出一系列创新政策

如 2014—2015 年上半年，政府推出大力发展私募基金公司、大力开展股票质押业务、大力开展对二级市场投资者的融资融券业务等，这些政策刺激产生了这一时期牛市的井喷行情。与此相反，2016—2018 年第三季度，管理层工作重点是股市规范，严厉打击二级市场操纵、上市公司造假重组等，股市被管得过严，这导致了股市缺乏活力，

也是 2018 年熊市的主要原因。

2. 关注股市政策的导向

2006—2007 年，政府为了推动股票的全流通，便于以后国有股减持，推出了非流通的国有股东向流通股东送 30% 股票的方案。凡国有股向流通股送了 30% 的股票后，该国有股就获得了上市流通权。这一政策与当时的经济高涨形势一道催生了 2007 年的特大牛市。2019 年政府为了成功设立科创板，一是在科创板试行 IPO 注册制；二是制定了科创板股票上市前 5 日没有涨跌幅限制和之后每日 20% 的涨跌幅限制的交易规则；三是批准设立了若干大型科创板投资基金。

另外，佣金的调整、交易印花税的调整、新股发行节奏的快慢，都是政府用来调节股市的一些工具。

（三）股票的内在投资价值

1. 股票价格的依托基础还是股票的内在绝对价值

比如银行股、大盘蓝筹股跌到 5—8 倍市盈率时，这一类股票基本就没有下行空间了，这也是股市底部的特征之一。再比如创业板的总体市盈率达到 70 倍以上，甚至 100 倍了，不管股市当时有多么狂热，当热劲一旦过后，高估的股票价格向价值回归的下跌是必然的。

2. 对于成长性股票的价值基础判断是一件难事

一些业绩长期增长的股票会相应走出股价长期上涨的走势，10 年涨 10—30 倍，但往往在业绩很好、市盈率还较低时，这些股票就结束了长期上涨趋势。其实，这不是其市盈率是否还低，业绩是否还好的问题，而是其是否还有持续增长能力的问题。不管其是创新驱动增长，还是传统优势增长，还是用户规模效应增长，抑或是企业垄断增长，只要将来会在增长，其股价就可能重新转入上涨通道；这类股票业绩持续增长能力一旦停止，投资者就失去了继续持有这类股票的意愿。

以上因素对股市走势影响的作用，需要辩证地而非机械地理解。比如2019年1—4月，中国的经济并未见好，但是政府的救市力度空前，2018年第四季度，中央政治局重新确定了股市对中国经济的发展作用，全新地明确了建设中国股市新的方向、目标，配套推出了一系列建设股市、刺激股市上涨的政策措施，这就导致了上证指数2019年1月从2440点至4月3288点的一波中级牛市行情出现。当时很多专家认为，不可能产生30%涨幅的牛市行情，因为中国经济并没有实际性走好，但事实再次证明机械分析论者错了。

# 第四节 "拆骨"——从股市内部结构分析大盘运行

牛市涨多了就会调整，熊市跌够了就会上涨。一波牛市行情产生后，股价越是上涨，投资风险越是大，但人们的牛市思维却越来越强烈，大盘越靠近顶部，投资者越无风险意识；一波熊市行情来临，股价越是下跌，投资风险不断释放，投资风险就会越来越小，但人们的熊市思维却越来越强烈，在股票最有投资价值的时候，投资者却都得了恐股症，巴不得远离股市而去。所以说，股市的运行会形成一种外在的强力挤压投资者的心灵，使投资者在牛市中兴奋得失去理智，在熊市中又恐惧得失去理智。要消除这种内心的压力，恢复理智，就要求投资者走进大盘内部，学会"肢解"股市，用股市大盘内部具体结构分析方法科学地分析股市运行。

我们可以从三个方面来看大盘的内在结构：

第一，通过研判各种指数的差异情况，分析大盘的运行变化。

迄今为止，指数是人们对股市运行的最佳纪录方法，通过指数的变化来看股市的变化成为投资者的习惯。为了记录整个股市的变化情况，人们编制了股市综合指数，如日本东京证券交易所的 TOPIX 指数，上海证券交易所的上证指数。与此同时，还有一些代表某一类股票或具有某一特征的指数，如日本东京证券交易所有日经指数，中国股市有沪深300 指数、上证 50 指数、创业板成分股指数、中小板成分股指数等。

由于各类指数所代表的股票种类不同，各类股票的走势也不相同，所以各类指数在同一行情中会出现走势上的差异。分析各类指数的差异，是对大盘走势内在结构研究的一种方法，从大盘各类指数变化的差异分析大盘运行，有助于我们看清大盘，把握大势。

如 2013 年，创业板指数、中小板指数走出中级牛市行情，而上证指数仍在中级熊市后期运行，直到 2014 年 8 月后上证指数才转入中级牛市行情。这就从指数中反映出了中小创板与主板走势的差异。再如2018 年 1 月，上证 50 指数高歌猛进，上证指数从 3200 余点起步，涨幅并不大，同时，中小板、创业板指数从 2017 年第三季度就开始了中级熊市的调整。

2019 年 4 月下旬开始，上证指数见到 3288 点高点后开始调整，股市总体进入小幅下跌走势，至当年 6 月，上证 50 指数跌幅最小，中小板、创业板指数跌幅最大。但是，2019 年 6 月后，中小板、创业板指数却一路上涨，创业板指数一度涨到 2293 点，从 2019 年 1月至 2020 年 3 月涨幅 88%；而上证指数则走势平平，在 3000 点下方运行。这就反映出股市结构性涨跌的明显特征。

第二，通过对个股、板块走势的结构分析，判断大盘的未来走势。

大盘是由所有的个股构成的，板块及个股权重的加权平均构成了大盘的运行，所以，离开了对个股、板块走势的结构分析，对大盘走势的分析就会空洞无力，缺少依据。

在研究大盘运行与个股走势的结构关系中，大家都能注意到这样一个重要的特点，一波中级上涨行情的起点时，大多数股票跌到位，表现出股市总体的投资价值。这时，一批绩优价值股率先上涨，带动大盘回暖；之后，另一批股票又上涨，形成牛市中板块轮涨；再之后，绩差股也受到关爱，开始补涨。在所有的股票都涨到一定程度后，牛市也就进入后期了。

与之相反，熊市开始时，第一批下跌的是绩差股与股价被过分高估的股票；之后，新一批股票加入下跌的行列，开始板块轮跌；最后，最好的价值成长股和最抗跌的主力重仓股也开始下跌。所有的股票都跌到位后，熊市才会告一段落。由此可见，股市大盘的下跌有非常明显的个股、板块走势的结构特征。

为了分析上的方便，在个股结构分类上，可以按行业板块分类，如地产板块、钢铁板块等；也可以按股票的投资价值分类，如价值投资类股票、价格投机类股票等；还可以根据上市公司的业绩分类，如绩优股、绩中股、绩差股等；再可以按企业的发展和循环周期分类，如成长型公司股票、周期循环型公司股票和衰退型公司股票。不管怎样分类，总的来说，当熊市后期几乎所有的股票特别是最抗跌的股票都下跌后，一批绩优价值股开始企稳并逐渐开始上涨时，是大盘见底将要转入牛市的特征；当牛市后期几乎所有的股票特别是垃圾股都有了可观的涨幅后，就是大盘将要见顶的特征。

1995 年以前，上海、深圳证交所上市的股票只有几百只，股票结构简单，投资者根据上市公司的业绩把股票分为一线股、二线股和三线股，每一波上涨行情在个股走势的结构上都反映为：行情初期当时的深发展 A（000001）、陆家嘴（600663）等一线股先于其他股票上涨，接着是飞亚达 A（000026）、飞乐音响（600651）等二线股上涨，行情末期则是上海石化（600688）等一批三线股上涨；每一波下跌行情的个股走势则相反。

1995 年之后，中国的上市公司不断增多，其所代表的行业趋于全面、复杂，同时中国经济与世界经济的联系日益紧密，投资理念向国外靠拢，导致个股板块结构与大盘的走势趋于复杂。2020 年中国的上市公司多达 3800 多家了，板块的分类更加复杂。

2018 年以来，中国股市进一步国际化、规范化并实行严格的退市制度，股市操作方式及板块结构涨跌出现新变化：（1）从炒主力控制的庄股转为炒大众情人股。由于主力操纵个股的违规风险越来越大，小盘庄股炒作越来越困难，大家更喜爱参与各路人马共同炒作的大众情人股，以及股价公允程度高的中大盘股。（2）从炒重组股转为投资白马绩优股。这段时间，重组股问题层出不穷，造假上市、信息披露违规股不断爆雷，而一线绩优股保持良好走势，受投资者追捧。（3）高成长性股票与垃圾股两极分化。一批高成长性股票股价总体良性上涨，100 元以上的股票数量众多；业绩衰退股面临转为 ST 股，或将退市的股票股价一跌再跌，逐渐无人问津。（4）从庄家快速炒作个股转为游资群体猛炒题材股。由于管理层对操纵市场行为打击力度加大，出现了游资群体对题材股高举高打式炒作。这种操作，违规风险较小，只要市场响应度大，游资就快速进入，兴风作浪。

第三，对大盘涨跌变化引起的股市平均市盈率变化进行分析，从而把握大盘运行的高低。

20世纪30年代本杰明·格雷厄姆在《证券分析》一书中提出基本分析方法后，市盈率成为大家公认的评判股价高低的主要指标。

2008年中国股市新股发行方式改革之前，新股一般是以20倍的市盈率定价发行，在牛市行情中新股首日上市涨幅一般能达到50%—100%，熊市行情中新股首日上市一般微涨，最差的行情阶段会直接跌破发行价。所以说，股票平均市盈率在20倍左右就是股市处于底部的特征。如1994年7月29日上证综指325点时，股票平均市盈率为15倍；1996年1月19日上证综指523点时，股票平均市盈率为19倍；2005年上证综指998点时，股票平均市盈率为18倍；2018年年底上证指数2500余点时，股票平均市盈率为16倍。

中国股市几次高点的市盈率情况是：1997年5月12日上证指数1558点时，股票平均市盈率为60倍；2001年6月14日上证指数2245点时，股票平均市盈率为65倍；2007年10月16日上证指数6124点时，股票平均市盈率为73倍。由此可见，股票平均市盈率接近15倍上下时，股市就处于相对低位；股票平均市盈率超过60倍时，大盘就处于相对高位。

2006年以来，中国神华（601088）、工商银行（601398）等一大批超级大盘股发行上市，这批权重股成长性不足，形成大盘股有向10倍市盈率上下甚至5倍市盈率靠近的趋势；2008年后改革了新股发行的市场定价机制，一大批中小板、创业板股票以50—90倍市盈率发行，又使小盘高科技股市盈率相对偏高。2010年9月，上证综指为2600点时，在上海证券交易所上市的股票平均市盈率为21倍；而深圳综指此时为 1150 点，在深圳证券交易所上市的股票平均市盈率则达到 50 倍，其中深圳成分股平均市盈率 25 倍，中小板股票平均市盈率 44 倍，创业板股票平均市盈率 107 倍。从这种新特点来看，未来中国股市传统行业的大盘股平均市盈率合理波动区间可能为 5—20 倍，小盘科技股平均市盈率合理波动区间可能为 30—60 倍。

通过上述对大盘指数波动与市盈率的相应变化的分析，使我们心中有了对股市大盘运行所包含的对股票总体估值高低的概念，这也成为我们分析大盘高低的一个参照因素。

从 2018 年的数据统计中推测中国股市出现的结构性变化：

（1）小市值股票不再稀缺，半数总市值不足 50 亿元。A 股市场中总市值不足 50 亿元的股票多达 1883 只，相对于全市场当时的 3529 只股票来说，占比已经超过一半，达到 53.36%；2015 年上证指数 5178 点时，总市值低于 50 亿元的股票仅 182 只。

（2）大市值股票分布趋于稳定，并获得市场青睐。截至 2018 年 8 月 24 日，总市值高于 500 亿的股票共有 127 只，而在一年前、两年前和三年前这一数据分别是 150 只、125 只和 122 只。大市值股票趋于稳定，其中白马股、行业龙头股获得资金青睐，正是近年 A 股市场的重要变化。

（3）随着中国新旧经济的逐渐转换，未来代表新经济发展趋势的高新科技股将具有更大可能的成长性，享有高市盈率估值；代表旧经济衰退趋势的传统行业股票可能逐渐难以受到资本青睐，市场定价肯定偏低。

（4）具有中国传统技术、传统产品、传统刚性需求的绩优股，可能一直保持较好的资本市场定价。

## 第五节 "号脉"——用技术指标分析大盘运行的 方向、力度与拐点

如果说，大盘运行的 K 线走势图是股市的外形，股市内在四大矛盾是股市的心脏，股市的内在具体结构是股市的骨骼，那么，大盘运行的技术指标就是股市运行的脉搏。

现在让我们进入传统技术分析的思维方法之中。

对大盘分析的第一个传统技术方法是所谓的"观相"。观相者，一是看大盘的 K 线走势的趋势，大盘走势是处于上升通道，还是处于下跌通道，或者是处于盘整状态；二是看大盘近期的 K 线形态，是否是三重顶，还是三重底，或者是否是圆弧顶，还是圆弧底；三是看量价关系，是否是量价配合的正常上涨，或者是量缩价跌的正常下跌。

观相在技术上的难度是：（1）要学会对大盘运行的日线、周线、月线的均线系统所代表的大盘运行方向进行识别，从技术上看出大盘是处于牛市还是熊市，是处于牛市或熊市的初期还是末期。（2）大盘运行的方向确定的情况下，这种运行是否是良性的并将继续下去。（3）大盘按自己现行的方向运行时，偏离度的大小，是否会转入次级趋势，即反弹或回调。（4）中级牛市或中级熊市运行至最后阶段大盘将要反转的一些技术信号是什么？这些信号正在如何表现？

传统技术分析方法的第二个手段是技术指标分析法，即所谓的"号脉"。

20 世纪 70 年代后，随着计算机的推广使用和金融工程学的初步出现，一批证券投资者开始用计算机编制大量的技术分析指标，用于分

析股市走势。技术指标中最有价值的指标是动能指标。"动能"是就价格变化的速度而言的，它衡量股价上升趋势是处于加速或减速中，或衡量股价下跌趋势是以较快或较慢的步调下降。动能指标走势趋势的反转还能代表股价走势趋势的反转，所以，从纯技术分析意义上来说，技术指标能让我们看到 K 线走势外表中所看不出来的股市趋势的"脉动"状况。看技术分析指标，就像是医生看过问过病人的基本情况后，还要对病人进行"号脉"，进行血压测量等。

传统的技术分析指标的介绍和运用，有很多专著可供投资者学习，这里强调的是一些应用技术分析指标分析大盘运行的要点：

第一，要建立一组适合自己分析大盘运行的技术分析指标。技术分析指标种类繁多，运用太多的指标进行大盘运行分析没有意义，仅用一两个指标分析又不全面，所以要建立一组能相互补充、相互验证的指标，才能有效地分析大盘运行。

笔者推荐使用这样一组指标：

（1）RSI 相对强弱指标（先行指标）。相对强弱指标首先由韦达在1978 年出版的《交易技术新概念》一书中提出，这个指标最大的特点是能够提前反映股价运行可能出现的头部或底部。

（2）KD 随机指标（基准指标）。随机指标是由乔治·雷恩大力倡导，在 20 世纪 80 年代非常流行的技术分析指标。随机指标最大的特点是它能最快地反映大盘变化的苗头，它在底部金叉就代表股价有上涨的苗头，它在顶部死叉就代表股价有下跌的苗头。但由于它太随机灵活了，所以它不稳定，很可能快速改变。

（3）MACD 平滑异同平均指标（确认指标）。平滑异同平均指标以吉拉·艾波为主要倡导者，是比较稳定地反映股价趋势变化的指标，因此，随机指标反映了股价趋势变化的苗头后，投资者就要关注平滑异同平均指标的变化。这个指标低位金叉反映了股价上涨趋势被确认，高位死叉则反映股价下跌趋势被确认。

第二，要抓住技术指标分析方法的要点。首先，人们使用技术指标分析股市运行，一是要分析出当前股市运行的趋势是否正常，如果是正常的，则按原趋势的方向操作；二是要发现可能出现的股市运行趋势的反转，当技术指标出现不正常的信号，则需要警惕趋势的改变，重新调整操作策略。其次，对技术指标的使用本身是一项技术。不会使用技术指标的人，当技术指标反映出股价趋势的反转特点时却看不出来；当技术指标只反映股价趋势反转的苗头并未确认这种反转时，有的人就惊慌失措，忙于改变投资策略，结果大盘仍然按原来的方向运行。最后，不能孤立地使用技术指标分析股市大盘运行，必须运用"观相、钻心、拆骨、号脉"四维式方法全方位对大盘运行进行分析，才有可能得出较为正确的分析结论。

第三，中级牛市或熊市的确认主要看月线指标，依据月线指标判断大盘处于中级牛市还是熊市；一波中级牛市或熊市中的次级走势变化主要看周线指标，依据周线指标判断中级牛市或熊市运行中是否出现调整或反弹；近期走势主要看日线指标，以此判断近期的走势是否为良性。

# 第八章　中级牛熊市周期分析

## 第一节　识别大盘运行中的中级牛熊市行情

直至现在为止，投资理论界只对股市运行的牛市与熊市有明确定义，即把持续上涨一段时间和幅度的股市行情称为牛市，把持续下跌一段时间和幅度的股市行情称为熊市。但是，目前尚没有人真正意义上准确地对中级牛、熊市有过明确定义。对中级牛熊市的明确定义是笔者在股市大盘分析理论上的一个贡献。

在长期的投资实践中，笔者认识到，股市大盘运行能持续几个月的上涨、涨幅在30%左右或者更大的行情才称得上为一个牛市。这样一个牛市产生并走完后，一般相应会出现持续几个月时间、跌幅30%左右的调整行情。笔者找出这两种大盘运行特点的行情后，把前者定义为中级牛市，后者定义为中级熊市。一个中级牛市和一个相对应的中级熊市加在一起，则称之为一个中级牛熊市周期。

在技术上为了能够确定中级牛熊市的运行，笔者在月K线图上找到了其技术识别方法。简单地说，就是当月K线图出现持续上涨、月线KD技术指标出现底部向上金叉时，大盘运行就处于中级牛市行情状态；当月K线图出现持续下跌、月线KD技术指标出现由头部向下死叉时，大盘运行就处于中级熊市行情状态。

划分并识别大盘运行的中级牛熊市行情，在投资实践中具有重要意义。首先，因为大盘上涨达不到连续几个月时间与涨幅 30% 左右，对非短线操作的投资者来说没有太大意义。其次，对一般投资者来说，大盘下跌时间只有几周，账面资产浮亏 15% 以内时，基本能够容忍；大盘下跌几个月时间，账面资产亏损达到 30% 左右时，投资者心态就会很难受，并认为这是一种必须坚决回避的熊市行情。在一波中级熊市中，会造成投资者操作上不顺利的困难，会造成投资者账面资产损失难以持续增值的困难。对于设置了预警线、止损线的公募、私募基金来说，会造成需来补充资金或面临清盘的风险。

不同类型的投资者对于中级牛熊市行情的投资操作策略是有差异的：

（1）中长线价值投资者，主张穿越牛熊，其所持有的中长线潜力股往往跨越大盘的一个中级牛熊市运行周期，其所持股票的时间更偏向整个中长期牛市阶段。

（2）重仓持有几只股票的市场主力，他们所操作的项目，在一个中级牛市阶段无法完成从建仓到出货的全过程，往往在前一个中级熊市阶段逐步建仓，在下一个中级牛市阶段实现卖出。

（3）基金之类的投资者重视每一波中级牛熊市中的低吸高抛，适当增仓或减仓。

（4）趋势投资者对大盘运行最敏感，他们基本以大盘运行的中级牛熊市的趋势为依据买卖股票。

（5）短线技术派投资者关心的主要是小级别的周线、日线级别的股票波动差价。

理性随机投资者最看重股市每一轮中级牛熊市的周期波动：

首先，理性随机投资策略强调中级牛市以满仓做多策略为主，中级熊市以少量持股或做周线级别的反弹为主。

其次，理性随机投资者操作上，重点在每一波中级牛市行情中好好地赚钱；同时尽可能回避在每一轮中级熊市产生亏损，不管遇到多大的中级熊市，要求不产生大于15%的账面亏损。理性随机投资者就是靠在一轮又一轮的中级牛市中盈利，并在一轮又一轮的中级熊市中不超过15%的账面亏损，从而实现账面资产的不断增厚。

再次，理性随机投资者在大盘分析上牛市不言顶，熊市不言底，操作以股市的实际走势为依据；在资产管理上，牛市赚钱不设上限，只以大盘本身的走势提供的机会大小为依据操作；但熊市亏损要设下限，熊市一旦形成，整个账面损失达到15%就停止操作。

# 第二节　一轮中级牛熊市周期的六个阶段

对大盘运行的分析，要具体落实在对中级牛熊市周期运行的分析上，要分析清楚一波中级牛市行情的产生、发展、衰竭，之后再分析清楚其相对应的中级熊市行情的产生、发展及衰竭。这样，投资者对股市运行就会有一个清楚的认识，就能正确地制定相应的投资策略，否则投资就会无计划、无方向，导致追涨杀跌，高买低卖。

理性随机投资最注重对中级牛市和熊市行情的研判，并在中级牛市与熊市行情时期采用完全不同的投资策略。

事物的变化与发展有两个特点：一是周期性特点，先是产生、成长、壮大，后是衰弱、消亡，即从无到有，再从有到无，由此构成了

一个运动周期；如经济运行每在 30—40 年就会走出一个周期。二是
阶段性特点，事物的发展是分阶段性的，且事物发展的每一个阶段都
有其特点。就像人的生命，从出生开始，经过幼年、童年、青年、中
年等走完生命的成长阶段，然后转为衰退阶段，经过老年、暮年，最
后死亡。一个经济周期主要有四个阶段：复苏—高涨—衰退—萧条。

股市的运行也是一样，在大的周期或在阶段性中，包含着一个个
单个的子牛熊周期。如果我们在技术上把大盘的一波中级上涨行情和
与之相对应的中级下跌行情看成一个周期，则股市的波动正好呈现出
一个接一个这样的中级牛熊周期。

在对单个的中级牛熊周期进行技术分析时，为了能指导投资操作，
我们把一个完整的中级牛熊市周期分成六个不同的阶段：后弱势阶段、
转强势阶段、强势阶段、后强势阶段、转弱势阶段、弱势阶段。股市
大盘就这样循环往复，永远在这样的中级牛熊市周期中运行。

### 一、弱势阶段

弱势阶段，大盘确认进入熊市，指数按已经形成的下降通道持续
下跌。形象地说，弱势阶段就是中级熊市的后半期，或者说是中级熊
市在经过了 B 浪反弹后的 C 大浪下跌阶段。

这一阶段的特点是：

（1）投资者心理上认为熊市已经形成，大盘最强的支撑位被击穿，
新的熊市下降通道已经形成，牛市的影子都不见了，投资者处于失望
状态，股市进入到持续的下跌阶段，不知底在何处。2018 年 7 月上证
指数跌破 2800 点后大盘就进入了弱势阶段。

（2）市场还在不断传递利空消息，这些利空消息有的足以让投资者

有理由认为大盘还会继续下跌，但这时他们对底部还是有预期的。如2018 年 8 月后，投资者认为上证指数的底部在 2600 点，跌到 2600 点大盘就会见底。

（3）股市在整个下跌过程中一批批股票轮番下跌。

（4）很多投资者在整个下跌过程中一路补仓，大部分投资者越补账户上现金资产越少。

（5）大盘跌破了当初大多数投资者认为的底部支撑位，最后的多头也开始动摇，一部分死多头也不敢发声。一般投资者账面现金基本用完了，再无力补仓。但这时最抗跌的绩优股也开始杀跌，股市好像不再有希望了。如 2018 年 9 月上证指数跌破 2600 点后，最后的多头都动摇了，股市上基本没有看多的人，投资者认为大盘会跌到 2200 点。

## 二、后弱势阶段

后弱势阶段，大盘运行见到新的低点，处于非常低迷的时期，市场的实际杀跌动力基本消耗殆尽，但股市熊市气氛浓厚，投资者心情非常沉重。形象地说，这是中级熊市 C 大浪下跌后，从中级熊市向新的中级牛市过度的底部阶段。

这一阶段的特点是：

（1）大部分投资者全部被高位套牢，短期内无法解套。

（2）部分机构投资者开始建仓，少部分套牢者开始低位"割肉"离场。

（3）股市中不少实质性问题充分暴露出来，一批前期在投资中犯了严重错误或使用了杠杆投资的机构和个人在不断爆仓，被清出市场。

（4）市场开始出现一些利好消息，但投资者对利好消息已没有兴趣，大盘也失去对利好消息的敏感性。大盘出现反弹—回落—再反弹—再回落的走势特点，底部由此逐步形成。

在这一过程中，新的做多力量逐步形成，做空力量逐步化解，坏消息还在出来，但大盘遇到坏消息已不再深跌；好消息也开始出来，但投资者心有余悸，大盘也不因此大涨。2018年9月上证指数2449点至2019年1月4日上证指数2440点时就是典型的中级熊市的后弱势阶段。

### 三、转强势阶段

转强势阶段，大盘走势不再是见底反弹的特征，而是见底反转的特征。大盘开始回暖，机构抓紧建仓，并带动散户跟进，股指在震荡中走出底部，形成新的多头上涨技术形态。形象地说，就是大盘走出第一大上涨浪的阶段。

这一阶段的特点是：

（1）大盘技术上走出了底部区域，形成新的技术性上涨走势。但一般投资者还不相信这是新的中级牛市已经开始。这时，试探性买入者居多，很多上一轮熊市被套的投资者还有很强烈的解套卖出的心理。但他们一旦卖出后，发现股价不再下跌，卖出的股票继续在上涨，于是逼迫他们对自己的熊市思维产生怀疑。

（2）一批绩优股已率先启动，领涨大盘，市场交易量逐步放大。大盘技术走势越来越好看，但人们同时也认为，新的中级牛市不可能这么简单的就来临了。这时老的套牢的投资者开始松了一口气，但新的还没有进场的投资者尚不敢入市。

（3）股市上开始有人提出新的中级牛市已经来到了，但大多数人还是表示怀疑，认为牛市来临的条件并不完全具备，建议大家保持谨慎态度，观望一段时间后再说。但正是在这种观望气氛很浓的时候，大盘成交不断放大，指数不断上涨，让投资者又想买但又害怕。

上证指数 2019 年 1 月 4 日的 2440 点至 2 月 18 日的 2751 点期间正是这种转强势阶段。

## 四、强势阶段

强势阶段，股市开始高歌猛进了，各类股票轮涨，成交量不断放大，牛市投资气氛越来越浓，新的利好消息不断出来，机构手中的持股已有了较大获利，散户也在卖出手中老股票后换成新看好的股票。形象地说，这就是新的中级牛市行情的第三与第五上升浪。

这一阶段的特点是：

（1）股市不断上涨，看好股市的投资者越来越多，大盘形成了新的中级牛市的上升通道，大盘 K 线图越来越好看。

（2）入场资金开始增多，大胆的散户也入场投资股票了。机构还在增仓，一些散户逐步卖出手中的一些股票，之后再买入新看好的股票。股市每日成交量不断放大，大盘持续良性上涨。

（3）利好消息频出，题材股活跃，大盘有时当日震荡大跌，但没几天阴线就被阳线覆盖，指数继续上涨。

（4）没有进场的新投资者被股市上涨吸引，股市开户人数不断增多。已经有股市人士开始对本轮行情给出令人乐观的分析。散户在卖出获利股票后，马上换股买入新选的认为还有上涨潜力的股票。

（5）强势阶段还有一个特点，就是市场开始还有对熊市的担心，但在几次震荡下跌后，大盘仍继续走高，使人们对熊市的担心逐步消除，最后市场逐渐一致看多。

上证指数 2019 年 2 月 21 日的 2759 点至 4 月 8 日的 3288 点期间就是这种中级牛市的强势阶段。创业板指数 2019 年 6 月的 1410 点至 2020 年 2 月的 2293 点期间也是其中级牛市的强势阶段。

### 五、后强势阶段

在后强势阶段，大盘已经走出了高点，回落至次高点上，但市场投资热情不减，一部分投资者在出货，另一批投资者仍在买入，大盘在期待再创新高的气氛中延续着活跃的交易，上涨有卖压，下跌有支撑，经过较长时间的横盘后，某一天突然转头向下突破，形成牛市结束的恐慌性卖盘。形象地说，后强势阶段就是大盘中级牛市的头部形成、构筑阶段。

这一阶段的特点是：

（1）大盘牛市状态完全被市场认同，不少新投资者正在源源不断地入市，但大盘总体不再创新高，以一种盘整蓄势的感觉展现在投资者面前。

（2）大盘技术指标严重偏高，甚至背离，技术上有明显的向下调整要求。

（3）大盘滞涨，成交量不再放大，大盘也不会下跌，或是成交量放大了大盘也不再创新高上涨。

（4）一般投资者认为股市还将上涨，牛市不会改变。投资者要么不愿卖出股票，要么卖出后会再换股。大多数机构和个人仓位都很重。但是有部分机构主力已经在出货卖出获利筹码，只是市场承接力较强，并不会引起大盘走势变坏。

甚至于这时市场出现利空消息，也没人理睬。像 2007 年 6 月后，政府已经开始出台利空政策打压股市，已经公开告诉国有企业赶紧退出股市，但股市仍然一片火热。

2019年4月中旬上证指数出现3288点高点后主板的一段走势就是这年1月开始的中级牛市的后强势阶段。

### 六、转弱势阶段

股市经过后强势阶段，做多动能基本消耗，大盘突然向下调整，原来的高位盘整一下转变成了头部形态。有杀跌卖盘出现，指数的K线跌到30日均线之下，甚至跌到60日均线之下，上涨通道被破坏，逐渐地人们开始感觉股市正在变盘。形象地说，这就是中级熊市出现的A浪下跌。

这一阶段的特点是：

（1）大盘往往快速下跌，使高位持股的投资者一下子反应不过来，之后就无法不亏钱卖出股票了；然后大盘被稳住，并不再那么可怕了，但股市已失去了上攻动能。

（2）经过一波反弹后，股市逐渐进入阴跌阶段，市场的热情减退，但大多数人并不对股市失望，还在反复操作，低吸高抛。

（3）股市根本就不会出现投资者期待的反弹，反弹只会在股价远离投资者成本，在投资者不忍心"割肉"斩仓的幅度内出现。失望的投资者这时才明白，股市的钱不是那么好赚的。股市进入冷却期。

股市的每一波中级行情从开始到结束，总是在重复着弱势—后弱势—转强势—强势—后强势—转弱势这样一种循环。这种循环每一次都有新题材、新故事，都有让人们意想不到的一些情况，但是基本的规律总是一样的。

与股市行情的循环往复一样，大部分投资者也在每一波中级行情中经历着股市各个阶段带来的兴奋与煎熬。他们在大盘弱势阶段低位卖出手中被套的股票，在大盘转强势阶段则因胆小而空仓观望，在大盘强势阶段初期开始小仓位买入股票赚一些小钱，在大盘强势阶段后半期和后强势阶段满仓操作，最后在大盘转弱势阶段全面被套。就这样年复一年，大多数投资者操作上总是在中级牛市的中后期高买，在中级熊市的中后期低卖，牛市小赚，熊市大赔。

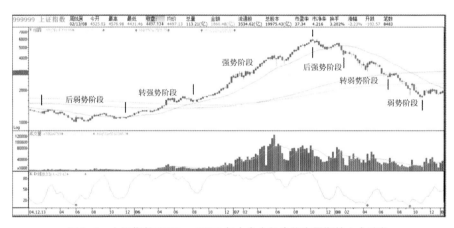

图 8-1　上证指数 2006—2008 年大盘中级牛熊市周期的六个阶段

注：每一个中级牛熊周期都可分为六个阶段。股市中最基本的趋势分析是正确地对中级牛熊周期的分析，并利用一个中级牛熊周期的变化进行趋势操作。

# 第九章 行业分析的主要因素

## 第一节 寻找好股票要先行业后公司

### 一、行业的性质与发展阶段

社会经济不断发展，科技发展不断向前，决定了行业发展的此起彼伏，由此行业发展的性质也不同。例如，20 世纪 30—40 年代，汽车出现并开始被逐步推广，这个阶段汽车、石油行业就是新兴发展行业，而到了现在它们则转化成了周期性行业。20 世纪 80—90 年代信息技术开始成熟并逐步被推广，当时 IT 行业成为新兴行业，而现在经济发展到了互联网时代，IT 行业成为周期性行业，互联网、智能手机成为新兴行业。以前航海行业属于新兴行业，现在航天行业取而代之成为新兴行业。

新兴行业分为不同的发展阶段：初期发展阶段、迅速扩张阶段、发展成熟阶段。2000 年前后互联网行业初步兴起，2010 年之后互联网行业进入广泛运用的发展阶段，而人工智能行业目前属于初期发展阶段。

评价新兴行业发展阶段主要有三种方法：一个是技术成熟度，当技术未成熟时期，一般处于初期发展阶段；当技术基本成熟时期，处于较快发展阶段。另一个是市场渗透程度，当少数人在使用消费某些新技术产品时，处于初期发展阶段；当较多人开始使用消费某些新技术产品时，处于较快发展阶段。第三个是看行业竞争程度，新兴科技行业发展初期，一般同类企业很多，稳定发展时期，则大批企业已经消失，行业内逐步形成少数龙头企业。

有时一个行业总体上属于周期性行业，但是由于科技的新发展，由于人们生活方式的新变化，传统行业会出现一些新形式的公司，如快递公司、携程旅游网、滴滴打车等。

有的周期性行业，如汽车行业、家电行业，随着科技进步，这些行业出现了升级换代的趋势，汽车出现了新能源和自动驾驶的升级版，家电出现了智能升级版。

选股票先选行业，这主要是股票投资要随时代而行，要把握住时代的经济浪潮，只有新兴行业发展成长最快，只有成熟行业中升级换代的公司业绩增长最稳定。衰退行业总的来说越来越没有未来。

## 二、对行业的分类及定价

如果对行业进行分类，则可以把所有行业主要分为三大类型：成长性行业、周期性行业、衰退性行业。

（一）成长性行业

成长性行业是指在当代经济发展阶段中，属于新兴的代表生产力发展方向，具有科技发展新水平，能满足人类新的消费需求，能改变人们生活方式，提升人们生活水平的行业。

就当前而言，代表新经济的新兴行业主要有互联网、人工智能、共享经济、大数据、生物制药、环境保护、新材料、航天及深海探测、新能源、高端制造、新型服务业、高科技通讯等。

成长性行业的公司稳定性差，投资风险相对偏高，这类公司要获得较稳定的成长性，一般来说要十多年甚至更长时间的打磨。投资成长性行业的公司，关键是要发现最有核心技术、有创新能力、有市场竞争力、有市场发展潜力，形成了技术、产品、市场等优势的公司。

成长性行业的评价：行业增长是需求推动还是供给推动？行业的推广程度（多少人在运用）如何？技术成熟度如何？

成长性公司在被市场认可后，一般来说，定价会高一点，但股价波动性大，在公司经营出现困难、业绩下降时，股价下跌幅度也大。对于有核心技术、成长性好的公司，股价大幅下跌往往是较佳的买入时点。

同样都属于科技成长性行业的公司，各公司的差别是非常大的，投资者需要认真辨别。

（二）周期性行业

周期性行业是指经过成长性发展阶段后，行业的发展与需求进入了平稳阶段，行业在社会经济发展中仍起重要作用，但技术运用、创新价值、市场开发潜力已经基本实现。周期性行业的特点是行业平稳，其中的若干公司经过大浪淘沙形成了生产、经营规模，有了自己的市场领地。

现在主要的周期性行业有银行、保险、汽车、房地产、一般制造、家电、一般电子仪器和医药、食品等。

周期性行业公司的状态一般比较稳定，但业绩会随两大情况而变化：一是跟随经济周期变化发生相应的周期性波动，二是总是重复地从周期低谷转向高峰、再从高峰回到低谷波动。

周期性行业也会出现成长性公司，如因为产品升级换代的新能源汽车、智能家电、环保建材等，因为运用了新技术，出现了对产品的新要求，其中一些公司获得了新的发展机会和新的成长空间。

（三）衰退性行业

随着时代、科技的发展和人们生活方式的改变，一些行业会逐步被新的行业取代，在生产、生活中消失。比如收音机、录音机，照相用的胶卷；很多工作岗位也消失不见了，如修剪刀、磨菜刀的。

衰退性行业主要有服装制造业、低端机械制造业、低端化工行业、造纸业等。

把行业分为三大类型，对投资者来说具有非常重要的意义：第一，买股票是买上市公司的未来，优秀的成长性公司一定主要产生在成长性行业之中，所以投资一定要在成长性行业中发现好公司；第二，股市对不同行业的公司给予的市场定价往往是不同的，对于成长性行业的公司和衰退性行业的公司，尽管是一样的市盈率，但其股票的价格高低之别可以相差很大。投资者心中一般要建立不同类型行业的股票定价的大体标准。

# 第二节　行业的优劣与风险

## 一、如何评价一个行业的优劣

评价一个行业的优劣，需要从行业优势与风险两个维度进行分析。行业优势主要是看行业发展潜力和行业在产业链上的议价能力，行业风险主要是看行业内部竞争与外部替代情况，以及行业有无"护城河"。

（一）行业发展潜力

一个好的成长性行业，重要的是有着很好的发展潜力，比如说有广阔的市场需求，有深度发掘的运用前景。比如说移动互联行业，随着打车、外卖、微信、快递等各种需求被开发，发展前景越来越广阔。因此，与移动互联有关的通讯设备公司、手机生产厂家、软件企业都迅速发展。而一些需求和市场已饱和的行业，就属于没有发展潜力的行业。

在研究行业发展潜力时，要关注行业的发展驱动力。如果是产品需求驱动，其发展前景可以根据现有需求情况测算；如果是产品供给驱动，则要看这种产品对新需求的扩散能力。

（二）行业在产业链上的议价能力

各行各业都分别生存于自己的产业链之中，并具体处于某一产业链的某个位置，或为产业链的上游、中游、下游。处于不同的产业链位置，以及其在产业链上的优势，是评判行业好坏的重要标准。

一个好的行业，对其上游行业有定价权，对其下游行业也有定价权，这种行业就具有生存发展优势。

比如中国的钢铁企业，其上游铁矿石基本被澳大利亚、巴西几大巨头控制，这就是其对上游行业没有定价权。如果是酿酒行业，其上游是粮食生产行业，即一个充分竞争的行业，它对上游行业就具有一定的议价能力。

一个行业生产的产品要卖给下游行业，如果自己有核心技术，能生产别人生产不出来的产品，或有一定的垄断性优势，产品在下游行业的需求大，那它对下游行业就具有很好的议价能力。如果是行业产品市场销售供过于求的，情况就相反。

（三）行业内部竞争与外部替代情况

首先，其内部竞争是否残酷。无技术门槛形成内部激烈竞争的，如餐馆饮食行业；因毛利率很高对资本吸引力极大引起内部激烈竞争的，如互联网行业；行业技术门槛很高，一时难以形成内部激烈竞争的，如生物制药、芯片行业。

其次，外部行业是否会取代原有行业。新产品出现把老产品逐渐替代了，如智能手机替代传统手机、数码相机代替胶片相机，还比如网约送餐部分代替方便面等快餐食品。

（四）行业有无"护城河"

所谓"护城河"，是指行业的一些门槛造成新资本不易进入：（1）具有品牌、专利等无形资产；（2）具有商业模式的规模效益；（3）对用户有黏性，老用户转换离开的成本很高；（4）具有产品生产成本优势；（5）行业利润率并不太高使新进者很难赚钱。

笔者对"护城河"的理解，主要是优势与门槛，如技术优势、市场优势、生产成本优势、经营方式优势、产品独特性优势等，再如专利门槛、营业特许门槛、资质门槛、地理位置门槛、生产条件特殊性门槛等。


## 二、行业的五种风险

行业风险主要来自五个方面：

第一，国家政治风险（包括经济、政策、政治）：一方面看是否是稳定的国家，如在非洲等一些政治治理相对落后的国家，政治因素的风险较大；另一方面看行业对国家政策的依赖程度，如一些严重依赖政府补贴的行业，一旦政府取消对其补贴，风险就来了，如太阳能行业。

第二，行业本身存在的风险：高科技新兴行业风险较大，传统成熟行业风险小。

第三，公司或股票风险：这是最主要的风险，在投资总体风险中占比最大。投资者在对公司做过了定性定量分析后，公司在实际经营管理过程中可能发生的不确定性仍然是存在风险的。如电影行业的公司走了几个好的导演或聘用的几个知名演员出了问题，对公司的影响极大。

第四，金融风险、股票市场风险：这是一种系统性风险。其本身有周期性、趋势性，有一定的规律可循，主要有汇率、利息变化、信贷从紧、去杠杆等金融风险、股市运行走势系统风险。如房地产行业，一般需要大比例的贷款支持，一旦国家的信贷政策发生变化，利率政策发生变化，对公司的影响就会很大。

第五，分析师进行分析的误差风险：要相信没有确保完全正确的分析师和研究报告，对研报结论不能全盘相信，保持20%的怀疑。

# 第十章　评估与选股新思路

## 第一节　评选好股票的新思路

### 一、建立"五好股票"的选股思路

什么是好股票？从理性随机投资的角度看，主要是指五个方面都好的股票：好行业中的好企业、好的利润增长、好价格、好主力、好技术走势。

作为一个股票投资者，不可能每买一只股票都要去企业调查一次，最经济实用的办法就是从下面五个方面对股票做一个基本概要式的框架分析。

第一，从公司基本资料中看公司概况、核心题材、主营业务构成等，目的是看明白这家公司属于什么行业，生产什么产品，靠什么赚钱。对其行业及其在行业中的地位、优势进行定性分析，从中发现好公司。代表新兴成长行业的公司、行业龙头公司、技术密集型公司、稳定行业中形成竞争优势的公司，市场对它们的定价一般会高估一些；而衰退行业的公司、充分竞争行业的公司、劳动力密集型公司，市场一般对其定价会低一些。

第二，选公司必须对其作基本财务分析，看其几年来财务情况是否稳定增长，当年的、本季度的财务是否增长，下季度的财务预告如何，以及其每股收益、上年静态市盈率和当季动态市盈率。细看财务报表：（1）看利润增长是否来自主营收入，增长是否有可持续性。（2）看毛利率、净利润率。毛利率低表明公司赚的是辛苦钱，毛利率高表明公司赚的是有附加值效益的钱；净利润增长率高，则反映公司利润在扣除销售成本、科研投入等费用后仍有较高利润。（3）阅读其主要财务数据，如净资产及净资产收益率、负债及负债比例、营业收入与营业支出的关系、毛利率及其变动趋势、每股现金流。（4）看几个可能存在问题的关键数据，如商誉、应收账款、存货，这些地方是否存在计提跌价减值损失的可能。

第三，根据公司的行业性质、公司在行业中的产业链地位、公司的盈利能力和业绩成长性，我们就可以对公司的股票价格给出一个大致的合理定价判断。同时，将其现行价格与合理定价作比较，从而得出现行股价是被高估、正常，还是被低估。选股最重要的标准是找到好行业中的好公司，并且其股价又被严重低估。

第四，看股东情况，包括大股东的情况、股东类型、流通股东新进出情况、股东人数增减。看公司股东需要一定的知识和技术：其一，看大股东情况，不同性质的大股东代表的资产性质差别很大，国有资产、个体资产是有差别的；认真想办好公司的股东与只想借公司上市圈钱的股东是有很大差别的。其二，看流通股东及其人数增减，从十大流通股东名单上要看出该公司股票是否是带有控盘性质的行动一致的人在操作，或是众多机构主力大众情人式地一致看好其公司发展，或是压根儿就没有主力机构看好该股。其三，从股东人数变化中看出股票是处于主力机构的筹码收集阶段，还是筹码扩散阶段。其四，还要看出是早先入驻的老主力机构在这只股票中运作，还是新近进入的主力机构在这只股票中运作。其五，通过股东性质及人数变化与股价走势的关系，看出这只股票主力操作的个性特点。

第五，看股价走势图，看股价走势是上升趋势还是下降趋势，处于上升或下降趋势中的哪个阶段；与大盘走势比较，看其与大盘走势的关系；分析股价走势是良性还是非良性。对股价走势K线图研究较深的投资者，还能从K线图中看出流通股的集中程度、主力操作意图、K线走势是否存在不正常的病态形态。

把上述五方面的情况都看清楚了，就能基本断定一只股票是否是五好股票。现实中，五个方面都非常好的股票是比较少的，选股时我们尽可能选出五好股票，达不到五好标准，则尽可能选出四好或是三好股票。

在此列出的好股票应具备的五个条件，核心主要是两条：业绩持续增长，股价相对偏低。

第一，业绩具有持续的增长性。所有做股票分析的人分析不出这个问题，就是在混日子，能够分析出公司的业绩增长情况，在市场上终究不会吃亏。比如，2019年年初新能源好公司的定价有点偏高，环保类的好公司定价也有点偏高，但是，如果公司具有长期的成长性，那么买入者套住只是暂时的。

第二，发现定价相对偏低的股票。股票估值过高、定价过高，价格被前一阶段入驻的主力机构阶段性地开发了，后期买入者是有一定风险的。水平高的投资者能够发现具有长期成长性、现在定价偏低的股票，选择这样的股票，就是大盘相对偏弱，这种股票也不容易让投资者赔钱。2019年下半年，大部分优秀科技股定价偏低，到2020年第一季度，这类股票就涨势良好了。

## 二、对好公司的五点考量

公司基本面分析的资料，可以从行业研报、公司年报、公司研报、公司资讯等众多渠道获得，我们关键是要建立一套行之有效的公司基本面分析方法。在此，主要介绍的是笔者在长期投资实践中形成的对好公司的五点考量："前有照，后有靠，左青龙，右白虎，无煞气"。

（一）前有照

公司所处的行业属于新兴发展行业，而不是周期性、衰退型行业。公司的主体业务是未来有很大发展空间的业务，而不是传统型、衰退型没有多大发展空间的业务，如 20 年前生产电脑 PC 机的公司是发展前景很好的企业，而进入移动互联时代，PC 机生产公司转为了传统企业，生产智能手机的公司成为具有很大发展前景的新兴发展型企业。

（二）后有靠

在考量上市公司优劣时，要考量这个上市公司的背景，比如股东背景，是否是有强大实力的股东？是否有集团产业为支撑背景的股东？公司经营是否有政府的政策支持？资金实力、核心技术、特许优势？

（三）左青龙

公司是否有一个好的管理团队，一种先进的管理理念，一套成熟的管理方法？

（四）右白虎

公司是否处于有利的发展机遇期，是否遇到好的发展风口？比如，环保公司在 20 年前重发展、轻环保的形势下，业务虽好但机遇不够，现在则业务发展机会大增。

（五）无煞气

在分析公司基本面时，也要重点分析公司的"煞气"，即各种风险。

# 第二节　股票投资价值分析

### 一、绝对价值——现金回报、公司重置成本、收回投资成本时限

关于股票绝对价值的概念，教科书中的说法很多，总的来说，绝对价值是投资股票最底层的价值，就好像是产品的卖出价格低于或等于该产品的生产成本价格。使用绝对价值标准选股票，坚定看好股价没有泡沫的股票，是一种正确安全的投资方法。

在投资实践中，笔者最常用的判断股票绝对价值的标准主要有三条：

第一，股票的股息分红率是否达到一年期定期贷款利率的水平。也就是说，我们持有某只股票，它的股息分红率能与银行一年期贷款利率相当，即5%—6%左右的话，就绝对值得买入、持有。我们不用去管股价是否还会下跌，持有这样的股票，只当是把自己的钱贷款给了别人，股价上涨赚股价上涨的盈利，不涨则坐收股息。用这一标准看2012年11月、2018年12月的很多银行股、大盘蓝筹股，都很有投资价值。

第二，上市公司总资产作价后是否与它的总市值基本相等，或是每股有效净资产是否与每股价格相等。也就是说，重新再建一家同样的公司，所用的资金是否与现在的公司总市值差不多。如果能用重建一家同类公司的价格买入一家上市公司的股票，即用公司重置成本的

价格买入质地较好的上市公司股票，这就相当于自己成立了一家公司，还不用干活，还有别人替你无偿管理，何乐而不为呢？用这一标准看2018年12月的白马股、矿产资源股，都很有投资价值。

第三，市盈率15倍以下，甚至在10倍以下，公司年业绩增长20%以上的优质上市公司。按投资常识来说，10—15年内能收回全部投资成本的公司一般是值得投资的公司。2018年第四季度，经过3年多的熊市，A股中有不少成长性很好的上市公司达到了这个选股标准。

买入满足以上三条标准的具有绝对价值的公司股票，投资最安全。

每一次中长期熊市的后期，如2005年6月上证指数1100点时、2014年5月上证指数2000点时、2018年12月上证指数2440点时，都有大量符合上述三条绝对价值标准的股票出现。大批具有绝对投资价值股票的出现，是中长期熊市对股市泡沫挤压的结果，是大熊市以来众多投资者用血淋淋的赔钱代价换来的结果，来之不易。理性的投资者都应学会真正地用"绝对价值"的标准选股，择机投资。

用绝对价值标准选股投资，一是要有定力和耐力，因为买入这种具有绝对投资价值的股票也可能暂时被套，投资者要有中长期投资的思想准备。二是不能借钱，或是用短期资金参与这种投资。三是在用绝对价值标准选股的同时，既要考虑到一只股票的基础价值，又要考虑其成长性，二者兼顾。

## 二、相对价值——公司发展前景好、动态市盈率低、股票比价偏低

2013—2014年的前三季度，上证指数涨跌变化不大，但中小板、

创业板指数涨幅很大，A 股结构性上涨特点明显。2019 年的行情，白马股涨幅很大，而 ST 股、问题股跌幅空前，股票结构性涨跌上天入地，贵州茅台（600519）涨至每股 1000 元以上，很多 ST 股、将要退市股跌到 1 元面值之下。2020 年 5 月更是如此，贵州茅台涨至 1300 多元一股，每天几十只 ST 股成批连续跌停。这就是相对价值标准主导行情发展的表现。

笔者对股票相对价值是这样理解的：公司发展前景乐观、上市公司成长性好、公司具有扩张能力、股价与同类股票比相对偏低等，都属于相对价值的范畴。

在某段时间相对价值之所以会主导市场和投资者的选股偏好，是因为下列原因：

其一，中国正处在经济转型和经济结构调整时期。一方面，经过 40 年高速发展，出现了一批产能过剩行业，如水泥、钢铁、汽车、服装行业；同时，一批低端制造业由于工资、房租等生产成本上升，企业利润下降。另一方面，由于时代进步，科技发展，出现一批新兴行业，如移动互联、人工智能、大数据、生物医药等行业发展迅速；同时由于环保意识增强、富裕人群增加、人口老龄化问题出现，环保行业、医药保健行业、文化旅游行业发展加速。这一切导致了行业发展此起彼伏，相对变化越来越大。

这其中，一批新兴行业公司在行业结构变化中越来越具有相对价值，正在引领时代潮流，其产品正在被更多消费者使用，如现在人们离不开智能手机，因为我们的生活已离不开微信了，离不开手机支付了，离不开高德地图了，离不开网上购物了。有些产品成为一种时尚，有些科技正在改变人们的生活方式。这些公司资产规模也从小市值公司逐渐变成大市值公司。

其二，公司业绩增长是相对价值的重要指标。用相对价值标准选股，重要的是看动态市盈率，公司业绩增长得快，动态市盈率就能由高降低。起先，股价上涨，这类股票市盈率很高；接着，每股收益增长了，动态市盈率又降下来了。之后，股价不断上涨的过程都伴随着公司业绩的增长，使公司动态市盈率总能保持在一个合理的水平上。如 2019 年首批上市的科创板股票，新股发行时市盈率 50 多倍，上市首日股价上涨后市盈率为 150 倍左右，但 2019 年年报和 2020 年一季报公布后，由于业绩增长，其中很多公司股票市盈率降为 50—70 倍了。

其三，相对投资价值往往是比较出来的。主要表现为，情况大致相同的同类公司，股价偏低的通常相对价值高一些；同样的股价，那些质地好、业绩增长快一些的公司其相对价值高一些。在比较中，投资者不断寻找价值洼地。

用相对价值标准选股，有三点需要提醒投资者：

第一，不要见到高市盈率股票乱涨后，就忘记市盈率标准。市盈率是相对价值的标准之一，但必须与公司的利润来源结合起来考察，如有的公司业绩是一段时间里大量的广告宣传得来的，像以前的秦池酒在央视做广告，这种利润增长不可持续；有的公司的发展前景是被市场一时炒作的概念炒热的，如共享单车、共享汽车。所以，要谨防小盘股跟风上涨的市盈率很高的假发展前景良好的概念炒作。

第二，本身位于好行业、好概念甚至好产品的公司，但业绩上不去，没有业绩支持，甚至将来也很难产生好业绩的公司，不是真正有相对价值的公司。如一些航天航空类高科技公司，产品不能转化为民用，市场占有率很低，公司业绩不能长期支撑其高股价。

第三，在牛市后期股价高涨的阶段，投资者很容易忘记正常的市盈率标准，把市盈率当成了市梦率，追涨垃圾股、概念股。

2016 年以来，股市里很多股票持续下跌，一些没有核心技术、产品没有市场需求的公司业绩下降，最后失去投资价值，或被退市，或股价大跌。

## 三、价值成长——公司业绩长期增长、自由现金流、收益递增正反馈循环

新型价值成长企业是未来投资的重要方向。随着科技不断发展、产业调整，经济周期的更新，一批以前的新兴行业变为周期性或衰退性行业，同时，也新兴起了一批代表未来生产力发展方向的新行业和好企业，我们要在新兴行业中发掘具有独特优势的、有发展前景的、有核心技术的、具有长期成长性的股票。

重点投资这类股票的具体理由如下：

第一，现在我国正处于新旧经济转换、经济升级换代的历史时期，新经济的新兴成长行业代表未来产业发展方向，这里面产生牛股的机会最多。

第二，未来随着中国股市的规范化、国际化，价值投资理念不断深入，"价值 + 成长"将成为投资主题，我们要把"优质资产 + 适度成长"的公司股票作为优选投资标的，还要重视新兴行业，如互联网、人工智能、大数据、生物医药等行业，把相关公司作为重点关注的投资标的。

第三，由于中国经济结构性调整导致行业的起伏变化，股票 IPO 注册制和严格的退市制度，使未来现有上市公司中业绩下降的一般性公

司数量增多、问题股被退市成为常态，越来越多的投资者会从衰退行业、绩差公司中退出，更多地关注和进入新兴行业及价值成长股领域。

对于投资新兴行业、科创公司应放开思路，解放思想，谨慎参与。因为科技进步日新月异，一批新兴科技行业被社会广泛接受，如互联网及相关公司，世界各国在这个领域你追我赶。有些行业则暂时还没有达成共识，如数字虚拟货币、互联网金融，对于此类情况，保持一种开放心态也很有必要。有些行业有新兴行业的特点，但核心技术不明确，容易一哄而起，来去匆匆，如共享单车、共享充电宝，对其投资失败者不少。

新型价值成长股的市盈率通常偏高，为了防范风险，投资者在选股时可考虑以下因素：一是要选择有内在价值基础的公司，如企业已投入了大量资金研发且形成了自己的产品科技优势、项目数据库优势、产业链布局优势等；二是经营业绩增长的趋势已经确定，企业基本度过了科研烧钱期，开始进入业绩增长期；三是已经占领了行业高地，形成了核心竞争优势，成为行业龙头企业。

在这里，介绍三种评价价值成长股的方法：

（一）美国著名价值成长股投资家菲利普·费雪的选股原则

价值成长股投资先驱费雪先生有一段名言。费雪认为："虽然一只股票的本益比偏低可能很有吸引力，但低本益比本身不能保证什么，反而是个警讯，指出一家公司有它的弱点存在。决定一只股票价格便宜或昂贵的真正要素，不是它的价格相对于当年盈余的比率，而是价格相对于未来数年的盈余的比率。"费雪的这一思想把人们从重视静态市盈率的常规思维引入了重视动态市盈率的新境界。

费雪在《怎样选择成长股》一书中提出了 15 点选股原则：

（1）这家公司的产品或服务有没有充分的市场潜力，至少几年内营业额能大幅成长？

（2）公司管理层是不是决心继续开发新的产品或工艺成为公司新的增长点，以进一步提高总体销售水平？

（3）和这家公司的规模相比，其研发工作有多大成果？

（4）这家公司有没有高人一等的销售团队？

（5）这家公司的利润率高不高？

（6）这家公司做了哪些维持或改善公司利润率的举措？

（7）这家公司的劳资和人事关系是不是很好？

（8）这家公司的高级主管关系很好吗？

（9）公司管理层是否有足够的领导才能和深度？

（10）这家公司的成本分析和会计记录做得如何？

（11）这家公司是不是在大多数领域都有自己的独到之处？

（12）这家公司有没有短期或长期的盈余展望？

（13）在可以预见的未来，这家公司是否会大量增发股票？

（14）公司管理层是不是只向投资人报喜不报忧？

（15）这家公司管理阶层的诚信正直态度是否毋庸置疑？

（二）自由现金流

在 1999 年的亚马逊公司致股东信里，CEO 杰夫·贝佐斯写到一件好玩的事。当时亚马逊公司成立四年，上市两年，他被邀请去斯坦福大学参加一个活动。提问环节，一位女生问了贝佐斯一个很棒的问题，她说："我有 100 股亚马逊公司的股票，所以我拥有的到底是什么东西？"这个问题之所以很棒，是因为它背后隐藏了一个非常本质的问题：一个公司的股票背后，代表的价值到底是什么？

这个问题的答案众说纷纭，其中最主流的一种说法是：一个公司股票背后本质的价值，是它能产生的自由现金流。请注意，不是现金流，也不是利润，而是自由现金流。这种说法的重要支持者有巴菲特，还有亚马逊公司创始人贝佐斯。

从投资的终极目的，也就是获得回报出发，巴菲特的"价值投资"理论认为：当我们投资一家公司的时候，本质上购买的是它未来的赚钱能力。所以"价值投资"里的核心理念就是，一家公司此刻的价值，应该等于它未来能够产生的所有的现金流的价值。这里面提到的现金流，就是自由现金流。

亚马逊公司 CEO 贝佐斯对自由现金流也非常重视。在 1997 年，亚马逊公司历史上第一封致年度股东信里，贝佐斯开宗明义就说："如果非要让我们在公司财务报表的美观和自由现金流之间选择的话，我们认为公司最核心的关注点应该是自由现金流。"之后在长达 20 个年度的股东信里，贝佐斯不下几十次地反复强调过，公司最重要的财务指标，就是每股带来的自由现金流。

什么是自由现金流？

1."自由现金流"和利润有什么不同

一个简单的理解方法是，利润只是自由现金流的组成部分之一，但还不全面。因为利润指的是某一个时间段，比如一年里一家公司通过经营活动能够获取的额外的价值。但是自由现金流还考虑了另外一件事，就是你为了维持或者不断增加公司的利润，所需要投入的额外的钱。也就是说，你要从利润里刨去维持利润要投入的额外的钱，剩下的才是自由现金流。

比如开了一家餐厅，开起来之后，可能经营得不错，一年收入了

50万元，减去食材、租金、人员工资一类的支出，每年盈利10万元。但是，如果你想维持这10万元的利润，甚至下一年挣20万元，你可能就要更换设备、翻新装修、在后厨准备更多的存货，可能还要预付各种供应商的钱，这些都是要额外投入资金的。所以最终从表面上看，每年的利润是正的，但实际上投入的钱很长时间都收不回来。

再举一个简单的例子。假设你现在发明了一台机器，可以快速地把人运送到想去的目的地。这台机器有点贵，造价1.6亿元，一年可以运送10万人，寿命可以用4年。假设运送一次的票价是1000元，包括人工、燃料等这些成本是500元。现在我们来看看这个生意是否值得做：

再假设你这台机器非常受欢迎，年年爆满。所以第一年你的收入是：1000元/人×10万人=1亿元；你的成本是：500元/人×10万人=5000万元。

由于这台机器寿命是4年，所以在财务上的处理是，相当于每年花了1.6亿元÷4=4000万元的成本。

所以，你的每年摊销费用为4000万元。

这一年下来，你的净利润就是1亿元–5000万元–4000万元=1000万元。听起来好像是个不错的生意，净利润有10%了。

如果你非常看重利润，那么这时候最理性的决定就是——再多造几台机器，给公司多赚些钱——这个逻辑应该没问题吧。

于是你决定从下一年开始，分别多造1台、2台和4台机器，最大化你的利润。这时候你已经知道，每台机器每年都能带来1000万元的利润，所以第二年你的利润是2000万元，第三年你的利润是4000万元，第四年你的利润就是8000万元。

按照这份成绩单，你作为 CEO 可能就要功成名就、走上人生巅峰、被《财富》杂志评为类似于"世界最有潜力 CEO"的称号了。毕竟第一年你就给公司赚了 1000 万元，而且后面三年，每年的利润都翻倍。就是苹果和亚马逊也做不到啊。

但实际上，这是个好生意吗？

我们再来从自由现金流的角度看看你的公司。刚才我们说过，自由现金流不只包括你每年挣的钱，还要考虑到为了维持或者增加公司的利润，所需要投入的额外的钱。

比如拿第一年举例，这一年你公司的自由现金流的算法应该是：

你实实在在的现金收入 1 亿元，减去成本 5000 万元，再减去制造机器的 1.6 亿元，最后等于 –1.1 亿元。第二年和第三四年的算法也是类似的，计算的结果是，后面三年的自由现金流分别是 –6000 万元、–1.2 亿元和 –2.4 亿元。第二年的计算方法类似：收入变成了 2 亿元，减去成本 1 亿元，再减去新制造机器的投资成本 1.6 亿元——这一年的自由现金流是 –6000 万元。同样，第三四年计算下来，结果分别是 –1.2 亿元和 –2.4 亿元。

这时候我们就发现了一个神奇的现象：如果整体地看这四年你公司的发展，公司一共创造了 1.5 亿元的利润，表现很好，但是自由现金流却是 –5.3 亿元。

你会发现，你的这个公司投资越多自由现金流也就越差，也就是说需要更多的钱来维持公司的运转，但这些钱是永远赚不回来的。换句话说，做这个生意的最好方式就是，你永远保持公司只有一台机器，永远不扩张。这样起码每年还能赚个 1000 万元。所以本质上，如果你想打造一个可以不断长大、不断扩张的公司，你根本不应该进入这个行业。这时候你就明白了，为什么说利润无法真实反映一个公司是否盈利，以及是否有发展潜力。如果用一句话来概括就是：一个企业长期自由现金流的状况，才决定了它本质上值不值得投资。

2. 充足"自由现金流"的优势

有充足的自由现金流为什么很好呢？自由现金流就是公司可以"自由"支配的钱。你可以把这笔钱用在很多地方，比如：多做营销和广告，让公司的品牌升值；投资在新业务和新科技上，防止小公司把你给颠覆了；把资金花费在营运资本上，例如零售企业购买更多存货，为未来的业务扩张做准备；给员工更好的培训和福利，留住你的人才；把资金花在资本性支出上，扩大再生产，提升企业的长期增长能力。

用富余的资金去投资或者收购其他企业，从长期看，这些都是增强企业竞争力的好方法。贝佐斯反复强调：如果你总盯着利润，尤其是像华尔街一样盯着短期的业绩，很多时候反而会作出伤害公司长期利益的事情。

亚马逊就是一家非常不重视利润的公司，从 1997—2015 年，亚马逊的市值涨了接近 600 倍，但是，这些年亚马逊的利润几乎就没涨过。亚马逊之所以这么做，本质上就是因为，很多时候公司利润和股东价值、公司价值是相抵触的。所以，亚马逊在提高自己的自由现金流上作出了很多努力，比如提高自己库存的周转速度。因为库存一旦积压，对现金的回流和运转是特别不利的。

（三）收益递增正反馈循环

收益递增正反馈循环理论是美国当代著名经济学家布莱恩·阿瑟在他的著作《复杂经济学》一书中提出来的，这是笔者近期研究价值成长公司相关理论时，认为具有当代现实意义的一种理论。

阿瑟首先抓取了当代经济运行现实的两大特点：

1. 在真实的经济系统中，"均衡"并不是常态，非均衡才是常态

在经济系统中有着大量的互动，市场中的每个人都在不断适应变动的市场形势，整个市场也因此不断迭代和进化。传统经济学把经济运行看成是物理学运动，复杂经济学则认为经济系统的变化和调整更像是不断进化的生物系统。他说"经济学更像生物学而不是物理学"，因为物理学的体系始终保持不变，而生物则是在不断进化的。

历史上曾经有过很多这样的例子。阿瑟就提到了人类的交通工具，从马车转变到汽车的这一段历史。在人们还乘马车出行的时候，当时的交通运输业里有很多和马车相关的企业。比如马车车厢制造商、马具制造商、铁匠铺和马的繁殖场等，这些企业之间相互联系紧密，一起构成了一个和"马车"相关的一整套"生态系统"。但当汽车出现之后，这一套生态系统就都失效了，取而代之的是另一套新的生态系统，在这个生态系统里的各个企业都围绕着"汽车"而诞生。比如它们可能有专攻内燃机技术的企业、专攻石油勘探和精炼技术的企业，还有专攻自动化技术的企业等。从马车到汽车，它既是技术的进步，也是经济体系的进化。"经济无时无刻不在重新构建自身。"

2. 传统的经济学理论建构的是一个充满了确定性的理想世界

在传统经济学中，每个人只要按照标准的演绎推理和标准的均衡分析，就能找到最好的决策。阿瑟的复杂经济学则描绘了一个充满不确定性的世界。在这个世界里，有大量的创新在不断涌现，大量的偶然性事件发生，每个人都要对这个世界充满开放心态，接受这个世界的变动和改变，适应这些变化，调整自己的行为。"当今世界，唯一确定的就是不确定性"，很多看起来微不足道的因素，却可以在全球范

围内对经济产生重大的影响，造成巨大的不确定性。复杂经济学的理论敏锐地注意到了这一点，它不只强调经济系统的风险，更强调经济的"不确定性"。

因此，在现实经济运行的生物进化和不确定性状态下，阿瑟提出了收益递增正反馈循环理论，以此衡量公司是否处于良性成长状态。

在传统经济学理论中，有一个"边际效用递减"的规律。比如，农民在土地里撒了100公斤化肥之后，发现农作物的收成大大提高了，可是如果继续增加施肥的量，产量的增加可能就不会有那么多了。

而收益递增正反馈循环却是，一家公司发明了一种全新的技术，当这项新技术被越来越多的客户采用，这项新技术也会变得越来越好用。比如，互联网产品的用户基数越大，积累的用户行为数据就越多，对用户行为的理解和分析也就会越精确。有了这些经验，关于这项创新的改进也就越多，技术当然就越好用。而它越好用，就会吸引越来越多的新用户。总之，这会形成一种正向的循环，这就是所谓的"正反馈"。一旦这种正反馈形成，边际效用递减的规律就不存在了。

复杂经济学所关心的，是一种与传统的经济学理论形成鲜明对比的"收益递增"经济学。强调收益递增，除了可以让我们更加重视创新对经济的推动作用之外，还能给我们带来一些难以想象的新观点。比如，我们在市场竞争中可能会发现，市场中互相竞争的企业，有的企业成功，而另外一些则失败。为什么会出现这样的情况呢？其实，这很大程度上是由于各种偶然因素的影响。比如，我们现在所使用的标准键盘，它最早源于打字机键盘。在它的布局里，第一行的英文字母是以QWERT的顺序排列的。这种键盘的设计里故意暗藏着很多"缺陷"。比如在英文里，元音字母AEIOU是最经常出现的字母。如果这些字母在打字机上靠在一起，打字的时候手指就不需要移动位置，打字肯定会更快。但是对传统打字机而言，它们靠在一起反而是不利的。因为连续的敲击可能会造成打字机连动杆之间的挤压，造成键盘故障。为了避免出现故障，AEIOU 得分散开。这样到后来，才有了我们今天使用的标准键盘。当然，这个缺陷也有人发现了。曾经有一位名叫德沃夏克的美国人改进了这个缺陷，发明了一种打字速度更快的键盘。到目前为止，世界上最快的英文打字速度，就是在这种德沃夏克键盘上创造的。但是，标准键盘从打字机时代就已经诞生，大家都觉得只有这种经典的布局才是打字效率最高的。所以，到了计算机时代，就算德沃夏克键盘曾经还获得了苹果公司等厂商的推荐，也没能撼动业界根深蒂固的传统。在这个例子里，我们可以看到，创新反而带来了失败。为什么会这样呢？这其实是因为，虽然"收益递增"发挥了关键的作用，但发挥收益递增作用的，并不是创新本身，居然仅仅只是因为时间，标准键盘诞生得更早！诞生得更早，于是就有了更多的用户，这些用户也就更不愿意作出改变，这同样是一个正反馈。

一旦进入了这种正反馈，在竞争中处在落后地位的竞争者不管怎样降价、补贴可能都没有办法拉到新的客户。因为领先者可能会成为行业中的标准，在竞争中越来越领先，而落后者则在竞争中越来越落后。这种现象给我们带来了两个重要的启示：首先，要想在市场中脱颖而出，创新当然重要，但创新并不是最本质的因素。真正的关键在于，我们能不能尽快让企业的发展进入收益递增的正反馈循环。只有这样，我们才能真正拉开和其他竞争者之间的差距。也正是因为有了收益递增现象带来的正反馈，新技术才能取代旧技术；小而美的创新型企业才能取代发展缓慢的大企业；新兴产业才能取代那些夕阳产业；

新兴国家的某些技术，才能超越发达国家。正反馈为经济系统提供了一种源源不断的动力，让经济体系可以大破大立，不断打破原有的结构，建立新的结构。

在复杂经济学的视角里，与传统的"边际效用递减"现象不同，"收益递增"的正反馈现象才是我们应该关注的焦点，只有让企业的发展进入收益递增的正反馈循环，我们才能真正拉开和其他竞争者之间的差距。收益递增现象不但可以描述经济系统在创新驱动下的快速迭代，也可以解释市场上的各种不确定性，它特别适合于我们当前的时代。

# 第十一章　理性随机投资操作

## 第一节　股票投资操作原则

### 一、大盘趋势与价值成长

（一）大盘趋势优先原则

股票投资者准备真实地买卖股票时，第一个要考虑的问题就是，在什么时候买卖股票？买卖什么股票？这就引出了股票投资操作的第一个原则——大盘趋势＋价值成长。

在股票投资中，人们习惯把大盘趋势与价值成长分开来看待。一种投资方式称为趋势投资，即只赚大盘上涨趋势的钱，并把盈利多少与大盘涨幅对应比较。趋势投资者主要是以大盘波动的趋势为依据进行投资操作，大盘在牛市时买入或持有股票，大盘在熊市时卖出或持有现金。另有一种投资方式称为价值投资，即主要以个股的投资价值为依据，寻找价格低于价值的股票，买入和持有长期价值成长型个股。这种投资方式讲究的是穿越大盘牛熊的长期持股。

在笔者看来，这种把大盘趋势与价值成长人为分开的观点及投资方式有片面性，特别不适合中国股市的特点，也不适应一般投资者的资金性质。笔者认为，对于一般投资者而言，在任何时间进行股票投资，都应该把大盘趋势与价值成长结合起来考察，并坚持大盘趋势优先原则。比如说，人们普遍认为投资大师巴菲特是一个不管股市大盘趋势波动，只注重个股投资价值考察的价值投资者，但实际上，巴菲特从 20 世纪 60 年代开始股票投资以来，在 1968—1974 年的美股大熊市时期大量减持过手中的股票，在 2000 年后几年间的美股熊市时期，也大量减持过手中的股票。2000 年道琼斯指数达到 12000 点时，巴菲特在减持手中股票的同时还说道，"舞会已经散了，但还有很多人仍在跳舞"。2020 年 5 月 2 日巴菲特在股东大会上坦陈，由于第一季度美股大跌，其公司亏损 497 亿美元，并"割肉"卖出全部航空股，使公司账上现金达 1370 亿美元，暂不准备进场抄底。

作为价值投资者巴菲特是个股价值成长优先，同时注重股市趋势的中长期牛熊波动周期。

大盘趋势优先的主要理由有：

第一，从股市运行总的规律看，股市运行呈牛熊周期性转换的特点。牛市时期，基本经济面情况向好，各种利多消息不断扩散传播，股民的市场信心不断高涨，几乎大部分股票价格都是不断上涨的。牛市为投资者大概率赚钱提供了最重要的条件。

股票价格的上涨逐步使股市产生泡沫，之后股市又将进入熊市阶段。熊市时期，基本经济面情况向坏，各种利空消息到处传播，股民的市场信心不断受挫，绝大部分股票价格不断下跌。熊市使大多数投资者基本处于不断赔钱的状态。

根据这一规律，笔者清楚地看到，自中国在 20 世纪 90 年代有了股市以来，长期在股市中不停地操作的股民，一般是牛市赚点钱，熊市又赔回去，长期以来并不能真正赚钱。只有那种牛市进场，熊市离场，懂得休息的投资者，才能真正赚钱，锁定盈利，积累财富。

第二，中国股市大盘每次中级波动的幅度都非常大，必须重视并加以利用。比如，1990 年 12 月至 1993 年 2 月的中级牛市，上证指数从 100 点上涨至 1558 点，上涨 15.5 倍；1993 年 2 月至 1994 年 7 月的中级熊市，上证指数从 1558 点下跌至 325 点，跌幅为 79%。又如，2005 年 6 月至 2007 年 10 月的中级牛市，上证指数从 998 点上涨至 6124 点，上涨幅度达 600% 多；2007 年 10 月至 2008 年 11 月的中级熊市，上证指数从 6124 点下跌至 1664 点，下跌幅度达 72.8%。再如，2018 年 1 月上证指数为 3288 点，至 2019 年 1 月下跌至 2440 点，跌幅为 25%。在中国股市如此大幅度的大盘牛熊趋势波动下，如果不考虑大盘趋势波动的因素，只考虑个股投资价值的因素，就无法享受中级牛市带来的股价上涨的丰厚利润，也无法逃脱中级熊市股价下跌带来的亏损厄运。

第三，股市大盘波动的趋势反映了绝大部分股票的涨跌情况。比如，上证指数从 2001 年 6 月的 2264 点跌到 2005 年 6 月的 998 点，绝大部分股票的价格下跌了 55% 左右，当时上海股市的 500 多只股票中只有波导股份（600130）、厦新电子（600057）和金融街（000402）三只股票是逆势上涨的。在 2008 年的大熊市中，几乎所有的股票都大幅下跌。在中国股市，大盘趋势对投资者的影响是第一位的。所以说，"覆巢之下，安有完卵"，做股票必须以大盘趋势为依据买卖股票。

第四，股市每一次中级牛市之后，都会转入一次中级熊市调整，再步入新一轮的牛市。后一轮牛市与前一轮牛市相比，板块、热点、题材都会发生变化，如果在股市牛熊转换之时，投资者进退有序，就能顺势把握热点，转换板块，调整持仓结构。很多投资者总是在上一轮牛市顶部被套，一直持有上一轮行情的热门股票，等待在下一轮牛市解套，结果下一轮牛市的热点板块转换了，上一轮牛市买入的热门股票成了蜗牛股。

投资者要关注大盘趋势，明确大盘趋势是牛市、熊市，还是平衡市，根据大盘趋势相应调整投资策略。

（1）大盘牛市时，股价不断上涨，下一个底部总是高于上一个底部，下一个顶部也总是高于上一个顶部。牛市中主要的投资策略就是买入、持有。底部区域要重仓持有股票，顶部区域要适当控制仓位。在牛市时期，每一次调整都是买入股票的有利时机。

（2）大盘熊市时，股价不断下跌，下一个底部总是低于上一个底部，下一个顶部也总是低于上一个顶部。熊市确立初期，要大幅度地减仓，熊市运行中期基本保持空仓或轻仓，适度做点反弹操作。熊市运行后期试探性逐步建仓。整个熊市阶段，会出现2—3次反弹，每一次都是短线操作的有利时机，更是减仓的有利时机。

（3）在平衡市，大盘以相对的窄幅波动形式的横盘为主，虽然波动幅度不大，但个股相对活跃。这时的投资策略主要是适度参与，买入股票后，有适当盈利就卖出，如果持股被小幅套住也不怕，解套机会很多。

（二）坚持优选价值成长股

我们再来考察一下价值成长股的问题。

在选股方法方面，投资者也分为两大类型：按股票价值估值标准选股型和按股票题材、股价技术走势选股型。

按股票价值估值标准选股型的投资者侧重于依据股票价值估值理论，选股时总是根据上市公司所处的行业、业绩对股票的价格给出一个估值，以此判别股价的高低，并最终确定是否买入、卖出或持有的投资决定。目前国内大多数基金经理以及一批从专业学校毕业懂一些投资理论的投资者大多是这种类型。他们在谈论股票时，张口闭口是这只股票我给出多少元的估值，我可以以多少比例配置这类资产。

那些从 20 世纪 90 年代一直重仓炒作个股的机构和现在的一些私募基金经理，他们偏重于按上市公司背后的题材或股价技术走势进行选股操作。在他们的潜意识中，认为上市公司是一个可以任其打扮的小姑娘，找到了重组题材、炒作依据，他们就敢于重仓持股，炒作一把。他们还认为炒股就是一种操纵筹码的游戏，股价走势的 K 线图是可以由其随意描画的：假设一只股票大部分筹码在高位套牢，他们就能在底部以少量资金进行反弹操作；假设一只股票的筹码被市场主力收集得差不多了，股价就有可能被大幅拉高。

对于以上两类投资者，笔者的观点是，机械的股票价值估值理论是不可取的。投资者不能脱离大盘运行方向和阶段孤立地谈论股票价值估值问题，也不能脱离产业发展情况和企业内在特质谈论股票的估值问题，更不能脱离个股运行的技术情况来谈论股票的估值问题。空洞地谈论股票估值问题，估值方法就变得一钱不值。按此方法投资，失败的概率太大。如 2010 年下半年至 2011 年第一季度，银行股市盈率最低，技术走势呈底部形态，很多保守的投资者按市盈率低的标准买入持有这类股票，但半年多时间不断被套，难以赚钱。与此同时，单纯地按股价的技术走势、市场热点进行投资问题也很大。如 2010 年第三季度后很多中小盘股高调上涨，到 2011 年时很多平庸行业的小盘股发行的市盈率都到 100 多倍了，这时如果把基本面抛在脑后，还在看技术、听故事，结果会惨不忍睹。

关于价值成长问题，笔者的看法是，股票投资首先是一种以股票的投资价值或基本面情况为基础的投资交易的博弈游戏，必须以股票的价值成长情况作为投资依据。一般来说，投资者头脑中要有一个基础的估值概念，即股票的一般性价格标准。

其次，在基本价值估值基础上，选股要考虑上市公司的价值成长问题。同样是中国股市的上市公司，因为其所处行业的不同、流通盘或总股本大小的不同、公司本身特质的不同，其股票市场价格的定价也不相同，即不同质的股票是不同价的。买股票就是买上市公司的未来，这就是股票的相对的价值标准。

上市公司业绩的长期成长，是股价长期上涨的基础保证。股票定价中最具核心意义的、最具长远意义的因素是股票价值的长期成长性。价值成长一词是大家耳熟能详的词汇，但真正学会选择价值成长公司，坚持价值投资是要不断学习、不断锤炼的。

第一，价值成长型公司的核心是未来发展前景很好，其行业或产品具有广阔的市场前景，代表未来消费主流；公司掌握了某方面的核心技术，在所在行业具有领先优势。比如说，20 世纪 90 年代初的深发展 A（000001）、万科 A（000002）等，90 年代后期的中兴通讯（000063）、格力电器（000651）等，2000 年以后的爱尔眼科（300015）、恒瑞医药（600276）、海天味业（603288）等上市公司，都是通过长期的业绩增长，保持了股价的长期上涨，这些公司在市场经济的大潮中不断茁壮成长，做大做强，成为我国近 30 年来新兴行业中的龙头企业。而中国股市诞生以来，像深原野 A（000005）、真空电子（600602）、黑龙股份（600187）等一批上市公司则因业绩衰退、经营不善，早已灰飞烟灭，被重组消失。

第二，价值成长型公司上市后的总市值扩张性较好，首次上市时所发行的流通股及总股本规模不一定很大，但经过以后的数次送股、增发，股本规模逐步变大，与此同时，公司业绩也随之增长，每股收益依然保持较高水平。

第三，价值成长型公司的经营业绩能持续保持长期较高水平增长，从而使其股价也能保持相应地上涨。从短期看，价值成长型公司的股价也随大盘上下波动，但从长期看，股价总体上是一浪高于一浪，呈长期上涨的大趋势。投资者长期持有这类股票不会被套，短期波段操作这类股票，收益也会大于操作其他类型的股票。从中长期看，投资价值成长性股票的风险非常小。

关于按价值成长标准投资股票的技术和心理问题，是一个重要的值得长期反复研究的问题。下列几方面的情况值得关注：

第一，不要被暂时的个股市场定价乱象迷惑了眼睛，要相信市场终归对股票具有合理的定价和价格修正能力。因投资者情绪、因大盘处于高低不同的区域、因主力刻意炒作产生的对股票的错误定价，一段时期之后，市场会自行修正。2018 年以来，随着中国股市的国际化、规范化程度提高，股市的市场定价机制作用力越来越强，一批价值成长股，股价不断攀上新高，一批垃圾股股价持续下跌，甚至跌成仙股，最后退市。

第二，截至 2020 年上半年，中国股市 3800 多只股票，群星璀璨，令投资者眼花缭乱，只有有了市场定力和坚定不移的正确的投资选股理念，才能紧紧咬住价值成长性股不放松。按价值成长理念投资，说起来容易，实际做起来较难。因为在现实投资中，每天都有股票出现诱人的上涨，这些上涨的股票也都有诱人的上涨理由，这让一些投资者像飞蛾扑火般地追逐各种上涨股票，最后忘了最基本的投资理念。所以，要贯彻执行价值成长的投资理念，必须要有一份坚持，一份抵挡市场诱惑的定力。

第三，贯彻价值成长投资理念，选择投资价值成长型股票，还有很强的技术要求。有没有锐利的眼光识别具有成长价值的股票，技术上能否看出是否有主力介入、主力介入得有多深，都是投资者需要解决的问题。笔者的看法是，寻找价值成长型股票，要多从行业及企业特点入手，要紧紧抓住小盘新兴成长股、大盘白马绩优股、行业龙头股这三大类股票。

## 二、技术分析、投资操作与心态

（一）投资股票离不开技术分析和操作技术

把握了投资中的大盘趋势与股票的价值成长因素之后，再要讨论的就是股票走势技术分析和操作问题。

打一个比喻，投资者如果把握住了大盘趋势，就等于盖房子选对了并打扎实了地基，地基牢固了，房子总体就好盖了。如果把地基打在烂泥地上，就等于投资者在熊市中大量买入持有股票，盈利的概率会很小；如果把地基打在坚实的土地上，并在藏风聚气的好地方，就等于投资者在牛市中买入持有股票，盈利就有了好的基础。把握住价值成长的问题，则可视为建造房子的框架，框架结实，房子能盖得高，盖得牢固。如果用的是钢架结构的框架，就等于选出了价值成长股，可以盖出摩天大楼；如果用的是木质结构的框架，就等于选到了中性股，也能盖出耐用的别墅或平房，供人享用；如果用的是朽木做框架，那就等于买到了垃圾股，盖出的房子也就摇摇欲坠。

　　技术分析与操作技术在投资中的作用也是很大的。技术分析犹如房屋设计，门朝哪个方向开，窗子开多大。门开的方位不好，就等于投资者总在高位买入股票，尽管是买了好股票，但成本偏高，买后还要被套一段时间，这是不好受的事情。窗户开得偏大或偏小，就等于投资者仓位把握不到位，尽管买了好股票，但买的仓位很小，赚不到多少钱。有时选到的是中性股票，仓位偏偏又很重，也赚不到多少钱。操作技术则有点像建筑工人的手艺，明明地基打得好，房屋框架也好，门窗设计又合适，但建筑工人手艺不佳，墙砌得不平，门缝做得很大，就等于投资者买卖股票，卖完了股票还在涨，买入后股票还会跌，尽管自己知道，不用太担心亏损，但操作得疙疙瘩瘩，让自己感觉很不爽。

　　在一次给高端投资者授课时，笔者讲到，波浪理论是一个从未投资过股票的退休的铁路公司的会计艾略特先生创立的，图形分析方法是一个只活了36岁也没有投资经验的年轻人沙贝夫先生创立的，周期理论的创立者江恩说用他的方法能精确地计算出股价在某日涨或跌到某个价位，但他的操作方法中最重要的原则却是止损，说明他自己也不相信这种精确的计算。所以，我们不能把技术分析当作看家本领来使用，否则会吃大亏。但是，笔者又认为，股价运行是有其自身的规律的，技术分析与操作技术是投资者要重视的一项专业技能，技术分析理论中有很多值得学习的地方，不能弃之不理，操作技术更是投资水平的一种表现，好的技术操作能使你顺畅地进行股票投资，让你心情舒畅地持续盈利。

　　对股市走势和个股走势的技术分析是一种定量分析，投资者要学会用涨跌浪型、指数及股价波动幅度估测方法、均线分析方法、技术指标等工具，客观看待大盘走势和个股股价波动情况。同时在操作方面，等待寻找买点与卖点，都要有技术依据。

（二）投资的心态分析与心态控制

检察院的检察官要成功地审讯一个犯罪嫌疑人，首先要对他的心态进行分析，突破犯罪嫌疑人的心理防线，审讯基本就能成功。运动竞技场上，运动员要战胜对手，关键也是要通过各种手段压制对手，使对手的心态急躁、失去自信，自己获胜的可能就大。股票投资也是如此，对主力而言，想在股市获利，最高境界不是要控制股价或控制筹码，而是要控制散户心态；对散户而言，最高境界不是要跟庄、听消息，而是要顺势而为，控制好自己的心态。

投资者的心态对投资的成败影响巨大，其原因：一是股市大盘波动幅度夸大了股票价值的变动幅度，投资者心态反作用于股市，更进一步夸大了股价的波动幅度，从而再反作用于投资者心态，使投资者心态问题特别突出；二是股市的运行与投资者正常的心态变化呈相反关系，股市越跌风险越小时，投资者心态越是悲观越感到不安全，股市越涨风险越大时，投资者则越是兴奋越感到安全。

投资者心态不好，投资操作就不断出问题；心态控制得越好，投资成功的概率会大幅上升。

第一，牛市中股价上涨，投资者的一般心态是，股价涨一点就卖，但股价却越卖越涨；在熊市初期，投资者小套能忍，但像是温水煮青蛙，不知不觉中被越套越深，使投资者不能忍受而在底部卖出。要克服这一问题，要求投资者总体上要反自然心态操作。牛市趋势确定后，在牛市运行过程中，不要太敏感，要坚决做多，到了多次反复震荡后大盘都跌不下去，自己都已经不再害怕大盘头部高位时，再考虑逐步减仓出局。熊市趋势确立后，初期不要怕赔本斩仓，坚决止损离场；中期很想抢反弹时，不要轻易抢反弹；后期技术指标背离，绝大部分人已不敢抢反弹了，自己才能逐步建仓，准备开始运作新一轮牛市行情。

第二，熊市初期有股票被套了，一般投资者会越跌越补仓，到了熊市中途，不知不觉中已经补满了仓，股价却还在下跌，让投资者心神不宁，痛不欲生。克服这一问题的办法是，反自己的心态操作，当出现急于补仓心态时，不但不补仓，反而坚决卖出手中已有的股票；熊市初期手中强势股反弹或小涨时，出现惜售或想等其解套再卖出的心态时，则要果断卖出。

第三，投资者在选股时，一般会选出一两只自己认为较好的股票，但当你只想买其中的一只时，你会再选出其中认为会涨得更快或更安全的那只，但结果往往事与愿违，买入的这只不涨反跌，而未实际买入的那只股票却往往涨得很好。克服这一问题的办法是，当选出想买的两只股票时，坚决买入你认为不安全的那只股票，而不去买那只你认为安全的股票。

第四，当股票涨得让你很想买入时，往往一买入便会跌；当熊市下跌了一段后再下跌，出现非常恐慌很想斩仓的心态时，一卖出股价就会涨，这使一大批投资者成为真正的"高买低卖"的能手。对此，要反过来操作，要在股价涨得最让你心动想买入时，卖出这种股票；而在股价下跌，跌得你很想卖出时，反过来买入这种股票。这样才能反心态操作，真正做到"低买高卖"。

第五，大盘强势上涨，投资者群情激奋，股市长期下跌，大众群体悲观，这都会极大地引起个人投资者的共鸣，个体与群体共同追涨杀跌，一般不会有好结果。所以，要想在股市上盈利，需要反众人心态而为之，投资者一定要独立思考，心态从容，在关键时期要镇定，不能被市场气氛所控制而不能自控。在牛市顶部区域，市场很热，总想全仓杀入，总想卖出一只股票后，马上又买进另一只股票，这时，理性的做法是有计划地控制仓位，逐步实行减仓策略，熊市底部区域则相反。心态不好时，可离开市场，不要盲目追涨杀跌，不要急于操作。

# 第二节　理性随机地保持稳健式投资管理

## 一、"稳健式"投资管理的指导思路

稳健式投资管理是笔者经过三十年投资实践总结建立的一种适用于中、小专业投资者的投资管理方式。建立这样一种投资管理方式是因为：

（1）非专业的散户投资者最大的缺陷是，操作踏不准大盘运行节奏。牛市初期不敢入市，或小量参与，牛市中、后期才敢放心入市，牛市顶部不知减仓操作，而是不停地不能自控地满仓短线操作；熊市初期不但不减仓，可能还不断逢低补仓，直至满仓，一直套到熊市后期；熊市后期或牛市初期，斩仓出局，或小心翼翼地小仓位操作；周而复始，总处在上述怪圈之中不可自拔。散户投资者的另一个毛病是没有价值标准，随波逐流，盲目投机，持股质量低下。稳健式投资管理就是要克服散户的毛病，超越非专业投资者，达到专业投资者的水平。

（2）作为成熟的专业投资者必须有自己独特的投资管理方式，如基金公司根据经济基本面情况，以价值发掘为由头，以投资组合为资产结构，高抛低吸，作为其投资管理方式；保险资金、社保基金注重大盘低迷时买入持有低估的价值股，等待市场高涨时卖出；重仓持有单只股票者偏重的是项目运作，适当利用大盘机会，运用技巧，重仓买入股票，拉高股价后卖给散户。稳健式投资管理方式就是要以大盘中期波动为周期，以寻找长期价值成长型潜力股和中期强势股为目标，通过大波段操作在市场获利。

稳健式投资管理的运作特点与经营目标具体如下：

（1）笔者把稳健式投资管理视为私募基金或个人自有资金投资方式的一种，是与证券公司的自营投资管理、基金公司的基金投资管理以及社保基金的投资管理有着重大区别的一种投资管理方式。证券公司将自营投资业务定性为风险业务（其经纪业务定性为无风险业务），投资管理的基本目标为在控制风险、控制投资规模总量的前提下保值增值，资产的战略布局要求长、中、短期投资兼顾，另兼有配合公司开展其他业务需要的特性，追求投资收益的最优化。基金投资管理的基本目标也称之为保值增值，但基金经理的操作目标实际上是跑赢大盘，跑赢同行，以至有些基金经理喜欢追涨杀跌，熊市虽赔钱但仍以净值跌幅小于大盘跌幅为荣。社保基金的投资管理特点是长期投资，享受以经济增长为基础的股市上涨的成果，如 2006 年 10 月以 3.12 元大量申购工商银行（601398），2007 年第四季度后在 6.5 元上方逐步卖出。2015 年下半年低位买入大盘蓝筹股，2018 年 1 月高位卖出。与上述投资不同，稳健式投资管理的特性是以私募基金或个人自有资金为主体，以大盘中级行情为周期，进行大波段操作；牛市跑赢大盘，熊市不赔本（少量做反弹）为目标；精选高品质价值成长股或业绩阶段性高增长股，一轮牛熊周期后，做到赚多赔少，或只赚不赔，不断锁定盈利，做大本金。

（2）稳健式投资管理的经营目标：第一，不论遇到多大的熊市，保证基本不损失投资的本金，即永远保证本金的相对完好无损，熊市期间采用灵活多变的游击战术，没机会就观望，有机会则做反弹，在总体不赔钱的前提下，只争取在每年一波的中级牛市行情中有较好的收益；第二，不采取任何违法违规的手段和方法获取盈利，合法合规地进行投资操作；第三，牛市时期充分运作，以阵地战、运动战为主，游击战为辅，追逐龙头股、强势股，中线持有有潜力的价值成长股、绩优股，跑赢大盘，赚足牛市。

（3）稳健式投资管理的基本出发点是：大盘的趋势决定投资的输赢，选股水平的高低决定赚多赚少，强调稳定盈利。牛市是赚钱之源，采用进攻策略；熊市是赔钱之源，采用保守策略。

笔者历经了中国股市的四个大的中长期牛熊周期和众多的中级牛熊周期，再清楚不过地感受到，每一次熊市都有一大批投资者被股市吞没，熊市赚钱绝对是小概率的事情。识别熊市、回避熊市是投资者在股市长存的生存之道。而每一次熊市过后，都会出现新一轮牛市。当新一轮牛市来临之际，才是股市为投资者带来财富的时机。

## 二、稳健式投资管理的操作策略与选股思路

（一）跟随大盘中级牛熊市周期波动的操作策略

笔者不主张不管大盘波动长期捂股的投资策略，也反对用主体仓位跟随市场短期波动的高抛低吸的投机操作，而是坚持主体仓位跟随大盘中级牛熊市周期波动进行操作策略。大盘中期波动的规律告诉我们，中级牛市行情上涨幅度一般会有30%—50%，中级熊市行情下跌

幅度一般在 30% 左右。主体仓位跟随大盘中期牛熊市周期波动，是防止投资亏损和保持投资收益最大化的有效方法。

坚持跟随大盘中期波动操作策略在市场分析方面要做到：（1）技术上能够确认中级牛市的顶部拐点和中期熊市的底部拐点，对这类拐点要建立一套行之有效的基本分析方法和技术指标定量分析方法。（2）对大盘波动区间进行"风险／收益"划分。

坚持跟随大盘中级牛熊市周期波动操作策略要做到：

（1）把大盘运行的一个中级上涨牛市和相应的一个中级调整熊市作为一次大盘运行的周期，这个周期运行分为六个阶段：牛市初期—牛市中期—牛市后期—熊市初期—熊市中期—熊市后期；与之相应，要有相应的投资操作策略。

（2）具体来说，这种投资操作策略是：牛市阶段基本重仓操作，敢赢敢追，不能小赚就卖，好股票要涨透才卖，长、中线品种要在整个牛市期间持有；战术上以阵地战（持有长、中期价值成长股）、运动战（适时持有并更换周期热门股）为主，游击战（短线操作活跃波动股）为辅；主动出击，追强弃弱，把强势股作为操作对象，不与弱势股纠缠；另注重价值潜力股，分配一定量的资金在这类股票之中。

与此相反，熊市阶段强调轻仓操作，绝不盲动。熊市初期坚决空仓少仓，耐心等待大盘下跌至重要支撑位才开始有所动作，绝不能有急于赚钱的想法；注意不能层层抄底，不断被套。熊市中大多数股票处于下跌状态，做到不进入价值区间不买入，不出现明显的技术买入信号不买入。

（二）抱守价值成长的投资理念

中国股市自建立以来的 30 年历史，告诉我们一个颠扑不破的真理，即投资必须抱守价值成长理念。如 1990—1999 年，深发展 A（000001）等价值成长股长期上涨；2001—2005 年，金融街（000402）、厦新电子（600057）等价值成长股逆势上涨；2009 年以来，贵州茅台（600519）、五粮液（000858）等一大批价值成长股加速上涨。

抱守价值成长投资理念要有精品意识：

（1）中长期投资只买入中国最优秀的最具潜力的上市公司股票，并且在这类股票具有投资价值、业绩提升、股本能由小多次转增送配、处于行业最好的成长周期时买入并持有。

（2）中期买入或持有市盈率、市净率低于市场平均水平（价值低估类）、公司业绩阶段性快速提升、市场表现强于大盘并有题材配合的强势热门股票。

（3）从基本面看，已无适当的有投资价值的股票可买时，停止买入或不再勉强买入持有不合适的股票。

（4）坚持不买入或不持有业绩亏损的"问题"股票（但要寻找重组股），坚持不买入或不持有业绩正在下滑的"下坡路"股票，甚至不买入或不持有上市公司的业绩、技术、行业、产品都一般的"平庸"股票。

实际上，我们非常关注的是四类股票：次新小盘具有核心技术优势或行业前景良好的潜力成长股、阶段性业绩大幅提升或题材丰富的中盘绩优股、资产重组类黑马股以及像中国国航（601111）上市时定价显著偏低的价值低估的绩优股。

选股在一定程度上也要参考技术因素，这就是在强势市场时选择强势上涨板块和强势上涨个股，选强弃弱，发现强势，跟随强势，参与强势。笔者按口诀形式编写了股票的强弱变化原理：强者恒强，强极转弱；弱者恒弱，弱极转强；独立走强，强于大盘；常规走强，等于大盘；附属于强，只是勉强；龙头走强，才是真强；热门走强，强得意外；成长走强，强得持久。

由于有了正确的选股标准，选择的是好股票，这种股票往往晚于大盘见顶，早于大盘见底，因此操作上允许我们对大盘的判断出现10%的偏差，能让我们从容地抄底或逃顶，即使被套10%以内也不怕。

（三）保持本金安全性、资产优良性和流动性

投资管理的第一要务是保证本金的安全性。因为本金是种子资金，当刚入市本金仅为初始资金时，投资要特别谨慎，要选好入市的时机，不能一入市就赔钱。这样做一是本金不赔可保持好的心态，二是可保证种子资金不受损失，为以后盈利提供条件。

投资管理的第二要务是保持资产的优良性，通过投资操作调整资产组合，使资产越做越好。一般投资者最易犯的错误是，在买入了几只股票，构建了一个投资组合后，赚了钱的股票很快就卖了，被套的股票则一直留在手中，甚至不断补仓，这样，一段时间后，手中的股票基本是一些被套的质地较差的不良资产。所以，投资必须反常人而行之，优质品种要握紧，不涨透不轻易卖掉；不良品种在确认后，要抓紧处理掉，甚至是小亏为福。这样，我们就能始终保持股票资产的优良性。

投资管理的第三要务是保证资产的流动性。其一，根据股票流通规模的大小和常规换手率的大小来确定自己对某一投资品种的持股最大限度，要做到自己手中的股票能正常卖出，防止遇到意外时无法卖出，造成额外损失。其二，切忌单一重仓持有一两只个股，使自己的操作失去弹性。2017年以来管理层实行坚决的问题股票退市制度，一批重仓持有这类股票的投资者失去了流动性，股价断崖式下跌中无法

卖出手中的股票，损失惨重。

### 三、注重风险控制与锁定盈利

（一）风险控制

稳健式投资管理非常重视风险控制，把风险控制放在投资管理的第一位。

稳健式投资管理风险控制的主要方法如下：

（1）仓位控制法。通过长期的投资实践，笔者认为，最好的风险控制方法是仓位控制。所谓仓位控制，就是根据大盘的不同时期、风险程度不同，决定仓位的多少。熊市末期仓位可以有一些；牛市初期、中期仓位应是最重的时期；牛市后期仓位应逐渐减小。

（2）熊市止损法。止损一词，投资者用得很多，但大家的理解大不相同，做法则更是不同。止损不当，不但不会减少风险，反而会增加风险，扩大亏损。笔者认为，一般意义上的止损是指，在牛市阶段，当买入持有的股票基本面、技术面发生了意想不到的恶化时，应该止损。在常规情况下，牛市时期不存在止损问题，牛市中买错了股票，还是可以耐心等待解套后换股；熊市中买错了股票，或看错了大盘，就要坚决、及时止损，结束此轮行情的总体操作。止损是一种很痛苦的操作，要有巨大的执行力才能完成。止损又不是随意可进行的操作，因为止损次数多了，亏损就会不断扩大。

一般情况下熊市少做股票，如果要做，必须遵守止损原则。熊市止损的具体方法：①在选股买入前，起码要认为会有 8 个点的上涨，这样才能定下在下跌的 3—5 点处设立止损位，即买错股票小赔即走；②买入股票后，走势变坏，获小利或平盘都一律卖出，如果看出有较大的下跌空间，必须下决心尽早离场，即所持股票走势不对不赚钱也走；③如果买入后产生盈利，则把止损位不断提升，发现势头不对，及时获利了结。

（3）投资组合分散风险法。一般持有5—8只股票，并且持有的股票质地不应雷同。这样就能从投资组合的角度控制风险，对中长线投资品种相对重仓持有。

（4）分段买入、卖出法。首先，买入自己选中的一只股票时，不要感情冲动，一下子就把仓位建满，在一般情况下，分几段买入，成功的概率会大，尤其是对中、长线品种的战略性买入时，可先期试探性在第一个买点出现时买入一部分，待观察清楚，确认该股票具有持有价值后，再等出现第二个买点时增仓。分时段，分批买入、卖出股票可以克服股价波动的不确定性。

（5）采用二次确认纠错法。要养成对自己的每一次投资决策进行二次确认纠错的良好工作习惯。所谓的第一次确认纠错，是指当作出买入或卖出的决策后，在执行这一决策前，头脑中作一次确认性反思，想一下：自己的决策是否有冲动的因素？是否有不正确的成分？是否时空上还不合适？是否考虑尚不成熟？确定认为没有问题后才可执行决策。所谓第二次确认纠错，是指在买卖决策执行了以后的几天中，由于已持有或抛出了某股票，对情况更清楚了，自己再观察反思一下执行的决策是否正确，如果是买错了股票就纠错卖出，如果是卖错了股票就纠错重新买回。

（6）心态及思维方法的评估法。其一，认为会赚钱的急于买入，一般会跌；认为还会赔钱的急于卖出，一般会涨。其二，出现不良心态，如产生了贪念，赚了还要再多赚，明知出错了而不改，大跌初期、中期急于抄底，守不住现金等，一般会赔。其三，心态平稳时认为涨得有点高、情感上不想买的股票，买后一般会赚，认为涨得慢而风险小的股票，买后一般滞涨。其四，缺乏辩证思维，出现了形而上学的思想，出现了僵化的片面的思维特征。如2007年上证指数在6000点前后认为应长期持股，就是犯了形而上学的毛病；2018年年底上证指数2500点上下时，感到悲观失望，认为股市再也涨不上去时，也是犯了形而上学的毛病。对股市的认识出现了僵化的分析，牛市中不敢中长线持股，熊市中不敢中长线空仓，或片面地不顾大盘强调个股价值，片面地不顾个股价值强调大盘小波段，都是形而上学。

（7）机会／风险、收益／风险评估法。机会／风险评估是指，对市场涨幅的大小、对投资项目品质的好坏、对投资市场出现的某些机会，用一种评估的眼光去考量。如2005—2007年股市大涨后，一旦转为熊市，就要对风险充分估计。2015—2018年股市经过3年多时间下跌50%多后，展望2019年的行情，尽管股市基本面仍有很多问题，但从收益／风险比来看，收益显然大于风险。在进行机会／风险和收益／风险的评估后，对于那种风险很小且收益较可观的时机或个股，要敢于大胆投资。

（二）锁定盈利

在股票投资中存在的另一个潜在风险，就是盈利不稳定，今天赚，明天赔，此波赚，下波赔，使得盈利变得不可测，难留住。所以，股票投资过程中要注重锁定盈利。

所谓锁定盈利，一是指买入并持有了一只价值被低估的股票，涨到其价值被高估后应该获利了结，锁定在这只股票上所赚到的利润。或者是买入并持有的股票的技术走势出现了中期趋势拐点而不是短期股价震荡波动时，要应相获利卖掉。

二是指在一轮牛市行情基本操作完成之后，所赚盈利基本结为现金，然后在账上安心地放一段时间，在账上捂热后，不论在心理上，还是在操作中，就再次又认定上次的盈利转化为了新的投资本金。一轮牛市中，所赚盈利不可能一点都不回吐，一般在牛转熊的过程中，盈利损耗率控制在 10% 以内，就算很完美地完成了一轮行情的整体运作。在下一轮牛市来临后，上一轮的本金加被锁定的盈利都转化为投入新一轮行情的本金。这样，自己所有的资产就能按一定比例不断滚大，逐年增加，真正实现资产的不断增长。

第三篇
# 理性随机投资艺术

# 第十二章　艺术为投资增光生辉

## 第一节　对艺术及投资艺术的理解

### 一、对艺术的一般理解

掌握了股票投资技术后，要进一步提高投资水平，就要学习股票投资的艺术。具有投资艺术的投资者眼光独到，懂得策略，形成风格，进退自如。与此同时，投资艺术还能使投资者学会欣赏股市，获得心灵的平静与快感。

要探讨股票投资的艺术，首先要对艺术有一个理解。

艺术是什么？

第一，我们所指的艺术不是通俗的艺术，狭义的艺术一般是指绘画、音乐、舞蹈等，我们这里指的是更广义的艺术。比如，人们通常认为工程机械、数学物理、医学建筑等都是技术的范畴，而音乐舞蹈、绘画书法、文学电影等都是艺术的范畴。实际并非如此，任何工作都分三个层面——技术、艺术与哲学。工程建筑是技术工作，但要设计建造出鸟巢、国家大剧院、新中央电视大楼这样的建筑就包含了艺术与哲学。跳芭蕾是艺术工作，但芭蕾演员完成的踢腿、踮脚、蹦跳动作的好坏，全要看演员的技术功底怎样。所以说，艺术是任何工作中与技术并存的另一个层面的东西，做任何工作都有艺术的问题。如做领导的要讲究领导的艺术，做思想工作的要讲究做思想工作的艺术，喝茶有喝茶的艺术，即所谓的茶艺，做股票投资的自然也要讲究股票投资的艺术。

第二，艺术是技术的升华。比如2007年春晚上演的取名为"行云流水"的太极拳表演节目，表演者在做到技术动作全部到位的同时，其全套动作还表现出太极的真谛特征：圆、卷、舒、飘，使技术太极上升为艺术太极。巴西足球，需要运动员有高超的球技，但巴西足球有美妙的艺术成分，被人们称为艺术足球。

第三，艺术一半是现实，一半是想象。中国的古代绘画，一幅美妙的山水画，总是只画一半实景，另一半或是被晨雾笼罩，或是留着空白，给观众留下想象的空间。如果问怎样画世界上最美的美女，大家很可能想到达·芬奇的蒙娜丽莎，但是，也许有人会说，她不是最美的，因为蒙娜丽莎是鹅蛋脸，而这人偏偏喜欢瓜子脸。所以想画出世界上最美的美女，就画一个美女的背影，她的面孔有多漂亮，每个观众自己去想象，爱看鸭蛋脸的想象她是鸭蛋脸，爱看鹅蛋脸的就想象她是鹅蛋脸。

艺术的作用在哪里呢？

第一，艺术能起到四两拨千斤的作用，有超乎技术或技术所达不到的功力。如毛泽东在井冈山时期红军运用的游击战争思想，"敌进我退，敌驻我扰，敌疲我打，敌退我追"的十六字口诀，好学好记，任何一个红军指挥员都能运用，就凭这一套，红军成功地打退了国民党军队的前四次围剿。第五次反围剿时，李德抛弃了毛泽东的游击战争的思想，指挥红军打阵地战，一战而败，使红军被迫长征。

第二，艺术有独特的魅力，使艺术品具有了超乎常规的价值。现在最贵的东西是艺术品，每一次拍卖会上，各种艺术品的拍卖价屡创新高。

很多年前，青岛海尔的首席执行官张瑞敏有一次与德国的一对夫妇一起吃饭，有如下一段对话：

张问德国妇人："你知道海尔的产品吗？"

妇人答："知道。"

张又问："那你会买海尔的产品使用吗？"

妇人答道："不会，我只会用德国米勒的产品。"

张问："为什么？"

妇人答道："因为海尔的产品仅仅是产品，而米勒的却是艺术品。"

瑞士的手表也是这样，瑞士人把自己生产的手表，不叫作产品，而是称为作品。现在一些年轻人特别喜欢使用苹果电脑，因为在他们心目中，别的电脑都是产品，而苹果电脑是一种艺术品，使用苹果电脑代表着一种品位。

现实中，技术往往产生方法，而艺术则产生策略，这就使得艺术在工作中，尤其在股票投资中起到更高层次、更重要的作用。

## 二、投资不仅需要技术，更是一门艺术

彼得·林奇说，"投资不是科学，更是一门艺术"。安德烈·科斯托拉尼说，"我70余年的交易所经验让我认识到，投资是一门艺术，而不是一门科学。如同绘画一样，人们在交易所中也必须对超现实主义有所理解，有时脚会朝上，头会朝下"。

股票投资的艺术是一个非常值得研究的课题。目前，对股票投资

艺术的研究在中国还刚起步。在这里，笔者给出自己的有关思考作为探讨。

股票投资不仅是一门技术，更是一门艺术。比如，分析大盘运行，仅用技术方法还很不够，更重要的是要有一种综合的分析能力和艺术感悟。2018年9月11日，笔者做客中央电视台财经节目，被问及上证指数2600点是否是本轮调整的底部时，笔者的回答是，大盘具体的底部点位是测不准的，但从基本面变化、技术分析、投资者心态等多个维度分析，2600点上下是底部区间。这说明，大盘分析具有很强的艺术色彩。再比如，要发现一只能让你持有10年以上的长线潜力成长股，技术的分析与测算无法做到，关键是要眼光独到，思维超前，运用对公司发展前景、自由现金流、效益递增的正反馈循环等发展的方向性分析方法。这也是投资技术之上的艺术层面的东西。

股票投资是一门艺术还反映在，很多受过投资专业知识教育的人按照这种或那种技术标准选股或操作，往往投资成绩平平，或业绩不稳定；而有一个军队参谋出身的人对投资知识一点不懂，他用毛泽东游击战争的思想指导炒股，说这一思想就是敲牛皮糖战术，平时躲在山里，形势有利时出击一下，打得赢就打，打不赢就跑，一口一口地吃掉敌人，积小胜为大胜。此人就用此法，一段时间盯着一只股票，跌多了就买，涨一点就卖；卖后跌多了又买，涨一点又卖。股市形势较好时总在股市中泡着，股市不好了，就离开股市，投资做得得心应手。

艺术是个性化的，股票投资上升为了投资艺术，其投资方式也就个性化了，如量化投资方法、游击投资方法、专做熟悉股票的投资方法等。越是运用自如的个性化投资方法，越是大概率获胜，越有生命力。

股票投资的艺术分两大部分：一是股票投资的观念、思维与追求的艺术，其表现为眼光决定财富、逆向思维和跳跃性思维，表现为投资优势的发挥、投资绝技的拥有、投资风格的形成；二是股票投资行为的艺术，表现为有节奏的投资操作、有逆势而动的投资魄力、有欣赏股市和投资创新的能力等。

# 第二节　投资艺术使投资者进入新境界

## 一、找到适合自己的投资风格

风格就是艺术。

马克思是一位知识非常渊博的学者，他甚至在研究经济学非常疲倦时，解几道高等数学题，就当作一种休息；但这个知识巨人在总结自己的一生时说，他的一生只做了两件事，一是创立了唯物史观，二是创立了剩余价值学说。

笔者举这个例子是想说明，投资者学习和掌握关于股票投资的知识应该尽可能多一点。要有广博的投资知识，要有广阔的视野，然后再深入浅出，在具体的投资操作时，要有专一精神，需要擅长一两种适合自己的投资操作方法或盈利模式，这就非常完美了，即投资知识应丰富，投资方法要专一，这样才能成为股市中的赢家。

学习股票投资知识是一个层面的东西，进行股票投资操作又是另一个层面的东西，两者不是一回事。笔者有一个熟人，是一个很好的研究员，前几年改做基金经理。他选的股票基本面都比较好，具有投资价值，但是，他看好某只股票，认为合理定价为10元，就总是一分不多地在10元处挂出自己的买单，哪怕这只股票价格最低到了10.01

元他也不会买。但他经常碰到股价只跌到 10 元多一点就不跌了，之后一路上涨。这位书呆子式的投资经理就这样常常无缘买到自己"科学定价"的股票，多次犯此类错误后被迫改行。笔者还有一个熟人，没学多少投资知识，但会看盘，在当天涨停的若干只股票中他能找到第二天还会继续上涨的股票，操作时手脚快得很，挂出的追涨停的买单一看不对就迅速撤单；连续几天追涨停股都赔钱时，就知道市场不对，马上停止操作，休息一段时间再说，结果几年时间赚了很多钱。

现在有两种偏向值得注意，一种偏向是，把学习股票投资知识与实践股票投资操作或形成自己的盈利模式等同起来，如认为自己是价值投资者的，那就把基本分析方法看成"香饽饽"，视之为珍宝，把技术分析方法看成是"臭狗屎"，不屑一顾。如果认为自己是技术派投资者的，则相反。另一种偏向是，认为投资知识越丰富，自己的投资操作手法就越多，就像一个歌唱者一样，他既想唱京剧，又想唱歌曲，甚至唱流行歌曲时，还要能时而唱民族唱法，时而唱通俗唱法，时而唱美声唱法。可想而知，这样的人也是玩不精、玩不转的。

人类自有股市的 100 多年时间以来，创立和积累了很多的投资理论及相关知识，即我们通常所说的道氏流派为主线的技术分析理论及知识，格氏流派为主线的基本分析理论及知识，马氏流派为主线的投资组合理论及知识，以及现代的对冲操作、量化操作方面的理论及知识，这些投资理论及知识都学一学没有什么坏处，至少能让我们的头脑丰富起来，让我们的视野开阔起来。除此之外，世界万物同理，学习一些其他领域的知识对于投资也是很有益处的。例如，哲学中的对立统一规律中关于矛盾转化的知识，对于投资者研究牛市与熊市的相互转化问题就很有帮助，量子力学中的关于电子运动的不确定性的知识对股价的波动分析就很有意义，甚至还有佛学、美学、人体健康学方面的知识，学一点都能为增加投资知识提供启示。

探索形成一套适合自己的行之有效的股票投资操作方法或盈利模式，具体做法因人而异，但都是在赔钱中成长，在实践中完善的。一位习惯于重仓持股的高手，在1994—1995年的熊市中严重被套、陷入困境时，大量借钱，增加仓位，最后控盘，最终实现了高位盈利卖出，最后他也成了重仓持股操盘高手。有一个企业家朋友，2007年开始做股票投资时，他就兴奋地告诉笔者，他的投资操作方法就是专买矿产股，矿产品是永远增值的，他要长期持有矿产股，做一个中国的巴菲特，但到了2008年年底想法就变了，他的操作模式由长期持有改成了波段操作。这说明不成熟的投资方法很难长期被坚持。笔者曾有一个同事，刚做投资经理时，也曾兴奋地说，他发现了一种盈利模式，即找到股价要启动的股票买进去，盈利几个点就卖出，亏损几个点则马上斩仓。一段时间以后，他又改变了，因为一亏损就斩仓的做法，几个回合下来，他的本金已减少了太多，承受不了。所以说，股票投资操作方法或盈利模式的形成是一个很难的事情，那种左右摇摆的人大多以失败或赔钱告终，那种在反复中前进，在探索后成熟的人都非常之难能可贵。在股票投资操作上，笔者非常佩服那些有一种专长并能长期坚持自己的投资盈利模式的人，非常同情那些朝三暮四的没有专长的没有成熟的投资操作方法的人。

非洲的原始公园，到处都是动物，这里一群斑马，那里一群羚羊，这里几只狮子，那里几只猎豹，天上飞着老鹰，地上跑着兔子。表面上看，这些动物你吃我，我追你，乱成一团。其实，它们并不乱，很有规律。比如各种动物各自有各自的领地，已经有了一个狮群的地方，它会经常吼叫，其他狮群知道了，这地方有主，就不过来了。再比如，动物捕食都有自己的一套方法和策略，豹子追斑马，并不是瞎追，它要利用地形，或形成合围，并找到斑马群中最弱的那只发起进攻，才能成功。还比如，每种动物都有自己的生存之道，有自己的一套看家本领。每一种动物都有自己的天敌，又同时是另一种动物的天敌，它们能够在充满生存竞争的环境中生存下来，都有一种生存竞争优势。比如变色龙虽然行动慢，但它有一只能快速弹出去几尺远的带黏性的舌头，能迅速捕捉到远处的昆虫。对原始公园中动物世界的知识我们了解得越多，对各种动物的生存本领就看得越透。

专一的投资风格使投资者的水平得到提高，有时还能就此练就投资者的一手绝活，使投资者在股市永远立于不败之地。

## 二、在发挥优势基础上追求盈利特点

特点就是艺术。

在歌唱界，张也、降央卓玛、汪峰成为全国一流的歌星，主要是因为他们有得天独厚的优美的嗓音和成熟的技术，这使他们能唱出动听的歌曲。李玉刚与俄罗斯的维塔斯能享誉中外，是因为他们有歌唱的绝技，一个能男扮女装，亦歌亦舞，表演楚楚动人的中国古典美女；一个能唱出普通歌手绝难唱出的高音。刀郎、旭日阳刚的嗓子、绝技都不如前面的人，但有自己的特色，他们歌唱时沧桑的味道，能给听众一种特殊的感觉。

只要观察股市行情，我们都能感到，股市充满了诱惑，充满了机会。不论牛市熊市，天天都有股票涨，天天都见到板块在跳动，天天都看到一些股票会上涨的传闻被市场证实，天天都有股民赚钱的神话传入你的耳中。这个股市真的好像有赚不完的钱等待着你去获取，让人一刻也平静不下来。但是，一旦你真的参与了股票投资，情况则变得相反，你总是赚少赔多，赚难赔易；一旦你持有了股票，总是心惊肉跳，忐忑不安；一旦你没有了股票，又是担心反弹，害怕踏空。笔者要说的是，投资者中处于这样状态的人是绝大多数，这种类型的人基本上都是容易赔钱的。

其实，股市乱象是表面的，隐藏在股市里的东西还是很有序的，只是一般的散户看不到。中国股市参与的散户有上亿人，各类机构主力有上百万家，他们大多数在股市中过得并不滋润，其中能够在股市中稳定获利的基本都有自己的生存之道，或是有自己的竞争优势、投资优势。只有具有投资优势的投资者，才能够在股市中稳定获利，生存并发展。

在股市中具有投资优势的投资者排序大致如下：

（1）理解国家政策的大投资机构以及一些特殊的投资者，他们往往在市场最低迷时逐渐入市，市场偏热后逐渐减仓。例如2008年上证指数下跌到2000点之下，市场一片恐慌，很多人认为股市要崩盘了，这时就有大机构在3.5元上下大量买入工商银行（601398）等大盘低价蓝筹股，2009年股市转好，他们在2009年7月后以5元左右的价格卖出低位买入的股票，一年时间获利50%；2018年下半年一批大机构持续买入大盘蓝筹股，在2019年4月又获利减仓。

（2）掌握资金性质优势的保险基金类型的机构，他们的钱低成本、期限长。2015年前，他们通常是大额申购新股，特别是大盘股，批发性买到这些股票后，耐心等待下一次牛市高点时零售卖给市场。某类基金公司在一定程度上也以这方面的优势在股市上赚钱。

（3）掌握资本运作资源优势的主力机构。他们在低位收集筹码后，通过资产重组或公司业绩改善，股价大幅上涨后卖出。比如有的资产管理公司，通过资产处置获得了上市公司部分股权，如果上市公司经营改善，就让股权自然增值；如果上市公司经营不佳，就干脆收购其更多的股权控股这家公司，对上市公司进行重组改造。

（4）拥有大量资金，利用资金优势重仓持股的主力。1994—2005年期间，在中国拥有大资金的机构，包括证券公司、基金公司、私募资金，有不少是以重仓持股的形式参与股票投资。重仓持有优质股票，既能有效保护股价，又可获取丰厚收益。

（5）具有资金、人才、信息优势的基金公司、证券公司等专业投资机构。这些机构拥有巨额资金投资股市，虽然现在以投资组合为投资原则，但在一定程度上仍然可以保护股价，同时，他们集中了大量的优秀专业投资人才，有着畅通的信息渠道，使他们在股票投资中具有优势。

（6）具有资金、股市操盘人才、盈利方式灵活的私募基金。一批有实战经验的投资人才近几年大量进入私募基金的行列，他们或以着重仓投资大盘低价股为主，或以重仓持有小盘价值成长股为主，近几年其投资收益往往超过市场平均水平。

（7）部分境外合格投资机构专门寻找低风险能稳定获利的品种投资，如第一批进入中国股市的一家 QFII，2003 年时持有量最大的股票品种是宝钢股份（600019），该股当时股价 3 元上下，每股年收益达 0.3 元，市盈率 10 倍，是一个标准的低风险投资品种；同时，他们还看中了几年后将到期按净值兑付、当时折价率高达 50% 的封闭式基金。2016 年以后，随着 A 股被纳入明晟指数、富时罗素指数，开放了沪港通、深港通、深沪伦通等，价值投资、指数化投资方式进一步普及。

（8）具有某一种炒作技术优势，专门通过某种技术方法炒作获利。2019 年 7 月开始，新设立的科创板，新股上市前 5 日不设涨跌限幅，并可 T+0 交易，炒作手法能更灵活，技术性投资交易者和高频交易者会有更大的运作空间。

（9）具有大盘分析技术、个股选择优势，进行大波段理性随机操作的投资者。

以上各种具有投资优势的机构或个人，凭着这些优势的发挥，使他们在股市立于不败之地。表面乱象丛生的股市背后，由他们构成了股市内在的秩序，一般投资者在盲目追涨杀跌的时候，他们正在盯着对手，想办法低位买入好股票，高位把股票卖给别人，从而使表面上看充满了赚钱机会和诱惑的股市，实际上也充满了陷阱和不测风云。

一些成熟的投资机构和个人，他们在充分利用自己的优势参与市场的同时，还结合自己的操作技术、人才结构、资金特点等其他有利因素，逐步形成自己股票投资的风格，或摸索形成自己的一套盈利模式。比如说做重仓主力的盈利模式、做投资组合的盈利模式、追涨停板的盈利模式、快炒题材股的游资类盈利模式、持有可能重组股的盈利模式、持有小盘成长股的盈利模式，参与定向增发股票的盈利模式。这些盈利模式形成后，其主力操作起来得心应手，一般与他们交手的对手，往往要吃亏。正所谓"一招鲜，吃遍天"。很多投资机构和个人就按照自己用的得心应手的盈利模式，使自己在股市上成为常胜将军。

这么多年来，很多投资机构和个人有了自己成熟的盈利模式，在股市上赚了大钱，也有不少投资者在摸索形成盈利模式中走了弯路，如一些投资者只顾及到优势的发挥，但却越过了法律界限，如 2019 年披露的康美药业的实控人长期业绩造假，坐庄控制自家股票牟利，问题披露后受到制裁。还有一些人，做死多头，永远重仓单只股票，在2015—2018年的中长期熊市中遭遇毁灭性亏损。

综合起来看，成功的投资者都是充分利用自己的资源优势、资金优势、人才技术优势，在市场中形成自己的投资模式，并把自己的盈利模式的运用提升到炉火纯青的地步，上升到了投资艺术的境界。

# 第十三章　股票投资的思维艺术

## 第一节　眼光决定财富

### 一、投资眼光是一种艺术

2005 年，位于北京金融街主要地段的中国联通大厦正在建造时，其工地上挂了一块巨幅标牌，上面写着一句话："眼光决定财富。"这句话道出了一个重要的投资艺术道理：投资成功与否的关键问题是，你有没有投资眼光。

这句话令人深思。我们现在很多的投资分析师、经济学家，读了学士、硕士，甚至博士，能够看一眼公司的资产负债表、损益表，就对公司的估值说得头头是道。他们能准确地评估出一个游泳池的价值，却评估不出门前流过的一条河流的价值；他们能准确地评估出一座城市中洋房花园的价值，却评估不出一片能在静静的夜色中仰望到满天繁星的农家小院的价值；他们能准确地评估出一个家庭的有形资产的价值，但却怎么也评估不出一个家庭中的"幸福"这一无形资产的价值。

用独到的眼光投资，不用奔波操劳，不用风吹雨淋，只要当时有眼光，买下上述东西后，睡上 10—30 年大觉，财富就自然增值。可见，眼光有何等重要。

市场给人的机会一般是均等的，但有眼光的人抓住了机会，没眼光的人在机会面前无动于衷，机会过后则后悔连连。例如住房，中国20世纪末完成了城镇居民的住房改革后，21世纪初商品房价格相对低廉，但随着我国居民个人财富的增长，随着我国城市的发展，随着人们对住房要求的提高，城市商品房价格不断上涨，2005—2007年上了一个大台阶，2009—2010年又上了一个大台阶，2012—2017年再上一个台阶。十几年间北京、上海等主要城市的房价平均上涨8—10倍。许多有眼光早期买入多套住房的人，在房价增值上所赚的钱多于他一生工资所赚的钱；而一些没买住房的人，现在再也无力购买大房子了。

在股票投资中，眼光决定财富是一条重要的原理：

首先，这一原理表现在对股市机会的把握上。20世纪90年代以来，中国有了股票、债券市场，市场在各个不同的时期出现了不同的投资机会，为有眼光的投资者提供了众多的创造财富的机会。

1990年前后，国家开放国库券回收市场，按原值收回已向居民发行的国库券，但100元面值的国库券当时可以以70—80元的价格向还不知情的老百姓收购。以70—80元的价格向老百姓买入100元面值的国库券，再以100元的价格卖给信托公司，由此诞生了首批靠证券发财的富翁，上海的杨百万是代表人物之一。

1993—1995年，中国经济进入调整阶段，出现高通货膨胀，存款利率高达20%，当时有眼光的人不做别的，只要全力买入风险为零的十年期国债，就发了大财。1990年至1993年5月的中国股市，上证指数从100点上涨至1550点，两年时间疯狂地上涨了15倍，为当时的一批股民提供了一次资产增值的机会。

1990—1997年，申购新股稳定获利，一般情况下年收益率20%左右，其中 1996—1997 年两年，收益率高达 50%，一批人看到了这次机会，专门向银行借巨款用于无风险新股申购，由此诞生了新一批亿万富翁。

1993—2000 年，中国股市中大量的待上市流通股和法人股在一级半市场流通，有人专门在一级半市场上以很低的价格收购未上市但可能上市的社会公众股和法人股，又一批人借此发了大财。1996 年 1 月至 2001 年 6 月，中国出现了长达 5 年半的长期牛市，上证指数从 550 点上涨至 2245 点，又使大批股民财富大增。2005 年 6 月至 2007 年 10 月，股票全流通作为中国股市最大的难题被破解，中国新一轮牛市更加猛烈，又一次为股民提供了发财的机会。

2012 年，一批上市公司取得了定向增发额度批文，但股市行情不好，股价跌到定增价格之下。一些有创意有风险控制意识的投资公司与上市公司签订保本保息回购协议，然后运用杠杆融资买入定向增发的股票。2014—2015 年大行情来到后，盈利 5—10 倍卖出。

到 2018 年 12 月，中国股市从 2015 年 6 月以来下跌了 3 年多，创业板指数下跌近 70%，上证指数下跌近 50%。当上证指数跌到 2400 多点时，大多数投资者看到的都是问题，心中存在的都是担心，岂不知机会就在眼前。2019 年 1 月至 2020 年 2 月，创业板指数涨幅达 90%。

中国股市诞生以来，发财的机会一次次展现在人们眼前。遗憾的是，当机会来到我们眼前的时候，往往我们的眼光不到位，看不到这是机会。当机会已经过去，成为往事的时候，我们才意识到，那是一次多么宝贵的机会呀！感叹自己当时为什么没有眼光，没能抓住机会。

其次，眼光决定财富还表现为，对于潜力成长股票品种的发掘上。到目前为止，中国股市现在有 3800 多只上市交易的股票，哪些股票具有长期上涨的潜力，不是凡眼能够看出来的，也不是埋头于具体技术分析的人能够计算出来的。要有独到的艺术眼光，才能沙里淘金，找到这样的潜力股。

1990—2000年，中国股市有两只典型的股票——深发展A（000001）与四川长虹（600839）。这两只股票一只代表了中国改革开放后金融业长期向好的发展方向，一只代表了20世纪中国产业结构中家电业大力发展的方向。深发展A（000001）1991年上市后最低价为0.45元（复权价），1999年最高上涨到49元；四川长虹（600839）1994年上市后最低价为0.43元（复权价），1998年最高价达到14元多。

之后又出现了贵州茅台（600519）和华侨城（000069）之类的股票。贵州茅台（600519）代表了中国的名优特产品，华侨城（000069）则代表了中国地产企业的快速成长方向。至2020年第一季度贵州茅台（600519）上市20年股价上涨1000多倍；华侨城（000069）1997年上市后最低价为0.59元（复权价），此后10年股价没有过大幅下跌，至2007年达到最高价36.42元，是一只了不起的让投资者真正获大利的地产股。再之后有山东黄金（600547），这只股票2003年上市后表现平平，真正股价发飙是从2005年后美元开始贬值、资源产品价格上涨开始。2005年山东黄金（600547）最低价为0.66元（复权价），至2007年股价最高到46.59元。

这些年来，一批价值投资者开始专心寻找和投资有长期价值成长的股票，出现了一批像片仔癀（600436）、伊利股份（600887）、双汇发展（000895）、爱尔眼科（300015）、海天味业（603288）等上市公司基本面优秀和股价走势长期向上的股票。

多少投资者时时刻刻都在忙着追涨杀跌，冷静下来，却发现自己从未留心过真正的潜力成长股；多少投资分析师都在不停地发掘能上涨十倍的好股票，众里寻她千百度，蓦然回首，那股却在灯火阑珊处。

## 二、选择投资机会和发掘投资品种眼光的特点

凭借艺术眼光发现投资机会、选择潜力成长股，能够赚大钱而不累。那么，怎么才能具有艺术的眼光呢？这是一个难题。这里谈一下用眼光发掘投资机会的一些基本要素。

选择投资机会和发掘投资品种的眼光主要有如下特点：

（一）要有趋势眼光

看问题关键是看趋势，符合发展趋势的东西，代表经济发展的方向，代表行业发展前景，代表公司发展的未来。20世纪90年代，冰箱、彩电、空调是中国人的主流消费产品，于是造就了四川长虹（600839）、格力电器（000651）公司的发展壮大；21世纪第一个十年，电脑、网络引领时代潮流，于是又造就了联想集团、百度公司的发展壮大；第二个十年，移动互联、大数据、人工智能的发展代表时代新潮流，同时又成就了华为公司、滴滴打车、顺丰快递等一批公司的发展壮大，甚至直接改变了我们的生活方式、思维方式，成为新时代经济发展的新引擎、新动力。

（二）要有发展眼光

一样东西是否具有发展前景很重要，像中国石油那样的超级大盘、盈利增长弹性较小的公司，再发展就难了。一些一般加工企业，也不会有多大的发展前途。而一些新科技公司，有经营特色、有核心技术的公司却会不断成长壮大。近十几年来，阿里巴巴、腾讯、京东等一批新经济代表公司快速成长，势不可当。

（三）要有问题眼光

市场有了问题，是坏事，但问题也会带来机遇，坏事可以转化为好事。有问题就有解决问题的机会，没有问题就只能四平八稳。法人股上市流通曾经是中国股市的问题，它带来了一次投资盈利的大机会；国有股上市流通更是中国股市的大问题，结果它带来了中国股市更大的赚钱机会。由于仅有出租汽车公司，打车不很方便，于是诞生了滴滴打车；由于很多人感到住星级宾馆太贵，住招待所又档次太低，于是诞生了如家快捷酒店；由于人们不愿出门吃馆子又不想多吃方便面，于是诞生了美团送餐。

（四）要有新、奇、特、优眼光

凡是新的奇特的优秀的东西，大家一开始还不太了解，没有多少人看好，这就有发展机会了。奇特的东西别人没有，容易产生投资机会。知识付费行业，以前没有，但由于人们没有时间读书，于是便诞生了"得到""喜马拉雅"这种全新的知识付费公司。

在眼光选股方面，笔者曾走过不少弯路。先前是不懂得眼光选股，后来懂得了又经常找不准，思路出了问题。1992 年开始股票投资时，买了深发展 A(000001)，赚了一点钱后就卖出了，此后没有坚持长期做这只股票的大波段操作。后来一度认为低市盈率、低市净率的股票是潜力成长股，2003 年，选了当时的福建南纸（600163）等一批低市盈率的股票，结果行业不行，选错了对象。2008 年认为煤炭、钢铁、银行股安全，但后来才认识到，这种传统行业公司没有太大成长空间。2010 年后重视选高科技股，但又吃了其中一些股票市盈率太高业绩变化太大的亏。2018 年选了一批市盈率低、行业好的重组股票，结果当年年底这类股票史无前例地不断爆雷、业绩变脸。2019 年下半年至

2020 年 5 月，高价格的科技股强势持续上涨，但是笔者从事投资 30 余年，习惯不买股价在 50 元以上的股票，这使笔者很大程度上错过了高科技股这一波投资机会。

笔者强调要用眼光选出好的东西，但是，在这个世界上真正的好东西实在太少了。笔者曾问过一个绘画艺术家，最大的苦恼是什么？他回答，最大的苦恼是才思不够，画不出好作品。他前十年画出的一幅好作品，因为当时缺钱，10 万元卖给了收藏者，后来感到卖出的那幅作品的水平自己要再超越都很难了，就又用 100 万元从收藏者手中买了回来。所以，像贵州茅台这种股票，一是太少，二是股价总在上涨，卖出后很难再次买回。再就是，我们要具体地找出一批还没有被市场公认的最好的潜力成长股，初期谁也看不清楚，真到被市场公认之后，股价又很高了。

## 第二节　超常规思维与想象力

### 一、辩证的超常规思维

在股票投资中，投资者首先要具备常规思维习惯，常规思维是基础，是非常必要的，比如，常规思维中的顺势思维。当股市处于牛市时期，就应该坚持牛市思维，坚决做多；当股市处于熊市时期，就应该坚持熊市思维，适度做空。再比如质价关系，烂股票就应该是地板价，好股票就应该卖到好价格。这些思维使我们对股票投资有一个正常的判断和操作。但是，常规思维主要是投资技术层面，在讨论投资艺术时，仅仅运用常规思维是不够的。

一个投资者在跌宕起伏的股市中要想获得成功必须成为智者，成为勇敢者，必须反常规之道而行之，这就需要超常规思维。

按常态，股票投资者七输两平一赢。大多数人在股市上都是赔钱的，大多数人都是常人，而真正的股市赢家，应该是非常人，具有超常规思维能力。

超常规思维在股票投资中主要体现在以下几个方面：

（一）反向思维

经济运行很多时候靠常规分析是测不准的。比如说 2010 年 5 月前北京的房价。北京房价自 2000 年后一直温和上涨，至 2007 年出现快速上涨，2008 年短暂调整后，2009 年下半年至 2010 年第一季度出现报复性上涨，三环路以内无 3 万元 / 平方米以下的房价。当时都觉得房价高了，不敢再买了，有人甚至卖出自己的住房改租房住，想等房价下跌后再低价买回来。现在回过头来看，如果当时反向思维，在那时加码买房，反得其利。2013 年以后北京房价再上台阶，至 2019 年已经在高位企稳。之后对于房价，人们只能用全新的说法来理解了。

人性的弱点决定了常规思维在市场拐点前后往往失灵，只有反向思维能使极少数人在趋势反转的拐点处产生警觉。股市也是一样，重大的牛熊转换必须靠反向思维才能把握。1993 年 5 月前、2001 年 6 月前、2007 年 10 月前、2015 年 6 月前，众人都处于股市高涨的兴奋之中，几乎所有的思维都指向股市将继续上涨，这时候只有靠反向思维的武器进行判断，才能做到众人皆醉我独醒，躲避股灾。1994 年 5 月、2005 年 5 月、2012 年 11 月、2018 年 12 月的几次股市底部也是如此，众多投资者被连续不断地下跌折磨得死去活来的时候，股市见了大底。

当市场最后一个悲观者也变成了乐观者时，市场也就走到了牛市的尽头了；当最后一个乐观主义者也都悲观时，熊市也就走到尽头了。

反向思维还表现在机构买卖股票的行为上。我们都希望买进某一股票后马上就能涨，买进后不涨，甚至还跌，心态就会变坏。但在机构投资者头脑中，一只股票只买进了一点仓位，股价就往上涨，这只能赚小钱；想要赚大钱的股票，机构开始买进后，并不希望马上就上涨，这样机构就有机会进一步买入，重仓持有，在某一价位把浮动筹码都买完了，此时股价再上涨，机构就赚大钱了。卖股票时也是这样，机构重仓的股票上涨了30%—50%，很轻松地就有人接盘，把股票一卖，自己赚了该赚的钱；如果那时不好卖，没有人接盘，机构就要进一步增仓，等待时机把股价拉得更高后再卖出，这时想不赚大钱都不行。有一个机构投资者，为了能重仓买到某一只股票，建仓时总是同时建两只同类型的股票，如曾经重仓过两只钢铁股、两只高速公路股、两只汽车股。为什么这样做？因为只买一只股票时，怕一买就涨，无法重仓。同时买两只钢铁股，总有可能有一只能重仓买入。另外，持有两只同类型的股票，在市场上可以互相照应，这一只涨时，照应着卖出另一只；卖这一只时，照应着重仓买入另一只。

（二）跳跃式思维

常规思维是连贯性的，是逐渐递增或递减式的，而股票投资需要非连贯性的跳跃式的思维。大盘底部一旦确立，不能逐渐地增加仓位，或者随着股市上涨而逐渐增加投入的资金，而是应一步到位，满仓操作。等到大盘运行到高位时，再把仓位减下来。2019年1月上证指数2440点时，大盘突然飙涨，一时一般投资者都反应不过来，还不敢跟进，上证指数仅用两个多月时间就涨到了3000多点。大家都在说这岂不是疯牛来了。牛市结束，熊市确立时也是这样，一步到位，全面减仓，不能股市跌一段，减一些仓位，再跌一段，再减一些仓位。牛市顶部确立，仓位一下从重仓减到30%以内；熊市底部一旦确立，仓位一下从轻仓增至70%以上。

（三）反情绪思维

在股票投资时，投资者跟随市场的波动会产生自然的情绪变化，或恐慌，或兴奋，或情不自禁地产生追涨的念头，或情不自禁地产生斩仓的念头，或情不自禁地产生补仓的念头，或情不自禁地产生减仓的念头。实践证明，一般情况下这些情绪和念头都是错误的，往往按相反的方向去操作，才会是正确的做法。像2007年第二三季度，市场一片乐观情绪，笔者自己也控制不住地无比乐观，经济数据和预期也很好，此时就该有反情绪思维了，要知道"树是绝对不会长到天上去的"，必须从后门溜出市场，去海滨度假去。有时由于市场太热，担心受其感染，控制不住自己又要买股票，甚至应该做到不去证券营业部，不打开电脑，不看股市行情。

2007年9—10月间，笔者曾供职的银河证券公司中层干部饭厅，大家吃饭时谈的主要话题就是股市。记得那时有一次在医院体检，在门诊厅打电话谈到股市时，立刻有一位中年妇女急匆匆地上前问："你说今天股市会涨会跌？"在进到体检室做心电图时，医生见笔者是银河证券投资部总经理，立马停下检测，要笔者先谈谈对股市的看法。当时甚至连做足底按摩的服务员都在向客人荐股了。这样的市场情绪下，是不是应该有反情绪思维？

（四）建立"养股票"的思维观念

在培养孩子时，养的观念是很明确的，只有通过养，孩子才会长大，才能成人。但是在股票投资时，很少有人有养股票的观念。似乎一买进股票就要能涨，不涨就着急，根本没有养的想法。实际上股票也是要养的。其一，大盘涨高了，需要调整，这是大盘要养，要耐心地等待大盘回调。其二，个股也要养，好股票不到一定的火候，主力没有建到一定的仓位，不会大涨。其三，图形也是要养的，股价拉高了的股票，图形需要用一段时间来修复。其四，好股票也不是一两天涨到位，不要涨一点就卖，那样赚不到大钱，要等到接近超涨时再卖。

（五）要会玩朦胧、玩悬念

股市具有很大的不确定性，我们要在股市和个股走势尚朦胧时作出判断。比如，大盘破位下跌刚开始、跌势没有完全明朗时就要减仓，如要等到明确的下降通道形成后操作，市场已下跌了 10% 以上，不再有好机会出局了。下跌行情中，如果期间有个股强劲反弹给你减仓机会，你往往想等一个创新高的机会，想看看能否再涨一点，最好到解套后实施减仓，但是，这一观望，往往使你失去一次宝贵的卖出机会。抢反弹时，往往在破位放量的大阴线时机会最好，但这时又不能肯定大盘能否止跌。大盘上涨的情况也一样，你不敢追涨时，股市会再涨，每一次回调你担心涨势结束，不敢果断入场时，下一次就只能在更高的价位上买入了。

在股票投资中，市场确实是与正常人作对，让投资者自己变成了自己最大的敌人。股票投资赚钱很难，难就难在要战胜人性的弱点和情绪。反过来看，如果炒股不难，谁还愿意去干实业，坐在电脑旁敲敲键盘，买入、卖出股票就能轻松赚钱，岂不是全民都来炒股了。

懂得股票投资超常规思维的艺术，一是使我们有了一种有用的思想武器；二是能把我们的情绪也作为一种市场分析的指标；三是为我们战胜自我提供了有力的力量。

## 二、股票投资艺术中的"想象力"

英国享誉世界的物理学家霍金可谓是活动能力最差的残疾人，只有两只眼睛和两个手指头能动，但他的研究对象却是距离最遥远、空间最辽阔的宇宙，这个全身瘫痪、话都不能说的科学巨人，研究着宇宙的过去和未来，能做到这一切都是凭借着他的一种特殊能力——"想象力"。

关于股市人们最常说的一句话是，股市是天堂，又是地狱。投资者面对地狱与天堂，怎样才能不下地狱而飞向天堂呢？理性随机投资模式中的"理性"，就是封住投资者堕入地狱之门的法宝。但说实话，投资者想要飞向投资盈利的天堂，光靠理性和技术方法是不够的，只有运用投资艺术中的"想象力"和随机卖出的操作手法，才能进入丰厚盈利的天堂。毫不夸张地说，股票投资者分析大盘运行的时间和空间，发现成长股，预知未来市场的热点，很大程度上不是靠投资分析的技术，更多的是靠投资的艺术——"想象力"。

实业家们一生都在像蚂蚁一样忙碌生产，他们很少有时间去想象。除非像已故的苹果公司总裁史蒂夫·乔布斯"想要改变世界"，才可能用丰富的想象力创造出最富科技时尚的苹果系列电子产品。与干实业不同，股票投资被誉为"皇冠上的明珠"，不需要忙碌，投资者可以用大量的时间广泛地阅读、观察和冥想。在具有想象力的股票投资者眼里，看到了浙江的皮鞋生产、服装等微利的养家糊口式的企业的辛劳，绝不买这类企业的股票；看到了造纸行业、化工行业正在走向衰退的情况，也不会买这些企业的股票；看到了汽车公司激烈竞争的惨状，也不会买这类公司的股票。笔者认为，投资者所做的就是观察、想象谁是未来能给股东带来巨大回报的成长企业？哪类企业能站在时代发展的前沿？希望能投资这样的企业。

　　什么样的行业是好行业？什么样的公司是成长性公司？盲目的投资者总是在听消息，看近期的新闻，如 2019 年 5 月中美贸易摩擦导致中国可能要减少从美国进口农产品，很多投资者就去追买几乎没有成长性的农业概念股。当年美国实行宽松货币政策，世界经济增长预期下降，很多人又去买市盈率 100 多倍的黄金概念股。这都是缺乏想象力甚至没有正确的投资理念的表现。与此相反，真正有想象力的投资者，他们总是在想，现代社会什么商品一直在升值？如冬虫夏草、茅台酒，于是他们偏向于投资不可再生的或有独特竞争优势的企业；还在想什么行业有刚性需求？于是又偏好于投资医疗、教育、养老等刚性消费行业；同时仍在想，什么行业运用前沿科技具有长远发展前景？于是紧紧瞄准了互联网、大数据、人工智能行业。

　　在对行业发展变化的总体把握中，想象力思考的方向是：（1）历史发展趋势的变化：低端制造业不断向高端制造业进化、机械化简单生产重新转向手工艺术性生产、劳动密集型企业向高科技企业不断进化、高耗污染企业向低耗环保企业转换，先进的保健医疗、金融服务、特殊消费业等成为时代的主流产业；（2）过去的不能再生的宝贵物品，包括矿业、资源等越来越值钱；（3）现在处于产业链上端的企业、名优企业、垄断性强的非竞争性企业、总是能稳定赚钱的企业；（4）未来有升值潜力的企业是我们永远的所爱。

　　对大盘运行的分析也需要有想象力。一般来说，牛市的顶部一定会冲过大多数投资者认为的"铁顶"点位，熊市的底部一般会跌穿大多数投资者认为的"铁底"点位。所以，股市不仅需要技术分析，更需要艺术想象力。只有想象力才能对大盘运行的顶与底，有一个艺术性的超常规的分析。这也就是笔者一直坚持的观点，既要对大盘运行进行技术分析，还要在技术分析的基础上升华到艺术分析。

人的想象力是有着很大局限的，要开启自己想象力的闸门，一般的方法是多看科幻作品，多读童话故事，或多向动物学习仿生学。股票投资的想象力也是如此，当掌握了基本分析方法和技术分析的基本功后，就要多学习其他方面的知识，如从佛学中学习克服人性弱点的知识，从茶道中学习茶艺的方法，从鉴赏方法中学习选择最优上市公司的方法等。

股票投资艺术的"想象力"不能是凭空随想，而是根据时代的发展变化想象行业与企业的发展变化，是一种创造性地前瞻性地对投资对象的想象。这种想象力不仅在实践中能得到验证，并且还能得到其他投资者的响应。这样我们就能先人一步，买到好的股票。缺乏想象力的投资者一般只能跟在别人后面追。

在人与宇宙的关系中，宇宙很伟大，人很渺小，但人能够思考、想象，宇宙不知道它比人伟大，人却知道自己比宇宙渺小，从这个意义上说，人就会顺应自然，人也就比宇宙更伟大了。在投资者与股市的关系中，股市大势的运行比投资者伟大，所以"顺势者昌，逆势者亡"；但仅知道顺势而为又很不够，投资者需要通过思考、想象，将投资升华到"借势而为"的高度。一旦能够在投资中"借势而为"，这时，投资者就能比股市更加伟大。

# 第十四章　股票投资的行为艺术

## 第一节　随机漫步与反向操作

### 一、股票投资操作讲究顺势随机

股市中有句名言：股市的走势具有趋势性，但市场的高点与低点只有事后才能知道。

在股市分析时，对每一波中级行情的性质及上涨的高点或下跌的低点，人们都会有一个基本的预测。投资者要做这样的预测，但又不要完全相信自己的预测，而只能把预测作为参考。在股市走势的主趋势已经确定的情况下，对待市场的态度就是顺势随机。在上涨趋势中，只要市场趋势没有出现反转信号，就认为股市还会上涨，并同时继续用做多策略操作。这种思维的逻辑是，投资者不比市场聪明，不与市场为敌，顺势随机。

为什么要这样做呢？在股票投资操作过程中，大多数投资者都会用"叶公好龙"的心态对待股市，牛市大盘不断上涨，投资者心态不断恐高，牛市没来盼牛市，牛市真来了涨一点就担心会结束，以至操作上总是犯错。2007年的牛市，上证指数从1000余点涨到6000余点的过程中，从3000点就有专家好心唱空，管理层也不断放利空消息打压股市，谁能知道上证指数最后涨到 6124 点才转熊市。2008 年中国基本面有很多重大利好消息，当年国家举办了世博会、奥运会；美国出了次贷危机，中国推出了 4 万亿的经济刺激计划，但是股市却不以人们的意志为转移下跌了 72%。

顺势随机操作，说起来容易，做起来真难，要求投资者有良好的心理素质和较高的技术水平。同时，它还超出纯投资技术的层面，必须上升到投资艺术，甚至投资哲学的高度来理解。

## 二、牛市顶部与熊市底部区间反向操作

一轮熊市下跌，投资者就像行走在下山的路上，股市不会轻易跌到你通常认为的点位而停止，往往要打破你的心理承受防线才停住。一轮牛市来临，投资者又开始了新的爬山之路，攀登股市之山可不像爬北京的香山那样平缓无奇，而是充满了悬崖峭壁，幽谷神潭，那是在投资者的不断担心中翻过的一山又一山，直涨得你不敢相信为止。投资者行进在这样的山路之上，总以为牛市见顶了，但山外有山，那都不是最后的顶峰，直到大家都认为股市真的牛到无法下跌时，熊市来临。

中国股市 2015 年 6 月中旬从 5178 点开始了一轮熊市，先是断崖式跳水跌到当年 8 月下旬的 2900 多点，形成股灾；然后市场产生了一波反弹，但是从 2016 年 1 月又开始新一轮下跌，虽然管理层为了防止股市暴跌而推出了熔断规则，但未能起到预期的作用，短短一个月时间上证指数从 3600 余点跌到 2638 点。之后，2016 年 2 月至 2018 年 1 月，大盘修复性慢慢回暖，两年时间没跌，投资者的熊市思维消除了，2018 年 1 月大盘蓝筹股启动，牛市应该来临了吧？谁也想不到熊市再

次来袭，2018 年 2 月至 2018 年 12 月，大盘硬是活生生又下跌了 30%。真是熊市不言底呀！

笔者近 30 年的投资经历知晓了这样一个投资艺术原则：第一，看清大盘趋势，顺势随机漫步；第二，在牛市的顶部区间或熊市的底部区间，反向思维，操作上分批卖出或买入。

## 第二节　有节奏有韵律的投资操作

一次笔者被请去听一个中央音乐学院的学生弹琵琶独奏，听完一曲"十面埋伏"后，笔者问她，她所弹奏的曲子与她的老师相比，差别在哪里。她回答，对音乐的理解浅一些，弹奏时节奏、力度的把握和情感的表达没有老师到位。笔者由此想到，股市 K 线也是一首美妙的乐谱，在弹奏股票投资这首特殊的乐曲时，不同水平的人操作处理也不相同，其区别也在于节奏、力度和对市场理解的把握不同。

大盘波动是有节奏的。匈牙利的吉卜赛音乐家曾说，金钱有时就像音乐一样。安德烈·科斯托拉尼也说，交易所是伴有音乐的蒙特卡洛。这里的意思是，大盘运行周期就像不同的乐章，牛市与熊市的交互转换；大盘的具体波动又像音符一样总是在不断地跳跃变化。

牛顿说过一句很有意思的话，"天体的运行轨道，我可以精确到厘米和秒地计算出来，可是，一群发疯的人将导致股市如何变动，我却一无所知"。这句话的大意是，物理运动可以精确计算，股市波动变幻莫测。

怎样艺术地对待股市的周期性变化和日常无序的涨跌？笔者认为，关键是在确定股市运行方向的前提下，艺术地控制好投资操作的节奏和力度。

第一，要做到牛市以持股为主、熊市以持币为主，根据大盘的波动情况，适时调整仓位，主动调控风险，做好每年一波的中级上涨行情，回避每年的中级下跌行情。根据每年的中级行情变化，适时调整持股仓位，适度调控投资风险。

第二，大盘由熊转牛初期，敢于大胆追涨买入；大盘由牛转熊初期，敢于大胆杀跌卖出。可以在提前于大盘见底的前一小段时间开始建仓，这段时间是市场最恐慌的时期，大量的卖单出现，这时建仓真正能以较低的价格买入相当的仓位。卖出获利股票时也是如此，在大盘见顶前，市场尚处于强势时期逐步卖出股票，如果真到大盘见顶，市场转弱时期卖股票，往往难度加大。

第三，在牛熊市趋势已经形成阶段，一般想建仓买入已经看好的上涨趋势中的股票，往往要在该股震荡下跌出现买点时介入，不应在连续上涨后高点追涨。在熊市趋势形成后想卖出手中获利的股票时，要争取卖在连续上涨阳线出现之时，而不要卖在连续阴线下跌之时。

第四，建仓好股票时，人弃我取；卖出有潜在风险的股票时，人取我弃。

第五，要有一个技术指标体系支撑市场判断和投资操作，由此确定不同的操作力度。我们把每一波中级行情波动区间分为安全投资区间、合理投资区间、合理投机区间和风险投机区间，同时把每一波中级行情的波动区间按1—10的系数划分其风险程度。这样，在安全投资区间和风险系数较小时，买入股票的力度可以大一些；在合理投机区间和风险系数中等级时，买卖股票的力度可以适中一些；在风险投机区间和风险系数很大时，卖出股票的力度要大一些。

把握大盘运行的区间相对容易，准确地把握大盘的运行点位很难。机构投资者在艺术地踏准大盘波动时，应该允许自己对大盘的判断有一定的偏差。当确定建仓策略后，用一段时间买入建仓的股票时，只要求买到这一段时间股价波动的平均价，以平均股价来克服微观上对大盘判断的不准确性。或者等待第一个、第二个、第三个买点出现时分批买入；等待第一个、第二个、第三个卖点出现时分批卖出。

对于散户投资者来说，参与市场的资金少，进出方便，换股频繁，因此艺术地有节奏地操作，包括观察大盘波动趋势，等待大盘波动趋势基本明朗后再进出也不迟；在观察大盘波动趋势的同时，还要观察机构的动作，要在机构先期进入后再进入；机构优先，让机构先行，看清机构的动作后择机跟进。

个人投资者是股市中最弱的群体，一般而言，投资技术差，心理训练不够，最大的错误是追涨杀跌，熊市满仓。所以，对个人投资者而言，可以不要求其艺术地踏准大盘波动节奏，只要求其随机跟随大盘波动节奏，牛市操作，熊市休息，便能获得合适的收益，回避股市的重大风险。

股票投资中，如果一次踏反了节奏，或力度把握得不好的话，就会付出一定的代价，起码要等待下次机会来临才能重新踏准节奏。有的投资者不懂得节奏问题，买了股票有了账面盈利不知道什么时候卖出，股价掉下来后盈利变成了亏损，如此反反复复，几上几下，总像是在坐电梯。

# 第三节 投资操作策略的艺术

## 一、坚守与变通

股市里永远没有每一次都能准确踩对大盘波动节奏的人，也不会有每一次都能把握住股票结构性波动和热点的人。所以，笔者认为，投资艺术一方面既要坚守住投资价值原则和大盘趋势原则，另一方面又要讲究变通，即对于板块与热点变化适度跟随。

中国股市的每一个周期或历史阶段都会有特定条件下的一些特点。如2013年至2014年第三季度，上证指数基本不涨，中小板、创业板走出强劲牛市，直到2014年第四季度开始上证指数从2100点直冲5100多点。2017年，主板还在反弹状态，但2017年6月创业板率先开始进入新一轮熊市，同年11月中小板开始了熊市。再如，2017年由于管理层严厉打击操纵市场，以前最吃香的小盘庄股，再也运作不上去了，而投资者开始集体追捧业绩好的大盘股。2019年6月至2020年4月的大盘走势，上证指数基本不涨，在3000点上下震荡，而创业板指数一路走高，牛劲十足，从1400多点直涨至2200多点。这段时间股市的结构性特点：一是大盘股等低市盈率股票不涨，二是高价科技股大涨，三是垃圾退市股狂跌。股市的这种结构性变化一般投资者很难提前预测，只能跟随市场变化，不断观察，适度跟随。

股市投资风向的转换，既在情理之中，又在意料之外，这既是投资者的苦恼，又是股市的魅力。在2018年1月上证指数在3500点左右时，市场气氛高涨，一批投资者跟风买入持有的低市盈率的蓝筹股和钢铁、煤炭类周期性股票，这些股票估值不高，追涨这种股票当时并不犯错。但是从 2018 年 2 月开始，熊市来临，大盘低价股一点也不安全，直到 2019 年新一轮牛市来临后，钢铁、煤炭类周期性股票才得以解套，之后又无人问津了。

怎样才能在市场不断变化中相应变通？笔者认为：（1）坚持股票的投资价值是永恒不变的原则，不能不顾投资价值盲目追逐热点。（2）好的能够持续的市场热点总是有其合理性，没有理由的热点来得快去得也快，往往可能是游资兴风作浪，不可陷入其中。（3）保持投资操作上的弹性非常重要，有弹性才能转变，一旦失去弹性，即使看到了好的热点，也没办法参与跟随。

投资既是一门科学，又是一门艺术。市场的变化是永恒不变的规律，掌握坚守与变通的艺术，既坚守投资价值，又顺应市场变化，既保持投资的总体正确，又能容忍操作有一定幅度的失误，我们就能够自如行走于险象环生、变化无常的股市之中。

## 二、一个抄底、逃顶的小偏方

谁不想在熊市底部区域买进股票？谁又不想在牛市顶部区域卖出股票？想做到这一点，除了要掌握大盘系统分析方法外，记住下面这个小故事，对我们一定会有很大帮助。

一波牛市来了，所有的投资者都可以分类为这四个都不许说话、都想在牛市顶部区域卖出股票的僧人。但大盘一震荡，第一批人就会控制不住，认为“不要失去了账面盈利，反正卖出后还可以再买入”，于是，他们在涨势初期就轻易地卖掉股票。接着大盘继续上涨，这时第二批人认为，“大盘已涨这么多了，总会回调的，我做一做波段差价吧”，于是，他们开始卖出股票。这时大盘真的调整了，但在第二批卖出者认为还没调到补回的价位时，大盘又继续上涨，这时第三批人开始想，"这次大盘真正涨到位了，这时肯定是卖在顶部了"，于是，他们又把股票卖了。但令人不解的是，大盘风险已经很大了，但仍在疯狂上涨，而且好像永远不会有熊市了，这时第四批人大笑，"哈哈，该卖的都卖完了，新股民像敢死队一样在买入，我该卖出股票了"。于是，第四批人成了真正的卖在牛市顶部的人。

同理，熊市抄底时，一波熊市中没多少人能等到真正的低点买进股票，而是分批在下跌途中买入，层层被套。熊市来了，大家都想好要耐心等待底部到来后抄底，但每次有了小反弹，很多人在熊市中途就忍不住去抄底而被套牢，很少有人能抄到真正的底部。只有等到第三批想抄底的人进去了被套住后，第四批最后的有耐心坚持的人才可能在熊市的底部区域成功抄底。

抄底与逃顶，既有博弈因素，又有心态因素，既有技术水平因素，又有操作艺术因素。把上面的小偏方牢记于心，能够辅助我们提高投资水平。

### 三、潜伏式买入股票和分批卖出股票

首先，讲一个扁鹊的大哥治病的小故事：

魏文侯曾问扁鹊，你们兄弟三人都是名医，哪一位的医术最好呢？

扁鹊说，大哥最好，二哥次之，我又次之。

魏文侯说，为何你的名声最大呢？

扁鹊答，我的长兄治病，善于在病情发作之前治疗，因此一般人不知道他能事先根除病因，所以他的名气无法传出去，只有我们家里的人才知道。我的二哥为人治病，是在病情初起时就能药到病除，一

般人以为他只能治轻微的小病，所以他的名气也只传于乡里。而我扁鹊治病，是治病于病情严重时，一般人都看到我在经脉上针灸放血，在皮肤上敷药动刀等，以为我的医术高明，因此我的名气也就传遍全国了。

在股价没有启动时，能够盯上有潜力上涨的股票并敢于买入，这种善于提前发现未启动的好股票潜伏式买入的投资者，是一流的投资高手；在股价已经启动并呈良性上涨态势时发现并买入，这种能够在好股票启动不久后及时跟进的投资者，是二流的投资人；在股票已经上涨很长时间，股票的投资价值已被市场充分开发后，才看出这是好股票，跟进赚最后一段涨幅的，只是后知后觉的赚钱少还最可能上当的一般投资人。

笔者提倡多做潜伏式买入的投资者。

其次，再讲一个这样的小故事：

一个叫冯道的人与一个叫和凝的人同在中书省任职。

一天，冯道穿了双新鞋到和凝家中拜访。和凝一看，这双鞋和他数日前叫仆人买回来的鞋一模一样，于是就问：“你的这双鞋是多少钱买的？”

冯道不慌不忙举起右脚：“五百块钱。”

和凝一听，转身对仆人骂道：“一模一样的鞋子，为什么你买却花了一千元呢？”

没想到冯道又缓缓地举起左脚：“这只也是五百块。”

此时，和凝只能尴尬不已。

故事中冯道不慌不忙，一句话分两次说，把心态不稳的和凝弄得很尴尬。股市也是这样，当投资者好不容易抓到一只黑马股，或持有的股票获利后，股市却在上涨途中不断震荡，令持有获利股票的投资者心神不宁，害怕股价下跌失去已有的盈利。于是，只要是股市一震荡，他们就可能像和凝骂仆人一样，抓紧卖掉股票，一旦卖出股价又重新涨了上去，让卖出者后悔不已。这个故事告诉我们，想要成为老练的投资者，卖出获利股票，最好在股价上涨时从容分批卖出，这样既可逐步锁定盈利，又不会因急躁心态失去手中好的股票。一般情况下，投资者分两至三次分批卖出正在上涨途中的盈利股票是一种较好的投资方法。

另外，现在投资者都面对着一个讨厌的现象，就是每天读证券报刊或者看证券类电视节目，都被好心地告知，昨天股市的上涨是因为什么消息，今天又有什么消息将影响股市，或者明天股市会涨还是会跌，明天哪些板块和个股可能有机会等。这些琐碎的报道通常都是在解释一些表面的股市现象，只是在做一些短期的市场预测，这对投资者没有多大好处，只会把投资者"教育"成一个一惊一乍的"和凝式"的人物。成熟的投资者也非常关注信息，但他们最想要获得的信息，是关于支撑股市中长期走势的信息，切不可像和凝听了冯道的第一句话时那样，用片面的信息指导自己的投资行为。

### 四、"苛刻与纠缠"的艺术

股票投资操作的艺术，大多数人最爱的是高抛低吸，或长期持有价值成长股，笔者的看法有所不同，认为股票投资从操作层面看，最重要的艺术方法是"苛刻和纠缠"。

"苛刻"是在股票投资操作上从未有人提到的概念，笔者第一次把它应用到股票投资艺术理论中来。笔者认为，"苛刻"是股票投资操作的艺术手法，其意思：一是选股要苛刻，一些散户朋友买的股票，要么市盈率太高，要么股价前期涨幅太大，要么公司质地太差，总之太随意，所以提议选股时一定要苛刻。二是选买卖点要苛刻，选中股票后，要耐心等到买卖点出现时再动手，不能一看好就马上买入，或股价向上一冲就追涨抢入。三是换股要苛刻，随意斩仓换股弊多利少，投资者会越斩亏损越大。

"纠缠"也是在股票投资操作上从未有人提到过的概念，笔者的看法是，"纠缠"也是投资操作的艺术手法。当买到了一只好股票后，逐渐熟悉了其中主力的操作特点，逐渐熟悉了这只股票的股性，逐渐看清了股价的波动特点，这时就要使用"纠缠"的艺术手法，像蛇一样缠着这只股票不放，股价涨不动了减一点仓，股价跌回到合理位置又把减了的仓补回来，不断地纠缠着这样的股票反复操作，成本越做越低，盈利越做越高。

至 2020 年上半年中国股市有 3800 多家上市公司，股票群星璀璨，鱼龙混杂。具有成长性的企业有之，走下坡路的企业有之，上市募资发展生产者有之，上市圈钱者有之，股价高得离谱者有之，股价在合理投资区间者有之，如果投资者不用"苛刻"的方法对待投资标的，吃亏的是自己。投资者投入的资金是自己的辛苦钱，交给上市公司去用，作为股东、老板，对其苛刻一些，用一套苛刻的方法挑选打工者，是我们的本职工作，随便把自己的钱交给不能信任的企业管理人胡乱使用，那是对自己的不负责任。

股票投资交易，必须坚持"苛刻"。股票投资者在与对手的博弈中，并不知道对手是谁，你不知道你的钱输给了谁，你也不知道你赚的是谁的钱，股市运动过程中主力操作诡计多多，不苛刻就玩不转。

纠缠在博弈中是很有用的，一个高明的投资者就是要让对手感到你很难缠。你的投资操作感觉舒服时，对手一定不舒服；你的投资操作感觉不舒服时，对手一定很舒服。所以我们还应该要学会"纠缠"的艺术。

在投资艺术中，"纠缠"是一种热爱、坚持和定力。之所以这样说，理由之一，看中了好股票不要轻易放弃，反复操作，纠缠不放。理由之二，投资是对价值的坚持，纠缠于有投资价值的股票，而不是乱碰乱撞，缺乏坚持。理由之三，股价天天都在波动，投资者持有一只好股票后，有时也会被套，有时小有盈利，通过反复操作才能最终大获盈利。

在"苛刻"地选出股票后，通过一段时间的"纠缠"，越操作越熟悉，越操作越顺手，便了解了这只股票，产生了持有这只股票的定力。凭着这种定力持有股票，失去的是恐惧，收获的是金钱。

## 五、切莫"胡乱止损"和"随意换股"

投资者买入股票，一般不会一买就涨，暂时被套住是经常的事，怎么办？很多人就会想起止损。同样的道理，当投资者持有一些股票一段时间之后，发现自己持有的股票不涨，而别人持有的股票却不断上涨，怎么办？很多人就会想到换股。

但是，成熟的投资者不会如此，因为股票投资交易最忌讳的操作就是"胡乱止损"和"随意换股"。

记得笔者有一次在北京大学讲课时，一个学员提了个问题：怎样看待"止损"？笔者的回答是，一般来说理性投资者或价值投资者都不太使用止损的操作方法，因为他们所选入的股票基本上是经过严格评估的，具有投资价值，买入后暂时不涨或微跌小套，会容忍和等待，绝不做所谓的"止损"。止损操作来源于期货炒作，波动到平仓线时，不及时止损就将爆仓，所以期货必须使用止损方法。理性的股票投资者只有在大盘发生根本性牛熊逆转时，可能战略性地止损减仓，或是对被选入的个股基本面的判断出现了根本性错误时，才会使用止损。

一般散户投资者胡乱止损的原因主要有：（1）买入股票时压根儿就没有认真地考评股票的投资价值，心中无数，追涨买入，一旦被套，自然也就心中无数地止损。（2）错误地理解"止损"一词，认为止损是一种"先进"的敢作敢为的投资操作方法，认为止损能减少损失，节约时间，让资金永远处于上涨的股票之中。但是，这样做的实际结果往往是不断止损，本金总量不断减少，赚赚赔赔的，可能即使在一波牛市中也变得不赚钱。

当然，也有一种止损操作方法，就是当判断一只股票有可能上涨30%左右同时也可能下跌5%左右时，就买入这只股票，买入时设定止损点为总额的5%，即判断错误即认赔5%。这是从期货投资引进的一种操作方法。还有一种止损方法是，当买入一只股票后，设定一个止损线，股票上涨的同时不断向上提高止损价位，保证自己风险可控和锁定盈利。

在牛市阶段，听到投资者谈得最多的话题是，别的股票都在涨，自己持有的股票不涨。问他们怎么办，回答是"换股"。这又是一个误区！因为：（1）如果手中持有的是被套的跌透了的垃圾股，也应该等到一次反弹，甚至是强劲反弹后再考虑卖出换股，否则，很容易出现换股后，卖出的股票快速上涨，新买入的股票迟迟不涨，让人心态变坏。（2）期望新买入的股票一买就涨，本身就是一种错误的思维，当买入一只股票后，期待的是它在这一波行情中有一个合理的涨幅。那种买入股票后没有耐心，见持有的股票不涨而频繁换股者，最容易陷入追涨杀跌的怪圈。股市上涨中总是板块、个股轮动，其他股票涨时，自己的持股不涨；自己的持股涨时，别人的持股可能没涨。重要的是自己的持股是否有投资价值，是否存在上涨理由。

# 第四节　不追求完美和利润最大化

## 一、允许适度的缺陷就是完美

理论上我们应该追求完美，尽量把投资做到完美无瑕，但现实中，真正的完美是不存在的，凡事有适度的缺陷就是一种完美，想要无缺陷的完美则可能导致事与愿违，适得其反。美国苹果公司的徽标，早期是一个写实的漂亮的照片式的红苹果，没有艺术感和美感，后来改成了现在的抽象的、缺了一块的苹果图案，结果有缺陷的苹果成了世人皆知皆爱的、很有艺术感和欣赏价值的完美的苹果。反之，苹果公司的创始人、前总裁乔布斯是一个追求完美的人，为了追求生产完美的苹果产品，日夜辛劳，把身体搞坏了，50多岁英年早逝，为追求完美事业造成了不完美的人生。

股票投资不能刻意追求完美。股票投资的艺术之一，不求完全踩准大盘波动，不求发现完美的上市公司股票，不求投资利润的最大化，只求投资效益的最优化；不求买到股票的最低价，卖到股票的最高价，只求买在低价区间，卖在高价区间。有了这样一种投资艺术思维，投资就会得心应手。

不求投资利润最大化，只求投资效益最优化，听起来，这是一个非常错误的命题。投资人谁不想追求投资效益的最大化？马克思曾经指出，当利润率达到 20% 时，资本就活跃起来；如果有 50% 的利润，资本就会铤而走险；如果有 100% 的利润，资本就会藐视法律；如果有 300% 的利润，那么资本就敢犯任何罪行。在我国的股票投资界，什么"跑赢大盘"，买到最低价，卖到最高价，都是成功投资者吹嘘自己的最响亮的口号。

但是，真正懂得辩证法的人知道，做任何事情都应留有余地，不能把事情做满了。事情做满了，就会走向反面，就会由此带来很多负面的东西。现在很多人拼命赚钱，不要命地工作，通过自己的努力，钱是赚到了，但有的人最后把身体搞坏了，有的人把家庭搞散了，有的人子女没教育好，这些都让我们得不偿失。有的人既赚到了钱，身体又很好，家庭也不错；有的人一心钻到钱眼中去了，最后除了钱一无所有，失去了良心，失去了生活目标，失去了信仰，比没钱时也好不了多少。

在股市博弈中，有些庄家或机构想要完美控制股价，获取利益最大化，总是重仓坐庄，或上市公司与二级市场联合操纵股市，比如上市公司的庄家，自己制造重组题材，自己组织资金炒作自己的股票，2006 年股价跌到每股 2 元多时，主力低价建仓，然后动用政府的力量重组公司，2007 年 7 月，向社会扩散重组消息，之后是连续 16 个涨停板，股价上涨至 34 元多，其主力在高位时把筹码派发给散户。该案成为 2010 年证监会查处的重要案件，当时的市政府主要领导被牵连，公司董事长、总经理受到刑事处罚。比如北京首放的汪某某，过分地利用荐股与自己的操纵相结合，被中国证监会立案稽查，认定汪某某操纵证券市场，没收其违法所得 1.25 亿元，并处罚款 1.25 亿元，北京市第二中级人民法院判处汪某某有期徒刑七年。

在股市博弈中，不懂博弈技术，不给其他投资者留有余地，总想在大盘最高位时把股票卖给散户，结果当大盘变坏后低几个价位时也卖不出去。聪明的做法是在大盘见顶前就开始卖出股票。反之，有的投资者总想在大盘见底时买入股票，结果在大盘真正见底时却是踏空，只能在更高的价位上买入股票。聪明的投资者往往在大盘见底前一段时间或大盘确认了底部后便开始逐步建仓。有的主力在市场底部重仓持有一两只股票，牛市展开过程中，坐等别的主力拉升。当有别的主力拉升时，自己一点股票也不卖出，总想在最高位上一下子全卖给别人。结果往往是别的主力因为在低价位上根本拿不到股票，便不再拉升这类股票。合理的做法是，在适当的价位上适当地卖出部分股票。如果发现对手要重仓持有，还要适当地多卖出一些，只能留一小部分在最高位时卖给对手。

不追求完美的投资者，在股票投资操作中，当大盘在高位时，买入股票后会考虑少赚一点钱；当大盘在低位时持有股票，会考虑多获一点利后卖出；当重仓持有一只股票时，大仓位可将获利空间放小一点；当小仓位持有某只好股票时，则要考虑获大利后卖出。而追求完美的投资者，在一只股票上小仓位时做得较顺手，该股股价上涨了，账面赚了一点钱，便大仓位杀入，结果在该股上反而赔了很多钱；或在牛市初期谨慎操作，做得顺手了，开始贪婪起来，在牛市后期放手一搏，结果熊市来了，赔得惨不忍睹。

中国古代思想家老子就认为：用兵呈强，就会遭受死亡；树木强大了，就会遭受砍伐。在投资博弈中，操作时要考虑到法规的限制，要考虑到对手的想法，还要控制好自己的心态，不是单纯地追求投资效益的最大化，而是最优化地艺术地处理好市场机会与投资收益的关系，把握住自己与对手的状况，控制好自己的内心冲动，才能在股票投资中稳定获利。这是一门很高的艺术，需要一定的修养。我们应该记住，在股票投资这个特殊的行业中，在这个特别不确定的市场上，留有一点遗憾的成功才能长久，追求完美可能导致灾难。

## 二、牛市顶部与熊市底部分析与操作的误差

投资分析与操作都会有一定的误差，投资者不能指望牛市高位自己减仓后大盘马上就跌，也不能指望熊市低位自己加仓后大盘马上就涨。投资者对这种思想要有正确的认识，否则会把正确的分析与操作当作错误去纠正，导致本来正确的操作转化成为错误的操作。

讲一个笔者所犯的错误。2017 年 11 月，创业板、中小板已经基本走完了自 2016 年 2 月以来的 B 浪反弹性质的中级牛市行情，主板也表现出接近结束牛市的市场特征。基于这种状况，笔者把仓位降到了合理程度。但是，减仓后股市没有马上下跌，2018 年 1 月主板强势快速从 3200 点向 3500 点上攻，一时感觉到牛市还将向上延续，导致操作上从轻仓再次转为重仓。就是这种卖出股票后便希望股市很快就下跌的不良心态，导致 2018 年陷入了中级熊市的困境。

实际上，每次大盘处于高位时，一般投资者都会想把股票卖在最高点或赚到股市最后一天上涨的钱。2015 年 6 月中旬上证指数 5000 多点时，谁都知道风险大了，但大盘还在涨，每天都有股票涨停，买入了股票当天就能赚钱。就是这种贪婪导致市场拐点出现前很大一批投资者没有卖出股票暂时离场，在大盘出现断崖式下跌时无法出局，最后把当年所赚的利润全部回吐，其中很多利用融资投资的人由赚钱变

成了血本无归。

很多投资者都有这种操作体会，在接近大盘顶部，卖早了一些，股市并没有马上下跌；在这种情况下，又重新加仓，最后正确的分析与操作转变为错误的行动，错过理想的离场机会，陷入被动状态。

与此同理，大盘在底部区域的时候，投资者也很容易从正确的判断被市场的曲折性倒腾成为错误的操作。比如，2018 年国庆节前上证指数 2600 多点时，很多投资者都判断到大盘不破不立，2500 点上下会是此轮调整的底部点位。但是，真到了 10 月 19 日大盘跌到了 2449 点后，很多投资者反而又改变了当初的判断，在大盘反弹至 2600 点上下时基本空仓，因为他们认为大盘的底部还将更低。但仅到 2019 年 1 月 4 日上证指数见到 2440 点后，就开始了疯牛般上涨。

股市的难点就在于从常规上是反人性的，也在于面对反复无常的股价波动人们不可能精准把握。投资者都想在熊市最低点买到股票，都想在一买进股票后股价马上就涨。这种想法反而导致他们从正确变成错误，或是从小错变成大错。

笔者认为，投资的分析与操作有一个对待在牛市顶部与熊市底部误差的艺术理解的问题。其第一层意思是，牛市不追求把股票卖在最高点，而要卖在次高点；熊市买股票不追求买在最低点，而要买在次低点。第二层意思是，买入与卖出股票后要允许大盘有一个变化的时间，牛熊市的转变有一个过程，这个过程投资者很难精准分析，不承认分析的误差或不允许误差的存在，我们就会把正确的判断误认为是错误的判断，从而从正确操作转化为错误操作。

# 第十五章　懂得欣赏股市，不断努力创新

## 第一节　懂得欣赏股市才能做好投资

成熟股票投资者的修养之一，就是懂得欣赏股市，只有懂得欣赏股市的投资者，才能真正做好投资。

懂得欣赏的人，距离感很重要。从太空上看地球，看到的是一个完美的蓝色的球体，一点也看不到世间之丑陋。正如远看 1990 年上证指数 100 点至 2019 年中国股市的长期走势图，你会感到是永恒牛市，哪里还知道股市曾让多少投资者欲哭无泪。从飞机上看地面，你既能看到高山、湖泊、城镇等全景，还能看到污染的河流、忙碌的人海和茫茫沙漠。这正如看大盘运行的年度走势，既有让投资者津津乐道的牛市，也有让投资者不堪回首的熊市。站在地面上看事物，你就身陷其中难以超脱，有狗屎在路边发出臭味，有美女在眼前游走，正如每天陷于股票的涨跌中一样，让你心神不宁。所以，学会从"中观"的角度、"中期"的距离欣赏股市，才能具备良好的心态，形成正确的投资战略、策略与方法。

人们习惯真、善、美，笔者将其顺序调整为真、美、善，因为在笔者的投资技术、艺术与哲学的理论体系中：投资技术是求真，即用

数据、指标等真实地评估股票的投资价值和价格走势；投资艺术求美，即在技术的基础上，发挥人的主观意识水平，艺术操作；投资哲学则是求善，即在技术、艺术的基础上，大智若愚，大道通天，不战而胜，无为而有为。所以，投资者做好投资，一是求真，即掌握价值分析、技术分析等投资理论；二是求美，学会欣赏股市，做到艺术投资；三是求善，哲学指导，理性随机。

懂得欣赏股市的人心态一般很好。大多数人活在世上，只知道匆匆行走，从来不会放慢脚步，看一看路边的景色，这种心态的投资者，每天都在忙于选股、买卖，手忙脚乱，投资操作时也容易心无定数。懂得欣赏生活和投资的人，要有这种状态：在书斋中读一本好书，知情达理；在躺椅上听一曲交响乐，思绪飞扬；在茶几边喝一壶春茶，品茗闻香。春看枝头嫩绿，夏看山花烂漫，秋看落英缤纷，冬看雪花飞扬。总在匆匆赶路，一刻都不会停下来的人，手中有了宝贝也不知道欣赏而放一边，又急急地去找下一个宝贝。

股票投资落实到具体操作层面上，从艺术的角度看，不仅是一项工作，更是一种审美与创作。每一波行情中投资者所参与的股票投资操作，都可比喻为一次只有方向没有既定道路的驾车旅行。这种旅行，前进的道路需要你自己选定，主路是哪条，辅路有多少，需要预先有个设计；真的上路后，你又会发现，有的路段在塞车，只能慢行；有的路段在修理，需要绕行；有些你所选定的路压根就是行不通的死胡同，需要改道而行。而且，这种旅行要多长时间，行程能走多远，事先都不知道。因为股市中牛市能持续多久你事先不知道，一旦牛市结束，旅行就要结束。所以说，股票投资操作就是这样的旅行，每一天都是新的，每一次操作都很难预先设定，所有的一切都需要投资者不断地判断、选择。投资者只有懂得自己的投资操作是在审美和创作，才会小心翼翼，不断调整，谨慎选择，尽可能少走弯路，尽可能比别人走得顺畅一点。

职场中有三种人：平凡而踏实的人，非凡而智慧的人，貌似聪明而急功近利的人。三种人的区别在哪里？第一种人认真学习，踏实工作，无非分之想，不懂得欣赏，这种人能把事情做得很好，但难有发展，走的是一条大众公认的成功的路子。第二种人专心致志地做好自己的工作，并且善于欣赏事物，富有想法，不断创新，这种人容易成就大的事业。第三种人，懒于实实在在地做好现有工作，没有特长而又急功近利，总跟在别人后面，追逐热潮，模仿成功者，结果总是鲜有成功。

## 第二节 触类旁通感悟股票投资

### 一、打高尔夫球的感悟

笔者从 1999 年开始打高尔夫球，享受这种高尚健康的体育运动，感悟不少。

打高尔夫球的人都知道，高尔夫一词来源于英语 golf，其中 G 的意思是 green（绿色），O 的意思是 oxygen（氧气），L 的意思是 light（阳光），F 的意思是 frendship（友谊）。走在绿草如茵、美丽如画的高尔夫球场上，享受着绿色、阳光、氧气和友谊，试想有什么运动能与之相比？有些竞技性很强的跳高、短跑、举重运动，都是挑战人体极限，即使获得了运动成绩，运动员却练得伤痕累累。相比之下高尔夫球则完全是另一种境界的运动，一种让人永远不会割舍的"绿色鸦片"。

股票投资有类似高尔夫球的地方，是一种高级的智力金钱游戏。赌博赚钱不太靠谱，卖体力赚钱太辛苦，做实际工作赚钱则把自己定格在一个永远的工薪阶层上。股票投资则让人有一种全然不同的感觉，如美国投资家巴菲特、德国的证券之父科斯托拉尼都说，当每次我投资股票赚了钱时，除了赚钱的喜悦外，还有一种感到自己思想正确的胜利感。

邓亚萍打乒乓球，丁俊晖玩台球，包括贝克汉姆踢足球，都是在死板的局限的场地中玩耍，自由度很低。只有高尔夫球场，场地开阔，自然优美，球员在运动时自由自在，挥洒自如。世界上台球桌基本一样，足球场、排球场几乎相同，但世界上却找不到地形相同的高尔夫球场。打高尔夫球时，每一次击球也不一样，球可能落在球道上，也可能落在长草中，也可能落在斜坡上，还可能落在沙坑里，每一次击球都因具体情况而定，绝不会千篇一律。股票投资也一样，每一次操作情况都不相同。

公务员工作要进办公室，工人工作要去工厂，股票投资者在高尔夫球场一个电话则可以下单，在国外旅行照样办公，有最自由的工作方式。股市天天都是新的，日日都有不同，永远新鲜，永远有创意。

从表面看，股票投资像打保龄球，不需要培训，谁上去都能打几下。牛市高涨时，大量养猪的农民进城炒股照样能赚钱。从这个角度而言，炒股没有专家。打高尔夫球则不同，不训练，不打上上万个练习球，下场地则基本打不好球。如果你以打高尔夫球在 120 杆之上的水平炒股，基本是赔多赚少；如果你以打高尔夫球在 90 杆以内的水平炒股，在股市中基本赚多赔少；如果你以打高尔夫球在 80 杆以内的水平炒股，一定是一个赢家。

笔者在 2011 年写作出版的《反常者赢——股票投资的技术、艺术与哲学》一书中，贯穿着两个主线，一是认为人们都是带着太多的人性的弱点和躁动进入股市的，所以股票投资是一种心态的修炼；二是股票投资是一种技术工作，需要有一定的技术才能赚钱，投资者一定要努力学习投资技术。笔者的这些思想在一定程度上受打高尔夫球的启发。打高尔夫球时，总想把球打远，心态不好，身体也放松不了，上杆、下杆都使大劲，结果反而打不好球；有时球道前面有个沙坑或小水塘，心里担忧、紧张，反而把球打进了水里，所以心态决定成败。股票投资者、打高尔夫球者，心态不好，成绩都不可能好。同时，要打好高尔夫球，需要勤学苦练，打球的动作要基本规范，还要把木杆、各号铁杆、推杆都练到能用好的地步，球才能打得流畅，无大的缺陷。这与股票投资完全一样，技术功夫不到位，有一杆没一杆地打，想要稳定赚钱如同白日做梦。

买股票谁都会有对有错，如果买到绝对的坏股票，就等于把高尔夫球打进了长草中或是水塘里，怎么办？把球拿出来，自动罚一杆再打，这等于炒股时斩仓、止损；如果买到了上涨难下跌也难的股票，就等于把高尔夫球打进了沙坑里，打沙坑球可就要看球手的水平了，水平高的一杆能救出球来，水平低的就要花很多杆才能救出球来。股票投资者遇到这种情况便要具体情况具体分析，好救则救，不好救时，越是补仓，套牢的筹码就会越多。买股票有时买到了快速上涨股，是不是贪一下，多涨些再卖，这就相当于打高尔夫球在有难度时想不想一杆攻上果岭，冒险对了，赚一把，冒险错了，倒失几分。

打高尔夫球给人最大的启示是什么？是享受过程。白云在头上飘着，轻风在身边吹着，花朵在路旁绽放，绿草在脚下微笑，发球时一杆开出 250 码之远，果岭上 10 码之外一推进洞，这一切过程都能叫人彻底陶醉，给人最高的享受。股票投资也是如此，当你上到一定的层次后，分析大盘就是在欣赏股市，选择个股就是在鉴赏上市公司，分析主力动向就是在看猴子杂耍，自己买卖股票就是在耐心钓鱼。这一切都是一个美妙的过程，耐人寻味，乐在其中。

### 二、欣赏音乐的感悟

笔者在闲暇之时爱听音乐，尤其爱听交响乐，有一些感悟在此与朋友分享。

语言是思想的工具，但使用语言的思考都是一些具象的、实在的，甚至是世俗的；音乐则不同，美妙的音乐让你超脱，给你一种不受具体思想束缚的感觉，你可以沉浸在这种特殊的感觉中，如听班得瑞的轻音乐——空灵缥缈，魂飞海天。股市也有类似之处，做任何现货生意都要找货源，求客户，唯独股票投资，只要靠个人的思想和技术，大脑加电脑，上不求卖方，下不求买方，也不跟城管、工商发生关系，当天赚钱，当天进账，由此使你超凡脱俗，获得了巨大的自由空间。

高贵的人用头脑思考时，有时其头脑中的东西比卑贱者更卑贱；卑贱者处于美妙的音乐中时，有时其身体的感觉会比高贵者更高贵。比如北京地铁过道中的卖唱者，身前放一顶小帽子让路人放点小费，行为上他像一个乞讨者，但他手抱吉他纵情放歌的样子，那精神上的愉悦与神情上的自由，远比给他钱的路人更加高贵。股市又有类似之处，踩准股市行情波动所赚之钱比用权力所获得的金钱更干净，更有快感。

用语言表达的思想，学者永远是专家。用音乐表达的东西，炒菜的厨师可能比专家解释得更好，一首乐曲，千种体会，万种解释，专家与平常人平起平坐。所以，能欣赏音乐的人，是懂得追求自由的人。同理，参与股票投资，使千万普通人解除了人生的寂寞，使千万普通人也有了思想家的感觉。对于未来股市运行，对于如何选股，专家往往成为"砖家"，送快递的小哥则可以见解独到。

初听音乐时，感到交响乐又吵又闹，那时更喜爱听歌曲，听独奏曲。听了大量音乐后，一般的歌曲、独奏曲都不够劲了，还是交响曲有味道。交响曲气势磅礴，内涵丰富，富于变幻，实乃听觉之盛宴。股市运行也是一首交响曲，听不懂者感到又吵又闹，只能盲目跟风；听懂一半者，时常被市场噪音所左右；只有基本听懂了的投资者，才能进入欣赏股市的层次。交响乐中有主部主题，股市运行中也有主部主题；交响乐中有副部主题，股市运行中也有副部主题；交响乐中的小提琴在演奏时，可能就是股市中成长股在上涨；交响乐中的中提琴在演奏时，可能就是股市中价值低估股在上涨；交响乐中的大号、圆号、长号、钢鼓都开始齐奏时，可能就是股市中的大盘股在上涨，或是牛市的最后阶段了；交响乐在演奏很慢的柔板时，股市大盘可能在盘整；交响乐在演奏活泼的快板时，股市大盘可能正在高涨。

有些乐曲是向上激昂奋进的，如交响乐《黄河大合唱》，它代表的就像是牛市进行曲，序曲有力，像是牛市开始的一冲；第一乐章是相对激昂的曲调，像是牛市的第一浪；第二乐章是舒缓的曲调，像是上涨后的调整；第三乐章风在吼马在叫，大刀向鬼子们的头上砍去，乐曲奔向高潮，像是牛市的第三浪强势上涨；最后出现大号演奏东方红变调的旭日东升曲调的时候，全曲走向结束，也像牛市在随之而去。有些乐曲是悲哀揪心逐步向下的，如小提琴协奏曲《梁祝》，开始的主部主题就给人一种悲伤的感觉，预示了熊市的特征；之后第一个乐章委婉悲凄就像是熊市的第一浪下跌；第二乐章激昂起来，则像熊市的反弹；第三乐章悲伤的主部主题用不同的乐器悲伤地演奏，就像是熊市后期的下跌，"跌跌不休"，跌势无期。

股市运行一波牛市，又一波熊市，此起彼伏，波浪式演化，都像是一段段乐曲，其中真情，投资者需要认真聆听，用心体会。

# 主要参考文献

［1］［德］安德烈·科斯托拉尼：《大投机家》，何宁译，海南出版社 2006 年版。

［2］［美］布莱恩·阿瑟：《复杂经济学——经济思想的新框架》，贾拥民译，浙江人民出版社 2018 年版。

［3］邓时海、耿建兴：《普洱茶》，云南科技出版社 2005 年版。

［4］［美］菲利普·A. 费雪：《怎样选择成长股》，罗耀宗译，海南出版社 1999 年版。

［5］［美］罗伯特·J. 希勒：《非理性繁荣》，李心丹译，中国人民大学出版社 2016 年版。

［6］［美］罗杰·洛文斯坦：《一个美国资本家的成长——世界首富沃伦·巴菲特传》，顾宇杰、鲁政、朱艺译，海南出版社 1997 年版。

［7］［美］乔纳森·戴维斯、阿拉斯戴尔·奈恩：《约翰·邓普顿的投资之道》，李翔译，机械工业出版社 2013 年版。

［8］［英］史蒂芬·威廉·霍金：《时间简史》，吴忠超、许明贤译，湖南科学技术出版社 2003 年版。

［9］王蒙：《王蒙自述：我的人生哲学》，人民文学出版社 2003 年版。

［10］吴冠中：《吴冠中画语录》，人民文学出版社 2009 年版。

［11］［美］威廉·D. 江恩：《江恩华尔街 45 年》，陈鑫译，机械工业出版社 2006 年版。

［12］［美］詹姆斯·卡斯：《有限与无限的游戏——一个哲学家眼中的世界》，马小悟、余倩译，电子工业出版社 2013 年版。

［13］郑毓煌、苏丹：《理性的非理性》，中国商业出版社 2013 年版。